水利工程与财务管理

刘春艳 郭 涛 著

北京理工大学出版社
BEIJING INSTITUTE OF TECHNOLOGY PRESS

版权专有 侵权必究

图书在版编目（CIP）数据

水利工程与财务管理 / 刘春艳, 郭涛著. —北京: 北京理工大学出版社, 2019.3
ISBN 978-7-5682-6486-0

Ⅰ.①水… Ⅱ.①刘…②郭… Ⅲ.①水利工程—基本建设项目—财务管理 Ⅳ.① F407.967.2

中国版本图书馆 CIP 数据核字（2018）第 280567 号

出版发行 / 北京理工大学出版社有限责任公司
社　　址 / 北京市海淀区中关村南大街 5 号
邮　　编 / 100081
电　　话 /（010）68914775（总编室）
　　　　　（010）82562903（教材售后服务热线）
　　　　　（010）68948351（其他图书服务热线）
网　　址 / http：// www.bitpress.com.cn
经　　销 / 全国各地新华书店
印　　刷 / 定州市新华印刷有限公司
开　　本 / 710 毫米 × 1000 毫米　1/16
印　　张 / 21　　　　　　　　　　　　　　责任编辑 / 张荣君
字　　数 / 290 千字　　　　　　　　　　　文案编辑 / 张荣君
版　　次 / 2019 年 3 月第 1 版　2019 年 3 月第 1 次印刷　责任校对 / 周瑞红
定　　价 / 75.00 元　　　　　　　　　　　责任印制 / 边心超

图书出现印装质量问题，请拨打售后服务热线，本社负责调换

前言

水是基础性的自然资源和战略性的经济资源，水资源的可持续利用是经济社会可持续发展的重要保证。我国的淡水资源严重短缺且时空分布极不均衡，是全球人均水资源最贫乏的国家之一。随着经济社会的快速发展和人口的不断增长，水资源的供需矛盾日益突出，这已成为我国经济社会可持续发展的重要制约因素。

当前，我国的水利工作进入了新时期。习近平总书记提出新时期治水思路"节水优先、空间均衡、系统治理、两手发力"。同时，党中央国务院高度重视水利工作，把水资源作为重要的战略资源，强调要以水资源的可持续利用支持社会的可持续发展。随着社会对水利的重要地位和作用的认识的不断深化，特别是水利部新的治水思路的提出，水利必将迎来新的快速发展时期，水利基本建设任重道远。在这种背景和形势下，作者撰写了本书。

本书围绕"水利工程与财务管理"，以水利工程项目经济分析为基础和前提，依次探讨了水利工程预算控制、改革趋势、管理监督机制，以及水利水电工程的项目划分及其费用组成、水利工程水价格核算、水利工程的招标与投标、水利财务信息化建设与管理等，全书内容科学、系统。

本书通过理论与示例的结合，深入地阐述了水利基本建设项目内部财务控制的程序、主要环节和方法，同时作了大量示例对照，直观、简明，对建设单位制定内部管理制度有重要的参考价值。

全书在撰写过程中参考查阅了众多文献资料和中外学者的研究，吸收了国内许多资深人士的宝贵经验和建议，获得了有关部门和同事们的大力支持和帮助，在此表示诚挚的谢意。本书由太原市水利勘测设计院刘春艳和郭涛撰写。鉴于时间和经验所限，书中难免存在缺漏，烦请读者指出不足之处，以便修改和完善。

刘春艳　郭涛

目 录

第一章 水利工程项目经济分析基础

第一节 基本建设项目与程序……………………………… 1
第二节 水利工程概算基本知识…………………………… 16
第三节 工程项目的资金时间价值与现金流量…………… 22

第二章 水利工程项目的预算、改革与监督管理机制

第一节 部门预算的改革历程……………………………… 33
第二节 我国部门预算存在的问题及改革方向…………… 43
第三节 财务部门的职责与监督…………………………… 60
第四节 水利建设单位建设成本管理办法………………… 90

第三章 水利水电工程的项目划分及其费用组成

第一节 水利水电工程项目组成与划分…………………… 125
第二节 水利水电工程的费用构成………………………… 134
第三节 水利建设单位建设的成本管理说明与示例……… 148

第四章 水利工程水价格核算

第一节 水利工程供水价格核算的现状及存在问题…… 162

第二节 水利工程水价格核算理论与方法……………… 173
第三节 供水量价格核算与相关规定………………… 183
第四节 水利工程排水价格存在的问题及解决方式…… 202

第五章 水利工程的招标与投标

第一节 水利工程招标与投标概述………………… 209
第二节 水利工程招标一般程序与编制……………… 213
第三节 水利工程投标的决策与技巧………………… 267
第四节 水利工程开标、评标与定标………………… 275

第六章 水利工程财务的信息化建设与管理

第一节 信息化财务管理的发展历程………………… 298
第二节 水利工程财务的信息化建设………………… 308
第三节 水利财务核算的内部管理…………………… 316

参考文献

第一章
水利工程项目经济分析基础

水利建设项目常常是由多种性质的水工建筑物构成的复杂建筑综合体。同其他工程相比,水利建设项目包含的建筑种类多、涉及面广。本章主要探讨了建筑给水系统的概况、水利工程概算基本知识和工程项目的资金时间价值与现金流量。

第一节 基本建设项目与程序

一、基本建设项目

(一)基本建设的概念

基本建设是形成固定资产的活动,是指国民经济各部门利用国家预算拨款、自筹资金、国内外基本建设贷款以及其他专项资金进行的以扩大生产能力(或增加工程效益)为主要目的的新建、扩建、改建、技术改造、恢复和更新等工作。换言之,基本建设就是固定资产的建设,即建筑、安装和购置固定资产的活动及其与之相关的工作。

基本建设是发展社会生产力、增强国民经济实力的物质技术基础，是改善和提高人民群众生活水平和文化水平的重要手段，是实现社会扩大再生产的必要条件。

固定资产是指在社会再生产过程中可供生产或生活较长时间使用，在使用过程中基本不改变其实物形态的劳动资料和其他物质资料。它是人们生产和生活的必要物质条件。固定资产应同时具备以下两个条件：一是使用年限在一年以上；二是单项价值在规定限额以上。固定资产的社会属性，即从它在生产和使用过程中所处的地位和作用来看，可分为生产性固定资产和非生产性固定资产两大类。前者是指在生产过程中发挥作用的劳动资料，如工厂、矿山、油田、电站、铁路、水库、海港、码头、路桥工程等。后者是指在较长时间内直接为人民的物质文化生活服务的物质资料，如住宅、学校、医院、体育活动中心和其他生活福利设施等。

（二）基本建设的内容

基本建设包括的工作内容主要分为以下几个方面。

1. 建筑安装工程

建筑安装工程是基本建设工作的重要组成部分。建筑施工企业通过建筑安装活动生产出建筑产品，形成固定资产。建筑安装工程包括建筑工程和安装工程。建筑工程包括各种建筑物、房屋、设备基础等的建造工作；安装工程包括生产、动力、起重、运输、输配电等需要安装的各种机电设备和金属结构设备的安装、试车等工作。

2. 设备、工（器）具的购置

设备、工（器）具的购置是指建设单位因建设项目的需要向制造行业采购或自制达到固定资产标准的机电设备、金属结构设备、工具、器具等的工作。

3. 其他基建工作

其他基建工作是指凡不属于以上两项的基本建设工作。例如，规划、勘测、设计、科学试验、征地移民、水库清理、施工队伍转移、生产准备等工作。

（三）基本建设的分类

（1）按建设的形式可以分为新建项目、扩建和改建项目、迁建项目，以及恢复项目。新建项目是指从无到有、平地起家的建设项目；扩建和改建项目是在原有企业、事业和行政单位的基础上，扩大产品的生产能力或增加新产品的生产能力，以及对原有设备和工程进行全面技术改造的项目；迁建项目是原有企业、事业单位由于各种原因，经有关部门批准搬迁到另地建设的项目；恢复项目是指对由于自然、战争或其他人为灾害等原因而遭到毁坏的固定资产进行重建的项目。

（2）按建设的用途可以分为生产性基本建设项目和非生产性基本建设项目。生产性基本建设项目是指用于物质生产和直接为物质生产服务的建设项目，包括工业建设、建筑业和地质资源勘探事业建设和农林水利建设等；非生产性基本建设项目是指服务于人民物质和文化生活的建设项目，包括住宅、学校、医院、托儿所、影剧院以及国家行政机关和金融保险业的建设等。

（3）按建设规模和总投资的大小可以分为大型建设项目、中型建设项目、小型建设项目。

（4）按建设阶段可以分为预备项目、筹建项目、施工项目、建成投资项目和收尾项目。

（5）按隶属关系可以分为国务院各部门直属项目、地方投资国家补助项目、地方项目和企事业单位自筹建设项目。

（四）基本建设项目的划分

在工程项目的实施过程中，为了准确地确定整个建设项目的建设费用，必须对项目进行科学的分析、研究，并进行合理的划分，把建设项目划分为简单且便于计算的基本构成项目，然后汇总求出工程项目造价。

一个建设项目是一个完整配套的综合性产品，根据我国在工程建设领域内的有关规定和习惯做法，按照它的组成内容的不同，可划分为建设项目、单项工程、单位工程、分部工程、分项工程等五个项目层次。

（1）建设项目一般是指具有设计任务书和总体设计、经济上实行统一核算、管理上具有独立的组织形式的基本建设单位。

（2）单项工程又称工程项目。单项工程是具有独立的设计文件，建成后能独立发挥生产能力或效益的工程。例如，长江三峡水利枢纽工程中的混凝重力式大坝、泄水闸、堤后式水电站、永久性通航船闸、升船机等单项工程。

（3）单位工程是具有独立设计，可以独立组织施工，但竣工后一般不能独立发挥生产能力和效益的工程。它是单项工程的组成部分。例如，长江三峡水利枢纽工程中的泄水闸工程可划分为建筑工程和安装工程等单位工程。

（4）分部工程是单位工程的组成部分。分部工程是按单位工程的结构形式、工程部位、构件性质、使用材料、设备种类及型号等的不同来划分的。例如，长江三峡水利枢纽工程中的泄水闸建筑工程可划分为土石方开挖工程、土石方填筑工程、混凝土工程、模板工程等分部工程。

（5）分项工程是分部工程的组成部分。按照不同的施工方法、不同的使用材料、不同的构造及规格，将一个分部工程更细致地分解为若干个分项工程。例如，建筑工程土石方填筑工程可划分为浆砌块石护底、浆砌石护坡等分项工程。

分项工程是组成单位工程的基本要素，它是工程造价的基本计算单位体，在计价性定额中是组成定额的基本单位体，又称定额子目。

正确地把建设项目划分为几个单项工程，并按单项工程到单位工程，单位工程到分部工程，分部工程到分项工程的划分方式逐步细化，再从最小的基本要素分项工程开始进行计量与计价，逐步形成分部工程、单位工程、单项工程的工程造价，最后汇总可得到建设项目的工程造价。

二、基本建设程序

（一）建设项目的基本建设程序

我国的基本建设程序，最初是在1952年由政务院颁布实施。根据我国基本建设的实践，水利水电工程的基本建设程序为：根据资源条件和国民经济长远发展规划，进行流域或河段规划，提出项目建议书；进行可行性研究和项目评估，编制可行性研究报告；可行性研究报告批准后，进行初步设计；初步设计经过审批，项目列入国家基本建设年度计划；进行施工准备和设备订货；开工报告批准后正式施工；建成后进行验收投产；生产运行一定时间后，对建设项目进行后评价。

鉴于水利水电工程建设规模大、施工工期相对较长、施工技术复杂、横向交叉面广、内外协作关系和工序多等特点，水利水电基本建设较其他部门的基本建设有一定的特殊性，工程失事后危害性也比较大。因此，水利水电基本建设程序较其他部门更为严格，否则将会造成严重的后果和巨大的经济损失。

水利水电工程基本建设程序的具体工作内容如下。

1. 流域规划（或河段规划）

流域规划应根据该流域的水资源条件和国家长远计划，以及该地区水利水电工程建设发展的要求，提出该流域水资源的梯级开发和综合利用的最优方案。对该流域的自然地理、经济状况等进行全面、系统的调查研究，初步确定流域内可能的建设位置，分析各个坝址的建设条件，拟订梯级布置方案、工程规模、工程效益等，进行多方案的分析与比较，选定合理的梯级开发方案，并推荐近期开发的工程项目。

2. 项目建议书

项目建议书应根据国民经济和社会发展的长远规划、流域综合规划、区域综合规划、专业规划，按照国家产业政策和国家有关投资建设方针进行编制，是对拟进行建设项目的初步说明。

项目建议书是在流域规划的基础上，由主管部门提出建设项目的轮廓设想，从宏观上衡量分析项目建设的必要性和可能性，分析建设条件是否具备，是否值得投入资金和人力。

项目建议书的编制一般由政府委托有相应资质的设计单位承担，并按照国家现行规定权限向主管部门申报审批。项目建议书被批准后，由政府向社会公布，若有投资建设意向，则组建项目法人筹备机构，进行可行性研究工作。

3. 可行性研究

可行性研究是项目能否成立的基础，这个阶段的成果是可行性研究报告。它是运用现代技术科学、经济科学和管理工程学等，对项目进行技术经济分析的综合性工作。其任务是研究兴建某个建设项目在技术上是否可行，经济效益是否显著，财务上是否能够盈利；建设中要动用多少人力、物力和资金；建设工期的长短；如何筹备建设资金等重大问题。因此，可行性研究是进行建设项目决策的主要依据。

水利水电工程项目的可行性研究是在流域（河段）规划的基础上，组织各方面的专家、学者对拟建项目的建设条件进行全方位多方面的综合论证比较。例如，三峡工程就涉及许多部门和专业。

可行性研究报告按国家现行规定的审批权限报批。申请项目可行性研究报告必须同时提出项目法人组建方案及运行机制、资金筹措方案、资金结构及回收资金办法，并依照有关规定附具有管辖权的水行政主管部门或流域机构签署的规划同意书、对取水许可预申请的书面审查意见。审批部门要委托有相应资质的工程咨询机构对可行性研究报告进行评估，并综合行业主管部门、投资机构（公司）、项目法人（或筹备机构）等方面的意见进行审批。项目的可行性研究报告批准后，应正式成立项目法人，并按项目法人责任制实行项目管理。

4. 设计阶段

可行性研究报告批准后，项目法人应择优选择有相应资质的设计单位承担工程的勘测设计工作。

对于水利水电工程来说，承担设计任务的单位在进行设计以前，要认真地研究可行性研究报告，并进行勘测、调查和试验研究工作；要全面收集建设地区的工农业生产、社会经济、自然条件，包括水文、地质、气象等资料；要对坝址、库区的地形、地质进行勘测、勘探，对岩土地基进行分析试验，对建设地区的建筑材料分布、储量、运输方式、单价等要调查、勘测。不仅设计前要有大量的勘测、调查、试验工作，在设计中以及工程施工中还要有相当细致的勘测、调查、试验工作。

设计工作是分阶段进行的。一般采用两阶段设计，即初步设计与施工图设计。对于某些大型工程或技术复杂的工程一般采用三阶段设计，即初步设计、技术设计及施工图设计。

（1）初步设计。初步设计是根据批准的可行性研究报告及必要且准确的设计资料,对设计对象进行通盘研究,阐明拟建工程在技术上的可行性和经济上的合理性,规定项目的各项基本技术参数,编制项目的总概算。初步设计任务应择优选择有相应资质的设计单位承担,依照有关初步设计的编制规定进行编制。

初步设计主要是解决建设项目的技术可行性和经济合理性问题。初步设计具有一定程度的规划性质,是建设项目的"纲要"设计。

初步设计是在可行性研究的基础上进行的,要提出设计报告、初设概算和经济评价三类资料。初步设计的主要任务是确定工程规模;确定工程总体布置、主要建筑物的结构形式及布置;确定电站或泵站的机组机型、装机容量和布置;选定对外交通方案、施工导流方式、施工总进度和施工总布置、主要建筑物施工方法及主要施工设备、资源需用量及其来源;确定水库淹没、工程占地的范围,提出水库淹没处理、移民安置规划和投资概算;提出环境保护措施设计;编制初步设计概算;复核经济评价等。对于灌区工程来说,还要确定灌区的范围、主要干支渠的规划布置、渠道的初步定线、断面设计和土石方量的估算等。

对大中型水利水电工程中一些重大问题,如新坝型、泄洪方式、施工导流、截流等,应进行相应深度的科学研究,必要时应有模型试验成果的论证。初步设计批准前,一般由项目法人委托有相应资质的工程咨询机构或组织专家,对初步设计中的重大问题进行咨询论证。设计单位根据咨询论证意见,对初步设计文件进行补充、修改和细化。初步设计由项目法人组织审查后,按国家现行规定权限向主管部门申报审批。

(2)技术设计。技术设计是根据初步设计和更详细的调查研究资料编制的,用以进一步解决初步设计中的重大技术问题,如工艺流程、建筑结构、设备选型及数量的确定等,以使建设项目的设计更具体、更完善、经济指标更好。

技术设计要完成以下内容：落实各项设备的选型方案、关键设备的科研调查，根据提供的设备规格、型号、数量进行订货；对建筑和安装工程提供必要的技术数据，从而可以编制施工组织总设计；编制修改总概算，并提出符合建设总进度的分年度所需要资金的数额，修改总概算金额应控制在设计总概算金额之内；列举配套工程项目、内容、规模和要求配套建成的期限；为工程施工所进行的组织准备和技术准备提供必要的数据。

（3）施工图设计。施工图设计是在初步设计和技术设计的基础上，根据建安工程的需要，针对各项工程的具体施工，绘制施工详图。施工图纸一般包括：施工总平面图，建筑物的平面、立面、剖面图，结构详图（包括钢筋图），设备安装详图，各种材料、设备明细表，施工说明书。根据施工图设计，提出施工图预算及预算书。

设计文件编好以后，必须按照规定进行审核和批准。施工图设计文件是已定方案的具体化，由设计单位负责完成。在交付施工单位时，须经建设单位技术负责人审查签字。根据现场需要，设计人员应到现场进行技术交底，并可以根据项目法人、施工单位及监理单位提出的合理化建议进行局部设计修改。

5.施工准备阶段

项目在主体工程开工之前，必须完成各项施工准备工作，其主要内容具体如下：

（1）施工场地的征地、拆迁，施工用水、电、通信、道路的建设和场地平整等工程；

（2）完成必需的生产、生活临时建筑工程；

（3）组织招标设计、咨询、设备和物资采购等服务；

（4）组织建设监理和主体工程招标投标，并择优选择建设监理单位和施工承包商；

（5）进行技术设计，编制修正总概算和施工详图设计，编制设计预算。

施工准备工作开始前，项目法人或其代理机构，须依照有关规定，向行政主管部门办理报建手续，同时交验工程建设项目的有关批准文件。工程项目报建后，方可组织施工准备工作。工程建设项目施工，除某些不适应招标的特殊工程项目外（须经水行政主管部门批准），均须实行招标投标。水利水电工程项目在进行施工准备工作时必须已满足以下条件：初步设计已经批准；项目法人已经建立；项目已列入国家或地方水利建设投资计划；筹资方案已经确定；有关土地使用权已经批准；已办理报建手续。

6.建设实施阶段

建设实施阶段是指主体工程的建设实施。项目法人按照批准的建设文件，组织工程建设，保证项目建设目标的实现。

项目法人或其代理机构，必须按审批权限，向主管部门提出主体工程开工申请报告，经批准后，主体工程方可正式开工。主体工程开工须具备以下条件：

（1）前期工程各阶段文件已按规定批准，施工详图设计可以满足初期主体工程的施工需要。

（2）建设项目已列入国家或地方水利水电工程建设投资年度计划，年度建设资金已落实。

（3）主体工程招标已经决标，工程承包合同已经签订，并得到主管部门的同意。

（4）现场施工准备和征地移民等建设外部条件能够满足主体工程的开工需要。

（5）建设管理模式已经确定，投资主体与项目主体的管理关系已经理顺。

（6）项目建设所需全部投资来源已经明确，且投资结构合理。

（7）项目产品的销售已有用户承诺，并确定了定价原则。

要按照"政府监督、项目法人负责、社会监理、企业保证"的要求，建立健全质量管理体系，重要的建设项目须设立质量监督项目站，行使政府对项目建设的监督职能。

7. 生产准备阶段

生产准备是项目投产前所要进行的一项重要工作，是建设阶段转入生产经营的必要条件。项目法人应按照建管结合和项目法人责任制的要求，适时做好有关生产准备工作，生产准备工作应根据不同类型的工程要求确定，一般应包括如下内容：

（1）生产组织准备。建立生产经营的管理机构及其相应的管理制度。

（2）招收和培训人员。按照生产运营的要求，配备生产管理人员，并通过多种形式的培训，提高人员素质，使之能满足运营要求。生产管理人员要尽早介入工程的施工建设，参加设备的安装调试，熟悉情况，掌握好生产技术和工艺流程，为顺利衔接基本建设和生产经营阶段做好准备。

（3）生产技术准备。主要包括技术资料的汇总、运行技术方案的制定、岗位操作规程的制定和新技术的准备。

（4）生产物资准备。主要是落实投产运营所需要的原材料、协作产品、工器具、备品备件和其他协作配合条件的准备。

（5）正常的生活福利设施准备。

（6）及时具体落实产品销售合同协议的签订，提高生产经营效益，为偿还债务和资产的保值增值创造条件。

8. 竣工验收

竣工验收是工程完成建设目标的标志，是全面考核基本建设成果、检验设计和工程质量的重要步骤。竣工验收合格的项目即从基本建设转入生产或使用阶段。

当建设项目的建设内容全部完成，经过单位工程验收，符合设计要求，并按水利基本建设项目档案管理的有关规定，完成了档案资料的整理工作；在完成竣工报告、竣工决算等必需文件的编制后，项目法人按照有关规定，向验收主管部门提出申请，并根据《水利水电建设工程验收规程》（SL 223—2008）组织验收。

竣工决算编制完成后，须由审计机关组织竣工审计，其审计报告作为竣工验收的基本资料。对工程规模较大、技术较复杂的建设项目可先进行初步验收。不合格的工程不予验收；对于有遗留问题的工程必须有具体的处理意见；对于有限期处理的工程须明确要求并落实负责人。

水利水电工程按照设计文件所规定的内容建成以后，在办理竣工验收以前，必须进行试运行。例如，对灌溉渠道要进行放水试验；对水电站、抽水站要进行试运转和试生产，以检查考核其是否达到设计标准和施工验收的质量要求。如工程质量不合格，应返工或加固。

竣工验收的目的是全面考核建设成果，检查设计和施工质量，及时解决影响投产的问题，办理移交手续，交付使用。

竣工验收程序一般分为两个阶段，即单项工程验收和整个工程项目的全部验收。对于大型工程，因其建设时间长或建设过程中逐步投产，应分批组织验收。验收之前，项目法人要组织设计、施工等单位进行初验并向主管部门提交验收申请，并根据《水利水电建设工程验收规程》（SL 223—2008）组织验收。

项目法人要系统整理技术资料，绘制竣工图，分类立卷，在验收后作为档案资料交生产单位保存。项目法人要认真清理所有财产和物资，编好工程竣工决算，报上级主管部门审批。竣工决算编制完成后，须有审计机关组织竣工审计，审计报告作为竣工验收的基本资料。

水利水电工程把上述验收程序分为阶段验收和竣工验收，凡能独立发挥作用的单项工程均应进行阶段验收，如截流、下闸蓄水、机组启动、通水等。

9. 后评价

后评价是工程交付生产运行后一段时间内（一般经过 1～2 年），对项目的立项决策、设计、施工、竣工验收、生产运营等全工程进行系统评估的一种技术活动，是基本建设程序的最后一环。通过后评价达到肯定成绩、总结经验、研究问题、提高项目决策水平和投资效果的目的。通常包括影响评价、经济效益评价和过程评价。

（1）影响评价。影响评价是项目投产后对各方面的影响所进行的评价。

（2）经济效益评价。经济效益评价是对项目投资、国民经济效益、财务效益、技术进步和规模效益、可行性研究深度等方面进行的评价。

（3）过程评价。过程评价是对项目立项、设计、施工、建设管理、竣工投产、生产运营等全过程进行的评价。项目后评价工作一般按三个层次组织实施，即项目法人的自我评价、项目行业的评价、计划部门（或主要投资方）的评价。

建设项目后评价工作必须遵循客观、公正、科学的原则，做到分析合理、评价公正。

以上所述基本建设程序的九项内容，既是我国对水利水电工程建设程序的基本要求，也基本反映了水利水电工程建设工作的全过程。

（二）建设项目工程造价的分类

建筑项目工程造价可以根据不同的建设阶段、编制对象（或范围）、承包结算方式等进行分类。

在基本建设程序的每个阶段都有相应的工程造价形式,如图1-1所示。

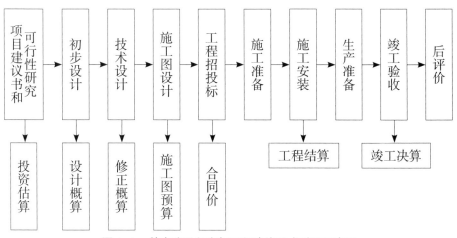

图1-1 基本建设程序与工程造价形式对照示意图

1. 投资估算

投资估算是指建设项目在项目建议书和可行性研究阶段,根据建设规模结合估算指标、类似工程造价资料、现行的设备材料价格,对拟建设项目未来发生的全部费用进行预测和估算。投资估算是判断项目可行性、进行项目决策的主要依据之一,又是建设项目筹资和控制造价的主要依据。

2. 设计概算

设计概算是在初步设计或扩大初步设计阶段编制的计价文件,是在投资估算的控制下由设计单位根据初步设计图纸及说明、概算定额(或概算指标)、各项费用定额或取费标准、设备、材料预算价格以及建设地点的自然、技术、经济条件等资料,用科学的方法计算、编制和确定的有关建设项目从筹建至竣工交付使用所需全部费用的文件。采用两阶段设计的建设项目,初步设计阶段必须编制设计概算。

3. 修正概算

修正概算是当采用三阶段设计时，在技术设计阶段，随着对初步设计内容的深化，对建设规模、结构性质、设备类型等方面可能进行必要的修改和变动，由设计单位对初步设计总概算做出相应的调整和变动，即形成修正设计概算。一般修正设计概算不能超过原已批准的概算投资额。

4. 施工图预算

施工图预算是在设计工作完成并经过图纸会审之后，根据施工图纸、图纸会审记录、施工方案、预算定额、费用定额、各项取费标准、建设地区设备、人工、材料、施工机械台班等预算价格编制和确定的单位工程全部建设费用的建筑安装工程造价文件。

5. 工程结算

工程结算是指承包商按照合同约定和规定的程序，向业主收取已完工程价款清算的经济文件。工程结算分为工程中间结算、年终结算和竣工结算。

6. 竣工决算

竣工决算是指业主在工程建设项目竣工验收后，由业主组织有关部门，以竣工结算等资料为依据编制的反映建设项目实际造价文件和投资效果的文件。竣工决算真实地反映了业主从筹建到竣工交付使用为止的全部建设费用，是核定新增固定资产价值，办理其交付使用的依据，是业主进行投资效益分析的依据。

第二节 水利工程概算基本知识

一、水利水电建筑产品的特点

与一般工业产品相比，水利水电建筑产品具有以下特点。

（一）建设地点的不固定性

建筑产品都是在选定的地点上建造的。例如，水利工程一般都是建筑在河流上或河流旁边，它不能像一般工业产品那样在工厂里重复地批量进行生产，工业产品的生产条件一般不受时间及气象条件的限制。用途、功能、规模、标准等基本相同的建筑产品，因其建设地点的地质、气象、水文条件等不同，其造型、材料选用、施工方案等都有很大的差异，从而影响其产品造价。另外，不同地区人员的工资标准以及某些费用标准，如材料运输费、冬雨季施工增加费等，都会由于建设地点的不同而不同，从而使建筑产品的造价有很大的差异。水利水电建筑产品一般都是建筑在河流上或河流旁边，受水文、地质、气象因素的影响大，因此形成价格的因素比较复杂。

（二）建筑产品的单件性

水利水电工程一般都随所在河流的特点而变化，每项工程都要根据工程的具体情况进行单独设计，在设计内容、规模、造型、结构和材料等各方面都互不相同。同时，由于工程的性质（新建、改建、扩建或恢复等）不同，其设计要求也不一样。即使工程的性质或设计标准相同，也会因建设地点的地质、水文条件不同，其设计也不尽相同。

（三）建筑产品生产的露天性

水利水电建筑产品的生产一般都是露天进行的，季节的更替、气候、自然环境条件的变化，都会引起产品设计的某些内容和施工方法的变化，也会造成防寒防雨或降温等费用的变化。另外，水利水电工程还涉及施工期工程防汛。这些因素都会使建筑产品的造价发生相应的变动，使得各建筑产品的造价不相同。

此外，建筑产品的规模大，大于任何工业产品，由此决定了其生产周期长，程序多，涉及面广，社会协作关系复杂，这些特点也决定了建筑产品价值构成不可能一样。

水利水电建筑产品的上述特点，决定了它不可能像一般工业产品那样，可以采用统一价格，而必须通过特殊的计划程序，逐个编制概预算来确定其价格。

二、水利工程分类

由于水利建设项目常常是由多种性质的水工建筑物构成的复杂的建筑综体，同其他工程相比，包含的建筑种类多、涉及面广。因此，在编制水利工程概（估）算时，应根据现行水利部2014年颁发的《水利工程设计概（估）算编制规定》水总〔2014〕429号（工程部分）（以下简称《编规》）的有关规定，结合按照水利工程的性质特点和组成内容而划分的工程分类来编制。水利工程的具体分类如下。

（一）按工程性质划分

水利工程按工程性质划分为三大类，分别是枢纽工程、引水工程、河道工程。具体划分如图1-2所示：

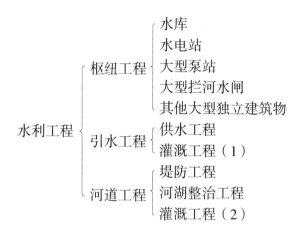

图1-2 水利工程按工程性质划分

大型泵站是指装机流量≥50 m^3/s的灌溉、排水泵站；大型拦河水闸是指过闸流量≥1000 m^3/s的拦河水闸。

灌溉工程（1）是指设计流量≥5 m^3/s的灌溉工程；灌溉工程（2）是指设计流量<5 m^3/s的灌溉工程和田间工程。

（二）按概算项目划分

水利工程按概算项目划分为四大部分，分别是工程部分、建设征地移民补偿、环境保护工程、水土保持工程。

1.工程部分

工程部分分为建筑工程、机电设备及安装工程、金属结构设备及安装工程、施工临时工程和独立费用五个部分。

2.建设征地移民补偿

建设征地移民补偿分为农村部分补偿、城（集）镇部分补偿、工业企业补偿、专业项目补偿、防护工程、库底清理和其他费用七个部分。

各部分根据具体工程情况分别设置一级、二级、三级、四级、五级项目。详见水利部 2014 年颁发的《水利工程设计概（估）算编制规定》（水总〔2014〕429 号）建设征地移民补偿的有关规定。

3. 环境保护工程

环境保护工程项目划分为环境保护措施、环境监测措施、环境保护仪器设备及安装、环境保护临时措施、环境保护独立费用五个部分，各部分下设一级、二级、三级项目。详见《水利水电工程环境保护概（估）算编制规程》（SL 359—2006）的有关规定。

4. 水土保持工程

水土保持工程项目划分为工程措施、植物措施、施工临时工程和独立费用四个部分，各部分下设一级、二级、三级项目。详见《水土保持工程概（估）算编制规定》（水总〔2003〕67 号）的有关规定。

三、概算文件的组成内容

概算文件包括设计概算报告（正件）、附件、投资对比分析报告。

（一）概算正件组成内容

1. 编制说明

（1）工程概况。工程概况包括：流域、河系，兴建地点，工程规模，工程效益，工程布置形式，主体建筑工程量，主要材料用量，施工总工期等。

（2）投资主要指标。投资主要指标包括：工程总投资和静态总投资，年度价格指数，基本预备费率，建设期融资额度、利率和利息等。

（3）编制原则和依据。概算编制原则和依据包括：人工预算单价，主要材料，施工用电、水、风以及砂石料等基础单价的计算依据；主要设备价格的编制依据；建筑安装工程定额、施工机械台时费定额和有关指标的采用依据；费用计算标准及依据；工程资金筹措方案等。

（4）概算编制中其他应说明的问题。

（5）主要技术经济指标表。主要技术经济指标表根据工程特性表编制，反映工程主要技术经济指标。

2.工程概算总表

工程概算总表应汇总工程部分、建设征地移民补偿、环境保护工程、水土保持工程总概算表。

3.工程部分概算表和概算附表

（1）概算表。概算表包括：工程部分总概算表；建筑工程概算表；机电设备及安装工程概算表；金属结构设备及安装工程概算表；施工临时工程概算表；独立费用概算表；分年度投资表；资金流量表（枢纽工程）等。

（2）概算附表。概算附表包括：建筑工程单价汇总表；安装工程单价汇总表；主要材料预算价格汇总表；次要材料预算价格汇总表；施工机械台时费汇总表；主要工程量汇总表；主要材料量汇总表；工时数量汇总表等。

（二）概算附件组成内容

（1）人工预算单价计算表。

（2）主要材料运输费用计算表。

（3）主要材料预算价格计算表。

（4）施工用电价格计算书（附计算说明）。

（5）施工用水价格计算书（附计算说明）。

（6）施工用风价格计算书（附计算说明）。

（7）补充定额计算书（附计算说明）。

（8）补充施工机械台时费计算书（附计算说明）。

（9）砂石料单价计算书（附计算说明）。

（10）混凝土材料单价计算表。

（11）建筑工程单价表。

（12）安装工程单价表。

（13）主要设备运杂费率计算书（附计算说明）。

（14）施工房屋建筑工程投资计算书（附计算说明）。

（15）独立费用计算书（勘测设计费可另附计算书）。

（16）分年度投资计算表。

（17）资金流量计算表。

（18）价差预备费计算表。

（19）建设期融资利息计算书（附计算说明）。

（20）计算人工、材料、设备预算价格和费用依据的有关文件、询价报价资料及其他。

（三）投资对比分析报告

编写投资对比分析报告时，应从价格变动、项目及工程量调整、国家政策性变化等方面对工程项目投资进行详细的分析，并说明初步设计阶段与可行性研究阶段（或可行性研究阶段与项目建设书阶段）相比较的投资变化原因和结论。工程部分报告应包括以下附表：

（1）总投资对比表。

（2）主要工程量对比表。

（3）主要材料和设备价格对比表。

（4）其他相关表格。

投资对比分析报告应汇总工程部分、建设征地移民补偿、环境保护、水土保持各部分对比分析内容。

注：(1) 设计概算报告（正件）、投资对比分析报告可单独成册，也可作为初步设计报告（设计概算章节）的相关内容。

(2) 设计概算附件宜单独成册，并应随初步设计文件报审。

第三节　工程项目的资金时间价值与现金流量

一、资金时间价值

（一）资金时间价值的概念

资金时间价值理论于 20 世纪 50 年代开始在西方国家得到广泛的应用。我国自改革开放以来，也开始广泛地接受并应用资金时间价值理论。目前，资金时间价值在我国经济建设中发挥着不可忽视的作用。

资金时间价值又称为货币的时间价值，是指货币经过一定时间的投资和再投资后所增加的价值。一定量的资金在不同的时点上具有不同的价值。

从上述定义可知，货币只有在投资的条件下经过一定的时间才能增值。例如，现将 10 万元存入银行，若银行存款年利率是 1%，则这 10 万元经过一年时间的投资增加了 0.1 万元，这 0.1 万元的利息就是资金的时间价值。又如，将这 10 万元对企业进行生产投资，通过购买原材料、生产产品、销售产品等一系列生产经营活动，企业生产出新的产品，获得了利润，实现了资金的增值，这里的利润就是资金的时间价值。然而，如果这 10 万元既不存入银行，也不进行其他投资，仅仅把它放在家里，放的时间再长也不会发生增值。换言之，资金只有在周转使用过程中才会产生时间价值。那么，资金时间价值是如何衡量的呢？

衡量资金时间价值的尺度有两种：一是绝对尺度，即利息或利润等；二是相对尺度，即利率或利润率。从量的规定性来看，资金时间价值相当于在没有风险和没有通货膨胀条件下的社会平均资金利润率。在投资某项目时，若预期报酬率低于社会平均利润率，企业将无利可图，会放弃投资。因此，资金时间价值是评价企业投资方案的基本标准。例如，某项目的预计年投资报酬率是13%，若银行贷款年利率是14%，则该项目投资不可取。

（二）资金等值计算

由于资金具有时间价值，所以同等金额的资金在不同时点上是不等值的，而不同时点上发生的金额不等的资金可能具有相等的价值。例如，2008年的100元和2011年的100元是不等值的。在年利率为1%的情况下，2018年的100元和2019年的101元是等值的。

所谓资金等值计算，是指在理想资本市场条件下，将某一时点的资金按照一定的利率折算成与之等价的另一时点的资金的计算过程。为了计算方便，假定资金的流入和流出是在某一时间（通常为一年）的期末进行的。

1. 单利终值和现值的计算

单利（Simple Interest）是计算利息的一种方式。在该方式下，只有本金能带来利息，利息必须在提取以后再以本金的形式投入才能生利，否则不能生利。

（1）单利终值的计算。终值（Future Value）就是本利和，是指若干期后包括本金和利息在内的未来价值。

单利终值是指在利率为 i 的条件下,现值 P 与按单利计算的利息之和。其计算公式为:

$$F=P(1+ni)$$

式中:F——终值;

P——现值;

i——利率;

n——计息期数。

(2)单利现值的计算。现值(Present Value)是指未来的一笔钱或一系列收付款项,按给定的利息率计算得到的现在价值。由终值求现值的过程称为贴现或折现。

单利现值是指在年利率为 i 的条件下,以之后某期的资金即终值 F 按单利方式折算到现在的价值。其计算公式为:

$$P=F(1+ni)^{-1}$$

2.复利终值计算

复利(Compound Interest)是计算利息的另一种方式。在该方式下,不仅本金能带来利息,利息也能生息,俗称"利滚利"。

(1)一次支付终值的计算。假设现在有一笔资金 P,按年利率 i 进行投资,则 n 年后的终值 F 为:

$$F=P(1+i)^n$$

上式表示在年利率为 i 的条件下,终值 F 与现值 P 之间的等值关系。其中,系数 $(1+i)^n$ 为一次支付终值系数或复利终值系数,用符号 $(F/P, i, n)$ 表示,在实际应用中,可根据已知的 i 查阅按不同年利率和期数编制的复利终值系数表。

(2)等额支付年金终值的计算。投资项目的现金流量可能集中在某个时点上一次支付,也可能在多个时点上发生,现金流量的大小可能相等，也可能不相等。等额系列现金流量是指现金流量序列是连续的，且数额是相等的，即其为年金。根据年金每次收付发生的时点不同，可将年金分为：每期期末等额收款或付款的年金，称为后付年金，即普通年金；每期期初等额收款或付款的年金，称为先付年金；距今若干期以后发生的每期期末等额收款或付款的年金，称为递延年金；无限期连续收款或付款的年金，称为永续年金。

除非特别说明，下面所涉及的年金均为后付年金。年金（Annuity）简写为 A。

等额支付年金终值如同等额零存整取的本利和。例如，从现在开始，每期期末等额存入一笔资金 A，若年利率为 i，连续存入 n 期，n 期末时的终值之和就是等额支付年金的终值（图1-3）。

图1-3 等额支付年金终值示意图

从图1-3可知年金终值即复利终值之和。n期年金终值为：

$$F=A+A(1+i)^1+A(1+i)^2+\cdots+A(1+i)^{n-1} \quad (1-1)$$

上式两边同乘以（$1+i$），得：

$$(1+i)F=A(1+i)^1+A(1+i)^2+A(1+i)^3+\cdots+A(1+i)^n \quad (1-2)$$

用式（1-2）减式（1-1），得 $(1+i)F=A(1+i)^n A$，即：

$$F=A\frac{(1+i)^n-1}{i}$$

其中，$\frac{(1+i)^n-1}{i}$ 称为等额支付终值系数或年金终值系数，用符号（F/A，i，n）表示，在实际应用中，为方便计算，可直接查阅年金终值系数表。

（3）等额支付偿债基金的计算。为筹措将来的一笔资金 F，每年应存储多少资金 A，即已知终值 F，求与之等价的等额年值 A，是等额支付年金终值的逆运算。其计算公式为：

$$A = F\frac{1}{(F/A,i,n)} = F\frac{i}{(1+i)^n-1}$$

其中，$\frac{i}{(1+i)^n-1}$ 称为等额支付偿债基金系数，用符号（A/F，i，n）表示。

3. 复利现值计算

（1）一次支付现值的计算。这是已知终值 F、利率 i 及周期数 n，求现值 P 的计算，是一次支付终值计算的逆运算，其计算公式为：

$$P=F(1+i)^{-n}$$

其中，系数 $(1+i)^{-n}$ 为一次支付现值系数或复利现值系数，用符号（P/F，i，n）表示，在实际应用中，可查阅复利现值系数表。

（2）等额支付年金现值的计算。如果每年末等额收入或支出年金 A，求 n 年内每年末等额收入或支出年金的现值之和，这就属于等额支付年金现值问题，也就是已知 A、i、n，求 P。

如图 1-4 所示，现值 P 等于将每期末取得的年金 A 按复利折算到 0 时点的复利现值之和。

第一章
水利工程项目经济分析基础

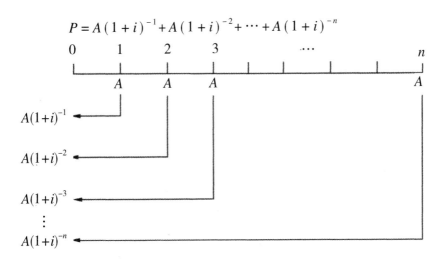

图 1-4 等额支付年金现值示意图

将图中公式两边同时乘（1+i），得：

$(1+i)P = A + A(1+i)^{-1} + \cdots + A(1+i)^{-(n-1)}$

用新得的公式减图中公式，得 $Pi = A - A(1+i)^{-n}$，即：

$$P = A \frac{1-(1+i)^{-n}}{i}$$

其中，$\frac{1-(1+i)^{-n}}{i}$ 为等额支付现值系数，用符号（P/A, i, n）表示。在实际应用中，可查阅年金现值系数表。

（3）等额支付资金回收的计算。等额支付资金回收计算是等额支付现值计算的逆运算，即已知现值 P、年利率 i 和计算期 n，求与之等价的等额年值 A，其计算公式为：

$$A = P(A/P, i, n) = P \frac{i}{1-(1+i)^{-n}}$$

其中，$\frac{i}{1-(1+i)^{-n}}$ 为等额资金支付回收系数，用符号（A/P, i, n）表示。这是一个重要系数。在对投资项目进行评价时，它表示在考虑资金时间价值的条件下，对于项目初始投资，在项目寿命内每年至少回

27

收的资金额。

二、工程项目现金流量

（一）工程项目现金流量的概念

对工程项目进行经济分析，首先必须掌握工程项目各年的现金流量状况。这里所说的现金流量是指长期工程项目在筹建、设计、施工、正式投产使用直至报废清理的整个期间内形成的现金流入量与流出量。其中，现金是指货币资本，它包括纸币、硬币、汇票和银行存款等；现金流入量与流出量之间的差额，称为净现金流量。因此，现金流量又是现金流入量、现金流出量和净现金流量的统称，人们也常将现金流量简称为现金流。

1. 现金流入量（CI）

现金流入量是指在工程项目研究期内每年实际发生的现金流入，包括年销售收入、固定资产报废时回收的残值以及期末收回的垫支的流动资金等。第 j 年的现金流入量用 CI_j 表示。

2. 现金流出量（CO）

现金流出量是指在工程项目研究期内每年实际发生的现金流出，包括企业的初始固定资产投资、垫支的流动资金、销售税金及附加、年经营成本等。第 j 年的现金流出量用 CO_j 表示。

3. 净现金流量（NCF）

净现金流量用公式表示为

$$NCF_j = CI_j - CO_j$$

现金流量具有较大的综合性，可据以正确地评价各工程项目的综合经济效益。因此，具体估算各个工程项目形成的现金流入和流出的数量、时间以及逐年的净现金流量,是正确评价项目投资效益的一个必要条件。如果对其的估计不够准确,判断势必会出现偏差,这样,不仅难以达到有效地运用资本的目的,而且可能导致投资决策上的失误。

为了更好地理解现金流量的概念,可以画出现金流量图。一般情况下,习惯上将工程项目的现金流入量或现金流出量视为是在期末发生的。现金流量图就是将研究期内各现金流入、流出的数量及发生的时间用数轴的形式来表示,时间点0表示资金运动的起始点或研究的某一基准点,如图1-5所示。

图1-5 现金流量图

图1-5中数轴表示一个从0开始到n的时间序列,每一个刻度表示一个时间单位或一个计息期(单位可以是年、半年、季或月等),从1到n分别表示各计息期的终点。时间坐标垂直线上方数据A_i($i=1$,2,…,n)表示各期现金流量的大小。必要时,可以用箭头方向表示现金流的方向,向上表示流入,向下表示流出。

(二)工程项目现金流量的计算

1. 工程项目计算期间

工程项目计算期间是计算现金流量时必须考虑的一个基本因素。按时间划分,一个工程项目通常分为建设期和运营期(或经营期、使用期)两个阶段,这两个时期之和是项目的计算期,也称项目寿命期。运营期又分为试产期和达产期(完全达到设计生产能力期)两个阶段。试产期是指工程项目投入生产,但生产能力尚未完全达到设计能力时的过渡阶段。达产期是指生产能力达到设计水平后的时间段。运营期需要根据工程项目主要设备的经济使用寿命确定。

项目计算期、建设期和运营之间的关系如图1-6所示。

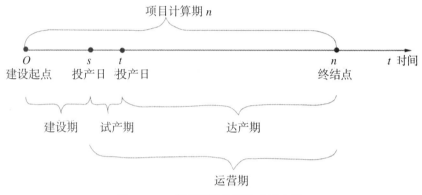

图1-6　工程项目计算期构成示意图

2.项目现金流量的组成部分

（1）初始现金流量。初始现金流量是投资时发生的现金流量，通常包括投资在固定资产上的资金和垫支的流动资金两个部分。其中，垫支的流动资金一般会在项目终结时全部收回。这部分初始现金流量不受所得税的影响，通常为现金流出量。用公式表示为

初始现金流量 = 投资在固定资产上的资金 + 垫支的流动资金

需要注意的是，若投资在固定资产上的资金是以企业原有的旧设备进行投资的，在计算现金流量时，应以设备的变现价值作为其现金流出量，并要考虑由此造成的所得税。用公式表示为

初始现金流量 = 投资在流动资产上的资金 + 设备的变现价值 −（设备的变现价值 − 账面价值）× 所得税税率

（2）营业现金流量。营业现金流量是指项目投入使用后，因生产经营活动而在项目使用寿命周期内产生的现金流入量和流出量。其中，现

金流入量指营业现金收入，现金流出量指营业现金支出和缴纳的税金。假设年营业收入均为现金收入，扣除折旧后的营业成本均为现金支出，也就是付现成本，那么每年的营业现金流量可以表示为

年营业现金流量 = 现金流入量 – 现金流出量 = 年营业现金收入 – 付现成本 – 相关税金 = 年营业现金收入 – 付现成本 –（年营业现金收入 – 付现成本 – 折旧）× 税率 =（年营业现金收入 – 付现成本 – 折旧）×（1 – 税率）+ 折旧 = 税后净利 + 折旧

（3）终结现金流量。终结现金流量是指工程项目终结时发生的现金流量。其主要包括固定资产残值收入和垫支的流动资金回收额。

（三）相关现金流量

相关现金流量是指由某个投资项目所引起的现金流量。如果一笔现金流量即使没有投资项目也会发生，那么它就不属于相关现金流量。只有相关现金流量才是计算工程项目现金流量时要考虑的因素。在确定相关现金流量时要注意以下几个问题。

（1）沉没成本不是相关现金流量。沉没成本是指在投资决策时已经发生的、无法改变的成本，属于无关成本，在计算现金流量时不应考虑。例如，某企业在建设工程项目前支出 3 万元对某地区进行厂址选择的勘探调查工作，这笔支出是企业的现金流出。但由于在投资决策时，该笔资金已经发生，不管结果是不是选择该地区为厂址，与勘探调查相关的 3 万元支出已经发生且无法改变，属于沉没成本，所以不应当包含在投资决策中。

（2）筹资成本不作为现金流出处理。这是全投资假设，即假设项目中全部投入资金均为企业的自有资金。当投资项目所需资金来自负债时，为取得该笔债务所支付的筹资费用和债务的偿还要视为自有资金处理，

不作为现金流出量。

（3）要考虑机会成本。在投资方案选择中，因选择一种方案而放弃了另外的投资方案的代价，就是机会成本。在投资决策时，要考虑机会成本的影响。例如，在考虑是否更换旧设备生产新产品时，该机器设备当前的可变现价值就是继续使用旧设备的机会成本。

第二章
水利工程项目的预算、改革与监督管理机制

部门预算是由政府各部门编制,经财政部门审核汇总报立法机关审议通过,反映各部门所有收入和支出的公共收支计划和法律文件。它的实行,标志着预算管理正进行着全新的改革,是新中国成立以来我国政府预算制度的根本性变革,当前部门预算编制还存在很多问题。本章主要探讨了部门预算存在的问题与改革方向、财务部门的职责与监督以及水利工程项目的成本管理办法。

第一节 部门预算的改革历程

一、部门预算的改革历程概述

(一)部门预算的概念

部门预算是由政府各部门编制,经财政部门审核汇总报立法机关审议通过,反映各部门所有收入和支出的公共收支计划和法律文件。从编制范围来看,涵盖了部门或单位所有的收入和支出,不仅包括预算内资

金收支，还包括预算外资金收支；从支出角度来看，部门预算反映了一个部门或单位各项资金的使用方向和具体使用用途；从编制程序来看，它是基层单位编制，逐级审核汇总形成的；从合法性来看，部门预算要符合国家宏观政策，符合预算法的要求。部门预算最终按法定程序经人大批准后，由财政部门将其批复到部门，部门再逐级批复到基层预算单位。

（二）部门预算的特点

（1）部门预算是财权与事权分离的预算。在立法机关授权范围内，财政部门代表政府行使财权，其他部门代表政府行使事权。

（2）部门预算是零基预算。在编制预算时，不考虑过去的支出水平，根据定额标准重新核算每一个项目的支出水平。

（3）部门预算是细化预算。部门有哪些收入来源、有哪些支出用途，开始编制预算时就要落实到每一个具体的项目上去。基本支出要落实到目级科目，项目支出要落实到列入项目库的具体项目上。

二、部门预算的改革历程

从财政预算制度所具有的基本法律要件而言，新中国财政预算制度的真正建立时间是 1955 年。此前财政预算只是向中央政府报告，并且没有决算制度，因而严格地说真正的财政预算制度还没有构建起来。1955年以后，随着我国的政治体制、经济体制的不断完善以及人们对财政预算制度认识的不断深化，我国的财政预算制度也在不断地改革与发展。总结起来，其改革发展轨迹大体可以分为以下四个阶段。

（一）计划经济财政预算制度阶段

这一阶段是从 1955 年到 1980 年。总体而言，这一时期，我国财政预算管理具有较为浓重的中央集权色彩、行政主导色彩。"预算"功能极不健全。具体而言，主要有以下三个突出特点：

（1）财政预算收入制度是一种以行政权力为主导的收入制度，收入的主要来源是国有企业利税。由于这一时期经济结构单一，由国有经济包打天下，再加上商品价格都由计划控制，工农业产品之间形成巨大"剪刀差"，基本全社会的生产剩余都体现为国有企业利税。而基本国有企业的全部生产剩余又被纳入财政预算，成为财政预算收入的主要来源。

（2）财政预算公共事务与企业事务不分，公共性特点不突出。在财政收入制度方面，由于指令性计划对商品价格的控制和税收手段的缺乏，财政预算既调节生产领域之外的分配关系，又调节生产领域之内的分配关系。在财政支出制度方面，财政预算包揽一切，不仅要负责公共物品的提供，还要负责为国有企业进行直接的资金投入和弥补亏损，代行了一部分需要由市场承担的功能。

（3）财政预算附属于指令性计划，预算功能严重缺失。由于在计划经济下，指令性计划无所不在、无所不包，财政预算制度基本上是指令性计划的附属工具，预算跟着计划走，对经济社会运行的调节作用非常有限。并且由于预算编制简单粗放，所谓的预算，充其量是一个简单、粗放的财政收支计划，根本谈不上预算的法律性、权威性和严肃性。

（二）市场经济财政预算制度初现端倪阶段

这一阶段是从1980年到1992年。这一时期，我国开始实行改革开放，进行经济制度转型。改革的主要特点是实行"行政性分权"，将原来集中于中央的权力下放给地方政府，将应该给国有企业的一部分权力交给企业。在这种背景之下，财政预算管理制度在预算收入制度方面也进行多次重大调整，其基本思路也是下放权力，调动地方政府和企业的积极性。

这种改革的动因有两个：一是因"文化大革命"造成的经济颓废而产生的财政欠账随着改革开放的实行而逐步显现；二是随着企业扩大自主权，增加工资，发放奖金，财政平衡的压力不断增加。为了改变这种财政状况，我国开始调整中央和地方的财政关系，以调动地方政府增收节支的积极性。其内容主要有：

1.1980—1984 年，实行"划分收支、分级包干"体制

一是按照经济管理体制规定的隶属关系，明确划分中央和地方的收支范围。中央和地方所属企业的收入分别作为中央和地方财政的固定收入，工商税收作为中央和地方的调剂收入。二是合理确定地方财政的收支基数和上解、补助额。地方收入大于支出的地区，多余部分按一定比例上缴中央；支出大于收入的地区，财力不足部分，从工商税收中按一定比例留给地方政府。原则上 5 年不变，地方政府多收可以多支，少收则要相应压缩支出，自求平衡。三是对老少边穷地区，中央设立不发达地区发展资金给予专款补助。

2.1985—1987 年，实行"划分税种、核定收支、分级包干"财政体制

这一财政体制根据第二步"利改税"以后的税种设置，重新调整了各级地方政府的财政收入关系，并从 1985 年 1 月 1 日起，在我国 29 个省区推行。由此，我国向以税种划分为主的彻底"分灶吃饭"的财政体制迈出了第一步。这一财政体制的基本内容为：按税种把国家财政收入划分为中央固定收入、地方固定收入、中央和地方共享收入三大类。中央和地方支出划分基本维持原体制格局。同时，国务院考虑经济改革中变化因素较多的情况，决定在 1985 年与 1986 年仍然实行"总额分成"办法，以作为过渡，即地方预算固定收入和中央、地方共享收入同地方预算收支挂钩确定分成比例，实行总额分成。

3. 1988—1993 年，实行"大包干"财政体制

1986 年以后，受多种因素的影响，财政收入在国民收入中所占的比重大幅度下降，这成为总额分成的财政体制运行中较为突出的问题。这以突出问题具体表现为：一是中央财政收入在全国财政收入的比重不断下降，连年出现较大赤字，宏观调控能力减弱；二是不能充分调动上交地区组织收入的积极性，致使上交地区出现"放水养鱼"的现象。因此，中央决定，按照经济体制改革总体进程，首先解决如何调动地方组织收入积极性的问题，并从 1988 年至 1990 年实行"大包干"财政体制，对原有体制进行调整。一是将税额零星、税源分散、时效性强、征收难度大的 13 种"小税"划给地方作固定收入，抵顶支出；二是改进部分上交地区财政体制，实行多种形式的财政包干体制。将我国 37 个省、市、自治区和"计划单列市"都纳入"包干"体系，并分别实行 6 种不同的包干办法。

（三）市场经济财政预算管理改革取得初步成效阶段

这一阶段是从 1992 年到 1998 年。之所以说取得了初步成效，主要是因为我国于 1993 年开始实行分税制改革，由此我国的财政收入制度向市场经济方向迈出了实质性的一步。

1."分税制改革"的主要精神

"分税制改革"可以视为我国 20 世纪 90 年代经济体制改革的重大举措之一。分税制改革的根本目的是推动社会主义市场经济体制的建立和发展，促进社会经济持续、稳定、健康地发展。1993 年 11 月，中共十四届三中全会《关于建立社会主义市场经济体制的若干问题的决定》揭示了分税制改革的四个主要精神。

（1）正确地处理中央与地方的分配关系，调动两个积极性，促进国

家财政收入合理增长。明确把地方财政包干制改为在合理划分中央与地方事权基础上的分税制，建立相互独立的中央和地方税收征收体系。把维护国家权益和实施宏观调控所必需的税种列为中央税；把同经济发展直接相关的主要税种列为共享税；充实地方税种，增加地方收入。通过发展经济、提高效益、扩大财源，逐步提高财政收入在国民生产总值中的比重，进而合理确定中央财政收入和地方财政收入的比例。提高"两个比重"（财政收入在国民生产总值中的比重和中央财政收入在全部财政收入中的比重）是此次分税制改革的重要初衷之一。

（2）合理地调节中央与地方之间的财力分配。实行中央财政对地方的返还和转移支付制度，以调节分配结构和地区结构，特别是扶持经济不发达地区的发展和老工业基地的改造。

（3）坚持统一政策与分级管理相结合。划分税种不仅要考虑中央与地方的收入分配，还要考虑税收对经济发展和社会分配的调节作用，中央税、共享税以及地方税的立法权都应集中在中央，以保证中央政令统一，维护全国市场统一，促进企业平等竞争。

（4）按照统一税法、公平税负、简化税制和合理分权的原则，改革和完善税收制度，使税收制度与经济体制的变革逐步适应，与国际通行的做法逐步接轨。

2. 分税制改革的基本框架

根据中共中央《关于建立社会主义市场经济体制若干问题的决定》，从1994年1月1日起，在全国范围内实行的分税制基本框架如下：

（1）在政企职责分离的基础上，明确省、县（市）和乡（镇）政府的职能，按职能划分各级政府的事权。

（2）在划分事权的基础上，划分财政支出范围。中央财政主要承担国家安全、外交和中央国家机关运转所需经费，以及调整国民经济结构、协调地区发展、实施宏观调控所必需的支出和由中央直接管理的事业发展支出。地方财政主要承担本地区政权机关运转所需支出以及本地区经济、事业发展所需支出。

（3）按照收益性质和征管有效性原则，合理划分税种收入。将维护国家权益、实施宏观调控所必需的税种划为中央税；将同经济发展直接相关的主要税种划为中央与地方的共享税；将适合地方征管的税种划为地方税，并充实地方税种，增加地方税收收入。

（4）逐步建立中央对地方的转移支付制度，以便逐步缩小地区间政府服务水平的差距。

（5）实行中央对地方的税收返还。为了保持地方既有利益格局，逐步达到改革目标，分税制体制制定了税收返还办法，即以1993年为基期年，按分税制以地方净上划中央的收入数额作为中央对地方的税收返还基数，基数部分全额返还地方；从1994年开始，税收返还与消费税和增值税（75%）的增长率挂钩，每年递增返还，递增率按各地区缴入中央金库"两税"增长率的1：0.3系数确定。

（6）妥善处理原体制遗留问题。分税制以后，原包干体制的上解和补助基本不变。原实行定额上解的地区仍按确定数额定额上交；原实行递增上交的地区，从1995年起按1994年实际上解额实行定额上交。

3. 税收制度改革的主要内容

分税制改革按照统一税法、公平税负、简化税制、合理分权的原则对税收制度进行规范，建立起符合市场经济要求的税收制度。其主要内容有：

（1）推行以增值税为主体的流转税制度。改革后的流转税由增值税、消费税和营业税组成，统一适用于各类企业。将一般增值税税率设定为价值增值的17%，另设一个14%的优惠税率。从财政收入的激励效应着眼，增值税类型的设计选择了生产型增值税，即对任何购进固定资产的价款不作抵扣。

（2）统一内资企业所得税。简化合并不同经济成分的企业所得税税率。所有内资企业，包括国有企业、集体企业、私营企业以及公司制和其他形式的联营企业，都实行统一的企业所得税。

（3）统一个人所得税。改革的重点是将当时实行的个人所得税、个人收入调节税、城乡个体工商业户所得税合并，建立统一的个人所得税。个人所得税税率采取超额累进制。

（四）2000年部门预算改革

1999年6月全国人大常委会要求国务院及财政部等部门"改进和规范中央预算编制工作"。1999年7月，财政部向国务院报送《关于落实全国人大常委会意见，改进和规范预算管理工作的请示》。2000年，国务院及财政部等相关部门，开始对传统的政府预算制度进行改革和创新。这次政府预算制度改革的总体目标是要建立公开透明、科学规范、廉洁高效、完整统一的政府预算制度体系。

1.建立科学规范的部门预算编制制度

编制部门预算，建立部门预算制度，是市场经济国家政府预算管理的基本组织形式。我国预算法规定，中央政府预算由中央各部门（含直属单位）的预算组成，地方各级政府预算由本级各部门（含直属单位）的预算组成。建立部门预算制度，是将政府预算管理的出发点和着力点转移到部门，以部门编制的预算建议计划为依托，以单位所有收入统筹安排所有支出具体编制到项目为主要内容，融零基预算、综合财政预算为一体的预算管理组织形式。

实行部门预算制度，是将部门所有预算内收支、预算外收支、部门所有下属单位收支全部纳入一本预算中。因此，一本部门预算，既包括行政单位预算，也包括所属事业单位预算；既包括一般收支预算，也包括政府基金收支预算；既包括基本支出预算，也包括项目支出预算；既包括由财政部门直接安排的预算，也包括有预算分配权部门安排的预算。

在部门预算制度下，部门收入预算编制采用标准收入预算法。建立标准收入预测模型，根据可预见的经济性、政策性和管理性因素，确定修正系数，编制标准收入预算。部门支出预算编制采用零基预算法。部门支出预算包括基本支出预算和项目支出预算。其中，基本支出预算推行定员定额管理，人员支出预算按照工资福利标准和编制定员逐人核定；日常公用支出预算按照部门性质、职责、工作量差别等因素划分若干档次，制定标准定员定额体系，逐个部门核定。项目支出预算要进行科学论证和合理排序，在对各部门申报项目进行充分可行性论证和严格审核的基础上，按项目轻重缓急进行分类排序，并纳入备选项目库，结合国民经济和社会发展规划编制中长期项目安排计划，结合财力状况，在预算中优先安排急需、可行的项目。

2. 深化"收支两条线"管理制度改革

"收支两条线"是指政府在对财政性资金进行管理的过程中，使取得的收入与发生的支出脱钩，即收入上缴国库或者财政专户，支出由财政根据各单位完成工作的需要审核批准，对收入、支出分别进行核定的资金管理方式。"收支两条线"管理方式是相对于对财政预算资金的管理、而专门对各种收费和罚没资金的一种管理方式。

在20世纪90年代以前，"收支两条线"作为对财政性资金进行管理的一种模式已经存在。实行这种管理制度的根本原因在于，收入规模的既定总量与支出需要的不断膨胀所产生的资金缺口，使预算外资金和制度外资金应运而生，各部门、各地方将这部分财力用于补足事业发展需要。相应地，在对这部分资金的管理上，对一些特定的资金，在特定的历史背景和法律法规制度下，政府采取了带有权宜之计特点的管理办法。例如，一些特殊部门的经费支出与其取得的收入挂钩，按其取得收入的一定比例提取支出经费，如税务、海关系统的经费体制。应该说，历史地看，这种收支挂钩的"收支两条线"管理方式，相对于资金的"坐收""坐支"等违法现象，是我国财政预算管理的一个进步。

为进一步加强对预算外资金的管理，1996年国务院发布了《关于加强预算外资金管理的决定》（简称《决定》）。《决定》指出："预算外资金是国家财政性资金，要上缴财政专户，实行收支两条线管理。"为贯彻落实2001年党的十五届六中全会提出的"加强财政专户管理，逐步实行预算内外资金统管的财政综合预算"和"执收执罚部门都要严格执行收支两条线制度"的要求，财政部从2002年开始进一步加大和深化"收支两条线"管理改革。这次改革的主要内容有：一是清理整顿现行收费、基金项目；二是针对中央部门区分的不同情况，分别采取将预算外资金纳入预算管理或实行收支脱钩管理等办法，编制综合预算；三是改革预算外资金收缴制度，实行直达国库的做法；四是配合工资制度改革，逐步规范部门津贴发放制度；五是促进地方加大"收支两条线"改革力度。

3. 建立高效、有序的预算执行制度

预算执行制度改革的目标，是建立以国库单一账户体系为基础、以国库集中收付为主要形式进行资金缴拨的现代国库管理制度。实施国库集中收付制度改革，就是要建立直接控制从预算分配到资金拨付、使用、银行清算，最后到资金到达商品和劳务提供者账户的全过程的制度。这是一项涉及整个财政预算管理的基础性改革，贯穿于财政预算执行的全过程，是预算执行制度的创新。

第二节　我国部门预算存在的问题及改革方向

一、我国部门预算存在的问题

部门预算的实行，标志着我国的预算管理正进行着全新的改革。同时，它也是新中国成立以来我国政府预算制度的根本性变革，但是，当前我国部门预算编制还存在很多的问题。

（一）支出标准和预算定额问题

科学、合理的定额标准是保证预算公平、公正、公开的关键。定员和定额是测算和编制部门基本支出预算的重要依据。定员，是指国家（地方）机构编制主管部门根据中央级（地方级）行政事业单位的性质、职能、业务范围和工作任务所下达的人员配置标准。定额，是中央（地方）财政部门根据中央（地方）级行政事业单位机构正常运转和日常工作任务的合理需要，结合财力的可能，对包括人员经费和日常公用经费两部分内容的基本支出所规定的指标额度。制定定员定额，要以国家有关方针、政策为准绳，本着公平和效率原则，在认真翔实地调查、分析和测算基础上，根据财力情况，并结合各部门实际需求来确定。科学、合理的定额标准既应能体现公平性，又能起到鼓励先进、鞭策落后的作用。

目前，无论是中央部门预算的编制，还是地方部门预算的编制，在确定定额标准方面普遍缺乏科学性和合理性，其所制定的定额标准，往往是采用倒退法得出的,即先根据以前年度的经费总额,加上一定增长比例,确定出本年度的经费总额,然后除以基本数字,即得出定额标准。而且确定定额的标准偏粗,没有形成涵盖全部经常性支出的完整定额体系,对那些实行专项供给且能够实行定额管理的支出项目,如租赁费、网络运行维护、物业管理费等,尚没有纳入定额体系。

(二)部门预算编制流程问题

"二上二下"预算编制程序存在两个弊端:一是预算编制缺少必要的指导环节。作为政府部门预算编制审查主体,财政部应该在预算编制开始前向各部门提供预算编制的原则和操作的具体思路,给部门提供详细的业务指导。但事实上,财政部只是以国务院(地方政府)的名义下发一些编制部门预算的基本要求,内容过于笼统,也过于简单,不具有可操作性。在部门利益驱动下,"一上"上报的部门预算建议数口子开得很大,使财政部门在"一下"下达控制数时既费力又耗时,在时间紧迫情况下,恐难以保证预算审查的高质量。二是中间磋商少,缺乏广泛的社会参与和科学论证。一方面,从部门角度看,编制部门预算通常只有部门领导和财务人员参与,专项安排通常由部门领导敲定。专项资金需求由财务人员测算,由此形成的部门预算,由于缺少项目实施主体,即相关业务处(室)的参与和论证,预算科学性合理性大打折扣。另一方面,从财政部门和政府各职能部门看,财政部门与各部门在预算支出盘子的确定以及资金安排方面意见常常不一致,需要协商的事情较多,而对于意见分歧较大的事情往往需要几个回合才能解决。从实际工作来看,现行的预算编制流程留给财政部门与各部门间相互磋商的时间很短。由此造成部门预算专项资金安排不合理,不讲绩效。

另外,编制预算时间还不够充分。目前我国部门预算编制工作一般都是从上一年度的 7 月份开始，虽然相对以往预算编制时间有所延长，但与市场经济国家相比，编制时间仍然较短。我国是一个经济大国，区域经济发展不平衡，同时，政府职能处于转变时期，情况极其复杂，在如此短的时间内编制出来的部门预算，其质量难以保证。

（三）预算编制方法问题

预算编制方法是整个预算制度的重要组成部分，也是直接影响预算制度有效性的一个重要因素。科学的预算编制方法将减少预算执行的调整，有利于预算执行效率的提高。预算采取不同的编制方法，将会带来不同的预算资金分配方式，并影响预算管理的有效性，而不同的预算资金分配方式，将会导致政府履行职能的客观程度上的差异。增量预算法是我国过去实行多年的预算编制方法，在部门预算改革伊始，零基预算法被确定为当前预算编制方法，相信随着部门预算改革的深化，绩效预算法必将被纳入部门预算编制方法之列。从目前我国部门预算编制的实践看，部门预算收入的测算和支出的安排还在相当程度、相当范围内沿用传统的增量预算法，并未完全实行零基预算的方法。从收入编制方面看，它以往年度各项收入为基础，确定一个增长比例，进而确定本年的预算收入数。这种基数加因素法虽然简单易行，但不能很好地体现经济发展所带来的财源结构的变化，不能全面考虑国民经济参数指标变化对收入来源的影响，不能真实地反映国家政策调整所带来的收入变化。因此，用此法对收入的测算略显粗糙，不够科学合理。从支出编制方面看，以基数为前提，不管支出盘子是怎么定的，也不管这个支出盘子是否合理，只承认基数，这样的预算资金分配必然导致如下结果：第一，预算资金供求矛盾激化。由于基数的作用，有的部门可能因基数大而资金多，有的部门可能因基数小而会千方百计地抬高基数，而争基数的结果无疑会造成预算资金"粥少僧多"的现象。第二,财政资金配置难以合理。因其固化了原有的利益分配格局,固化了原有的财政供给范围和支出结构,一方面忽视了社会经济形式的发展变化,使该支出的项目没有资金保证;另一方面继承了以前资金分配的不合理性,使原来厉行节约的部门单位少支,铺张浪费的部门单位多支,导致分配不公、苦乐不均。第三,预算资金使用效益难以提高,不能有效率地提供应该提供的公共产品。

(四)综合部门预算尚未形成

从推行部门预算改革开始,就着力强调运用综合预算思想编制部门预算。编制部门综合预算,其目的是要加强对预算外资金的管理,从根本上解决预算内、外资金"两张皮"的问题。具体来讲,就是要求部门单位将财政拨款、各种行政事业收费、罚款收入、事业收入、经营收入、其他收入、上年结余等所有收入全部完整纳入部门预算。几年来的部门预算改革实践表明,单位和部门的行政事业性收费还没有摆脱收支挂钩的预算核定办法,仍然存在部门上缴财政专户多少预算外资金,就基本按多少来核拨预算外资金,预算内、外资金"两张皮"的状况并没有得到完全解决。同时,部门单位预算外超收部分还仍然存在按比例留成的做法。

我国预算外资金是在传统计划经济条件下逐步建立和发展起来的。十一届三中全会以后,随着"分灶吃饭"等财政管理体制改革的出台,地方和企事业单位的财政、财力不断扩大,预算外资金急剧增长,总规模几乎与预算内收入相当,有"第二预算"之称。预算外资金的迅速膨胀,不仅加剧了财政困难,削弱财政的调控能力,同时也是滋生腐败的"温床"。

(五)专项支出未能体现绩效预算的思想

专项支出预算是部门预算的一个重要组成部分,是行政事业单位为完成其特定的行政工作任务或事业发展目标，在基本支出预算之外编制的年度项目支出计划。专项支出反映一定时期政府政策的重点或倾向，对社会公共事业和区域经济的发展起着坚实的保障作用。专项支出涵盖的内容主要是专项业务费，包括各单位用于履行专业职能的经常性业务费及部门事业发展涉及的一次性业务费；单位固定资产购建和大修理支出。一般情况下，除按国家统一人事政策核准额定的人员经费、对个人和家庭的补助经费，以及按标准配置和定额测算的经常性公用支出外，财政安排的其他资金，都属于专项资金范畴。与人员支出、对个人家庭补助支出、经常性公用支出相比，专项支出涉及范围广，弹性和伸缩性较大，占财政总支出比例较高。由于专项支出预算是单位部门根据各自职能及事业发展需要自主安排的，因此专项支出预算不仅随意性很大，也是各部门利益关注的焦点，是部门预算各项支出中最难控制管理的一项支出。一直以来，我国预算编制只是在既定的收入之间安排资金，项目支出缺乏科学的分析预测工作。一是专项业务项目缺乏立项标准。各部门履行职能所需的经常性业务费和事业发展所需的一次性业务费无明确的立项标准，许多部门、单位在申报专项业务项目时，忽视专项资金真正的使用意义，抱着"先占资金额度，再考虑用途"的想法申报，有的项目与部门单位职能相距甚远，有的根本不是当期的工作重点。二是专项资本项目预算标准不完善。各部门在购置设备时缺乏统一科学的量化标准体系，致使部门单位在编制预算时缺乏依据，随意性强，同时，造成部门间及单位内互相攀比，许多部门抱着"别人有，我也有"的观念，盲目申报专项资金，结果是设备重复购置或闲置。在核定单位的经常性专项方面，往往是参照历史一贯标准，对项目支出成本的实际需要核算不足，缺少项目支出的量化指标，应以什么样的标准核定支出，均没有统一量化的标准可依。一些部门项目预算申报不够规范，在报送"一上"

预算时，对项目审核把关不严、项目申报规模突破规定比例的情况屡有发生，且项目排序不够科学、规范。项目预算编制随意性较强，缺乏标准，或前期论证不充分，影响了相关工作的及时开展。项目库滚动管理有待加强，部门项目库与财政部项目库、各年度项目库间的衔接不够。三是专项支出没有体现绩效预算的思想。一直以来我国预算模式是典型的"投入型"预算。不论财政部门还是资金使用部门，均普遍存在"重支出、轻管理"的现象。作为使用资金一方的政府各职能部门在提出专项支出预算时，缺乏可行性论证分析，没有制定明确的项目实施目标，也没有制定具体的量化指标用以衡量项目取得的成绩和结果。这种预算只关注过程不注重结果，而预算一经批复，即成为部门的"私有财产"，不管项目是否完成，效果怎样，很少有人问津。

（六）基础性工作不够扎实

近几年，各部门在抓管理、推改革等方面做了大量工作，但一些基础性工作仍很薄弱。在"三项经费"预算管理中，党中央、国务院三令五申要厉行节约、控制"三项经费"规模，但仍有一些部门重视程度不够，把关不严，没有实事求是地反映"三项经费"规模，导致数据填报口径不一致，存在漏报、虚增等问题，又没有提出充分的理由，给审核带来了很大难度。目前，我国的基本支出预算编制实行定员定额管理方式。在申报基本支出预算时，预算单位只需要申报编制人数和实有人数，由财政部门根据定员定额标准核定人员经费和日常公用经费。少数部门、单位通过多报人员获得额外人员经费拨款和日常公用经费拨款，以及部门为经费自理单位或非预算单位申请基本支出财政拨款等现象，属于编制虚假预算套取财政资金的行为。在"一上""二上"预算编报中，一些部门对什么时间该报什么、通过什么方式报等基本要求仍把握不清，没有按照规定的要求填报项目申报文本和绩效评价文本，还有个别部门多次修改所报数据，影响了预算编报的严肃性。预算执行中也存在项目前期准备工作不够充分等问题。

（七）综合预算编制亟须加强

实行综合预算管理、统筹公共资源是部门预算编制和管理的一个基本原则。全国人大、审计署多次提出这一要求，财政部在布置预算编制工作时，也明确了应将公共资源纳入部门预算编制的资金范围。从预算审核情况看，仍有一些部门的预算编报单位和资金范围不全，存在漏报和少报现象。在近几年的预算执行审计中，审计署也多次提出类似问题。例如，审计署通过审计发现，一些部门另有预算收入和预算支出未编入部门预算，部门决算与部门预算的差别较大，部门预算的完整性、准确性有待提高等问题。

（八）部门预算管理的精细化水平仍需提高

2010年审计发现，由中央部门代编下级单位预算的情况仍然存在，一些部门在代编项目执行时不及时细化，到年底形成大量结转，严重影响了财政资金的使用效益。按照国库拨款要求，年度执行中追加的支出预算要细化到基层预算执行单位，但实际上仍有相当一部分单位没有按照要求细化，从而影响了财政资金拨付和使用的进度。

（九）预算执行监督力度有待加大

年底突击花钱的现象依然存在。有的部门机动经费使用不规范，在动用时没有履行报批手续，到年底没有花的机动经费也没有按规定确认为结余资金。还有一些部门对结转和结余资金的概念理解不准确，结余资金动用不报批，随意调整结转资金用途。另外，还有相当一部分部门未能按要求主动公开预算。

（十）未按照规定执行、批复预算

部门预算一经批复，各预算单位必须严格遵照执行，一般不作调整。确实需要调整的，应当按照程序报批。预算单位如果未经批准自行调整预算，就会削弱部门预算的控制力，与预算编制是为加强收支控制的初衷背道而驰。预算批复是规范预算管理工作的重要措施之一。部门按照规定及时转批预算，可以使所属预算单位及时掌握当年预算的整体情况，有利于部门、单位年度预算的执行；对于有预算分配职能的部门，及时地按规定比例分配和安排年初预算，则是项目单位顺利执行年度计划、按时完成项目的重要保证。预算批复不及时，容易导致年度财政预算安排无法完成，形成财政资金的沉淀，不利于提高财政支出效益。

二、部门预算改革方向

（一）全面深化部门预算制度改革

实行部门预算制度是我国政府预算制度改革中非常重要的一项内容。部门预算制度实施几年来的实践，已经充分显示了部门预算制度的优越性。今后一个时期，要全面深化、加快推进部门预算制度改革。部门预算制度改革的方向和重点应主要放在以下几个方面。

（1）提高部门预算编制的全面性、完整性和统一性。编制部门预算，实行部门预算制度，应将部门预算内、预算外和制度外资金全部编入一本预算中。但在编制部门预算实践中，一些部门仍然是只反映预算内资金的日常经费收支，而不反映预算内安排的建设性支出、事业发展性支出，更不包括预算外资金和自有资金安排的支出。这种割裂式的部门预算致使大量财政性资金游离于财政监督之外，削弱了预算约束力和预算宏观调控能力。因此，今后编制部门预算的范围要涵盖部门所有公共资源，全面、统一、完整地反映每个政府部门活动的范围和方向。这样既有利于政府统筹考虑事业的改革和发展，又能增强预算的调控能力；既有利于强化预算约束，又便于公众监督。

（2）提高部门预算编制的科学性、准确性。为此，要着力做好以下几方面的工作：

①要进一步早编预算。要积极创造条件，努力做到在每年各级"人代会"批准完本级政府预算后，财政部门即开始布置和编制部门预算。

②要进一步细编预算。从技术上讲，从2007年开始实行新的政府收支分类科目改革，已经为细编预算创造了有利条件。现在急需推进的有两项工作，一是要清产核资、摸清"家底"，对各预算单位进行一次彻底的清产核资，全面摸清"家底"，为科学编制部门预算、合理配置资源提供依据，在此基础上，实行部门资产管理与预算相结合。二是要制定科学、可行的定员定额，建立科学、合理的支出标准，为编制真实、准确、细化的预算提供政策依据。预算定额可按行政机关、司法部门、不同情况的事业单位等类别分类确定。定额内容包括人员经费、公务费和业务费三大部分。预算定额并非一成不变，可适时根据财力与物价状况进行调整。

③要采用科学的预算编制方法。对部门基本支出中属定员定额部分等能够确定的支出和部分专项支出，应采用"零基预算"方法进行编制。实践表明，零基预算法，对于失去政策依据的专项经费、领导人批条子形成的专项经费、一次性的专项经费、不属于本级政府事权范围内的支出，具有较好的控制作用。对项目支出要采用"绩效预算"方法编制，并建立科学合理的指标评价体系。

④编制部门预算必须与部门履行的公共职责紧密结合，建立"凡是列入部门预算中的事项就有资金保障，凡是没列入部门预算中的事项就没有资金保障"的部门财权与事权相匹配的机制。防止出现部门预算与部门履行职责形成"两张皮"的现象。

⑤部门要加快建立健全项目库制度，并及早确定项目，做到在年初安排预算时，将所有项目资金全部分配到具体项目上。要积极创造条件，建立"没有准备好的项目，不要列入当年预算"的机制。

⑥要将统一预算资金分配权纳入部门预算改革框架，逐步取消拥有预算资金二次分配权的部门的资金分配职责，真正实行预算资金的统一分配。部门预算改革虽然已经进行了多年，但在预算分配权上的分散状况并没有得到彻底的改变，某些专项经费的分配权仍然掌握在财政部门之外的一些部门手里。这一状况应通过进一步深化行政管理改革和预算制度改革逐步得到改变。

⑦在编制部门预算时，要建立健全科学规范的财政部门与专业部门的合理分工与协商协调机制。在许多专业性很强的领域（如农业支出、科技支出等），专业部门应在资源配置中发挥更多的作用。财政部门的作用主要是控制资源的总规模和结构比例。

⑧在编报部门预算时，财政部门对各一级预算部门的部门预算、一级预算部门对下属二级、三级预算单位的部门（单位）预算，要切实履行监督职责，严格审核把关，防止出现违规违法截留挪用、虚报冒领骗取财政资金的情况。

（3）提高部门预算编制和执行的效益性。实行绩效预算，是深化预算改革的需要。部门预算深化改革的一个重要方面，就是要建立科学完善的预算管理体系，提高政府管理效能和预算资金使用的有效性。绩效预算与传统预算相比的一个重要区别在于传统预算主要强调投入控制和过程控制，力求节约支出，达到预算收支平衡，而绩效预算主要是强调支出的效益性，重视支出结果和产出效果。为此，要做好以下工作：

①要积极创造条件，更新预算管理理念。要逐步将财政预算资金监督管理的重点逐步由现行的投入控制和过程控制为主，转向投入控制、过程控制和产出结果导向、绩效导向并重转变，再进一步转向以产出结果导向和绩效导向为主。

②抓紧制定和健全完善绩效考评管理办法和指标体系，扩大考评试点范围，并在此基础上，尝试将绩效考评结果与部门预算编制相结合。

③可选择部分部门进行试点，试行部门的部分工作通过市场化外包的形式来完成，待取得经验后再逐步扩大范围。

④实行严肃性与灵活性相结合的部门预算制度。在逐步将预算管理重点由过程控制和单纯支出控制转向产出和结果的效果控制的过程中，在部门预算中要给部门相应的灵活性。

⑤建立部门预算责任追究制度。

（4）提高部门预算改革与相关改革之间的协调性和配套性。为此，要做好以下工作：

①为使基层困难地区也能够顺利建立部门预算制度，在加快推进收支两条线管理改革的同时，中央对中西部地区的转移支付要在核定实际需要的基础上给足，不留缺口，使基层困难地区在编制了部门预算后，也能够真正地执行部门预算。这是因为在财力紧张的情况下，很难安排政府预算和部门预算，即使编制了部门预算，也无法执行。1974年，著名公共预算专家凯顿和瓦尔达沃夫斯基在研究发展中国家的预算后发现，由于这些国家的财政非常贫穷，而且预算环境充满了不确定性，所以这些国家实际上是无法做真正意义上的预算的，存在的只是"重复预算"，即在预算年度只得不断地重新做出预算决策，年初形成的预算承诺根本

是无法兑现的。同时，在财力紧张情况下，零基预算等科学方法的实施和运用，会面临非常大的阻力。在预算内公用经费长期不足的状况下，大量的专项经费将不得不被用于补充公用经费的不足，从而使支出部门根据零基预算形成的预算要求中存在较大的"水分"，即有相当大的一部分预算要求是为了弥补公用经费而塞进专项经费中。这样，零基预算方法的运用就无法真正地做到对支出项目进行排序，达到节约支出和提高资金使用效果的目的。

②要规范专项转移支付制度，中央财政要在每年的年初将专项资金规模下达到各个地方，使地方及时安排预算。

③要同步推行政府采购制度和国库集中支付制度。部门预算制度、政府采购制度和国库集中支付制度，分别在财政资金分配、采购支出管理和资金支付环节具有不可替代的地位与作用，它们构成了财政支出管理的三项核心制度。三项制度互为因果，相互融合、协调，是支出管理有效实施的根本保证。但在部门预算制度改革的实践中，与部门预算改革相比，政府采购制度和国库集中支付制度的改革进展并未同步进行。有的虽然开始试编了部门预算，但政府采购工作由于没有得到全面、高效的开展，致使大额财政支出项目难以准确计量，从而降低了部门预算的编制基数；有的虽推行了部门预算，但由于没有建立起国库集中支付制度，多头账户依旧存在，从而难以保障部门预算的全面性；等等。因此，在推行部门预算制度改革时，必须同时推进政府采购、国库集中支付制度的配套改革，这样才能为部门预算制度的建立和完善提供良好的条件。

（二）加快建立全口径政府收支预算管理制度

没有统一的政府预算，就不能建立起真正的公共财政制度。现代政府预算管理的重要原则之一，就是要实现政府预算的统一性和完整性，即预算必须覆盖政府的全部收支,反映政府的全部财政活动。但长期以来,我国政府预算收支中反映的主要是一般性预算收支(即预算内收支),还有大量具有政府收支性质的预算外收支和制度外收支没有反映到政府预算中来,使预算的不统一性和不完整性问题非常突出,肢解了政府的财政分配活动。政府预算的统一性即政府所有收支必须全部纳入预算统一管理,是市场经济通过政府预算对整个政府活动进行全面监督和控制的内在要求。预算必须是统一和完整的,没有预算约束的资金,必然不会基于公共利益进行使用和管理。没有统一的政府预算,就不可能建立起真正的公共财政。将预算外、制度外收支并入统一的政府预算中,绝对不仅仅是一个简单的管理问题,其要害在于规范政府部门的行为。按照健全社会主义市场经济体制和建立公共财政制度的要求,实现政府决策的科学化,推进依法行政、依法理财,防范和化解财政风险,必须建立全口径政府收入和支出预算管理制度。从2007年开始实行的新的政府收支分类科目体系,已经涵盖了预算内外各种政府性收支,这为建立全口径政府收支预算管理制度提供了十分有利的条件。政府预算外收支可能确有其存在的合理性和必要性,但预算外收支的存在并不能从根本上否定政府预算制度的统一性。要进一步深化预算制度改革,尽快建立完整统一的政府预算制度,并修订预算法等相关法律、法规,逐步取消"预算外资金"概念,进一步加大"收支两条线"管理力度,铲除制度外的政府收支,将预算外政府收支纳入预算内管理,形成一个覆盖整个政府收支的政府预算,使我国的政府预算真正能够全面地反映政府履行职能所体现的财政活动。

(三)要研究编制中长期滚动预算

近些年来,随着国民经济的持续健康发展,我国财政税收持续快速增长。财力增加规模和增长幅度均创历史之最。预期今后一个时期，无论中央财政还是全国财政还将继续保持较高的增长幅度。然而，在财力大幅增长的同时，财政支出负担并没有减轻，仍然面临很大的支出压力。公共卫生、社会保障等一些事业仍滞后于经济发展，农业和农村发展仍处于艰难的爬坡阶段，基层县乡财政困难问题还未得到根本缓解，节约资源能源和环保投入仍存很大的缺口，等等。面对规模越来越大的财力"盘子"，面对巨大的财政支出压力，如何既积极稳妥地化解各种历史欠账，又有效地满足当年改革、发展、稳定的支出需要，客观上提出了必须使用好和管理好预算资金，必须重视和加强财政中长期预算工作的要求。因此，要通过编制中长期预算，使财政支出有长远规划，使预算安排有长远打算。

编制政府预算不仅要立足于当前，兼顾安排好当年的中央与地方、政府与部门、需要与可能，保证年度工作正常运转和事业发展的需要，更要着眼于国家和部门的长远发展目标。因此，编制中长期预算具有重要意义。一是可以使预算更好地与全国和地方的经济与社会发展规划相配合，从而有利于政府对未来年度的政府活动在预算上做出长远规划和安排，使政府决策更具有前瞻性、可预测性和连贯性，增强政府宏观调控功能。二是可以更好地为政府全面掌握财政未来的发展趋势提供信息资料，为财政政策的连续性和稳定性提供保证，为实现财政的可持续发展创造条件。三是编制中长期预算，可以更客观地衡量政府部门的运行绩效，为编制政府年度预算提供重要的参考数据，提高年度政府预算的科学性、预期性和准确性。四是可以在一个较长的周期内，区分轻重缓急，对预算支出结构调整施加持续影响，改变现行编制年度预算时支出结构调整刚性固化、难以调整的状况，从而可以更好地统筹运用和管理规模越来越大的预算资金，使"取之于民"的预算收入更好地"用之于民"，更好地满足社会公共需要。

（四）要尽快建立政府预算公开制度

所谓预算公开，是指预算的依据以及预算的编制、审批、执行、决算等整个过程都必须依法通过相应方式向社会公开。具体来说，预算公开主要包括四个方面：一是预算的依据亦即预算所依据的背景材料、说明、解释等必须公开；二是预算编制、审批、执行、变更、决算的过程必须公开；三是预算的内容即批准的预算内容必须公开；四是预算监督的过程和结果必须公开。

政府预算为什么必须公开？第一，预算公开是公共财政的本质要求。公共财政的"公共性"，是其最核心、最关键的特征之一，它要求无论是公共财政的收入还是支出，都要通过一定的方式向社会公开。特别是财政收入如何被使用、使用是否合法、合理和有效，包括纳税人在内的全体社会公众都应当对其有知情权和监督权，社会公众可以对政府行为进行有效的监督和制约。政府预算作为公共财政的载体和核心内容，公共财政的公开透明主要是通过政府预算的公开透明来体现和实现的。第二，预算公开是公民享有宪法规定的知情权的一项重要体现。知情权作为一项国际社会普遍认同的基本人权和民主权利，是民主社会的基石，是现代法治国家的一个基本特征。没有知情权，就不可能真正实现社会主义的政治文明和民主法制。公民实现知情权的一个必要条件，就是包括政府预算行为在内的政府行为的公开透明。第三，预算公开是实行有效监督、遏制腐败发生的前提条件。只有将政府的收支行为纳入公众视野，使公共财政真正成为"阳光财政"，政府预算真正成为"阳光预算"，掌握和行使财政预算权力的部门和人员才能真正做到恪尽职守，全心全意为人民服务，才能真正做到情为民所系、权为民所用、利为民所谋，才能真正遏制和消除用公权力谋私利的各种腐败问题。财政预算活动公开、透明，是国际通行的惯例，无论是发达国家还是发展中家都是如此。比如，我们可以在互联网上看到美国、英国、印度、阿根廷、南非等国家详细的政府预算。

为了使公众能够自由地获取财政信息，发达国家不仅在法律上规定政府有披露信息的义务，而且也规定了公众获取信息的权力。例如，瑞典 1776 年就在宪法中规定，公众有权向专门负责收集意见的部门，就任何政府扣留信息的决定提出上诉。美国 1976 年通过的《阳光下的联邦政府法》规定，财政预算必须公开，不仅支出的大项分类要公开，而且每一个部门的支出分项也要公开，以利于新闻、舆论和人民的监督。

虽然我国近几年来在政府预算公开化方面有了一些进展，但总的来看，我国政府预算的公开化和透明度还很低，还有很大的公开空间。实现财政预算公开透明运行的关键，是建立一个依法、规范、全面、可靠的财政预算信息披露机制，即必须通过制度建设保证财政的公开透明。依法，就是要由相关的法律对政府披露财政预算信息的义务进行具体明确的规定，政府要依法向人大报告、向社会披露财政预算信息，否则就是违法，这从法律上制约政府披露财政预算信息的随意性；规范，就是政府披露什么、如何披露、何时披露、披露到什么程度都应有制度上的规范要求，用制度规范政府的披露行为；全面，就是政府披露的财政预算信息既要能反映即期的财政预算状况，又能反映未来财政预算运行发展的趋势，既要能反映现实的财政预算收支状况，也要能反映潜在的财政预算风险；可靠，就是政府披露财政信息要对人民群众负责，确保披露的财政预算信息的真实可靠。

2007 年 4 月 5 日国务院第 492 号令颁布了《中华人民共和国政府信息公开条例》（简称《条例》），该《条例》自 2008 年 5 月 1 日起实施。

在此基础上，推进我国政府预算的公开化应从以下几个方面着手：

一是按照将政府预算草案中的收入预算草案和支出预算草案的内容分别列示到"款"一级。按照新的收支分类科目体系，在预算草案中列示到"款"级，在技术上不存在困难，是完全可以实施的。二是要建立编制政府预算"大收大支"的框架。现行的政府预算为"预算收支""政府性基金收支""财政国债余额情况"（中央预算）分别编制。为了体现政府预算的全面性，应建立编制"大收大支"的政府预算，在每年的预算草案中应增加一张体现全口径政府性收支的汇总表。根据新的政府收支分类科目，做到这一点是完全可能的。各级财政部门既可用新的政府收支分类科目继续分别编制政府一般预算、政府性基金预算等，也可用新科目进行全部政府收支预算的统计汇总，以反映政府收支活动全貌。三是将政府预算草案在主要新闻媒体上向全社会公开。从2008年5月1日开始实施的《中华人民共和国政府信息公开条例》中规定要公开的主要是政府预算、决算报告。四是在认真履行《中华人民共和国各级人民代表大会常务委员会监督法》关于向社会公布的规定的基础上，应进一步将人民代表大会审查批准预算的情况向社会公布。根据《监督法》的规定："常务委员会听取的国民经济和社会发展计划执行情况报告、预算执行情况报告和审计工作报告及审议意见，人民政府对审议意见研究处理或者执行决议情况的报告，向本级人民代表大会代表通报并向社会公布。"2007年7月，全国人大常委会办公厅按照监督法的规定，在全国人大网站和人民日报上向社会公布了全国人大常委会审议2006年中央决算的有关情况。在此基础上，将决算及其审议情况向社会公布的做法引到代表大会审议政府预算上来，将政府预算及代表对政府预算的审议情况也向全社会公布。

第三节　财务部门的职责与监督

一、财政部门的职责和实施方式

（一）财政部门实施会计监督的法律规定

《中华人民共和国会计法》（以下简称《会计法》）第三十二条规定："财政部门对各单位的下列情况实施监督：①是否依法设置会计账簿；②会计凭证、会计账簿、财务会计报告和其他会计资料是否真实、完整；③会计核算是否符合本法和国家统一的会计制度的规定；④从事会计工作的人员是否具备从业资格。在对前款第②项所列事项实施监督，发现重大违法嫌疑时，国务院财政部门及其派出机构可以向与被监督单位有经济业务往来和单位的被监督单位开立账户的金融机构查询有关情况，有关单位和金融机构应当给予支持。"《实施办法》第二十条规定："财政部门依法对单位下列事项实施监督、检查：①是否依法设置会计机构、配备会计人员或者委托代理记账；②会计人员是否取得会计从业资格证书并依法履行职责；③开立账户是否符合法律、法规和会计制度以及相关制度的规定；④是否依法设置会计账簿；⑤是否按照会计制度规定进行会计核算；⑥会计凭证、会计账簿、财务会计报告等会计资料是否合法、真实、准确、完整；⑦单位负责人或者其他人员有无对依法履行职责的会计人员进行打击报复；⑧法律、法规、规章规定的其他事项。"这是对财政部门实施会计监督的法律规定。

(二)财政部门实施会计监督的职责

财政部门监督会计工作,是有效管理会计工作的重要保证。《会计法》第七条规定:"国务院财政部门主管全国的会计工作。县级以上地方各级人民政府财政部门管理本行政区域内的会计工作。"《会计法》在授权财政部门管理会计工作职权的同时,赋予财政部门对会计工作的监督权和行政处罚权,有利于保证财政部门管理会计工作职权的有效实施。应当强调,法律赋予财政部门对会计工作的管理权、监督权、行政处罚权,不能只看作是一种权利,更应看作是财政部门必须履行的法定义务和责任,如果财政部门疏于管理与监督,甚至滥用职权,都是法律所不允许的,应当承担法律责任。

(三)财政部门实施会计监督的内容

《会计法》在明确国务院财政部门作为全国会计工作的主管部门和地方人民政府财政部门作为本行政区域内会计工作的管理部门的同时,又将财政部门实施监督的内容以法律的形式确定下来,强调任何单位都不得拒绝,以保证财政部门的监督职能落到实处。

1. 监督各单位是否依法设置会计账簿

会计账簿是会计机构、会计人员办理会计事务,进行会计核算的中心环节。没有会计账簿,反映单位各项经济业务事项的会计凭证就得不到审核监督和整理、归纳、分类、汇总,单位各项资产和权益的增减、变动情况与结果就得不到反映,就形不成会计核算。这不仅影响到单位自身的经营管理,也使与单位有经济关系的各方面利益得不到保证。因此,各单位必须设置会计账簿。然而,会计账簿的设置并不是任意的,必须依法设置。这是财政部门实施监督首先要解决的问题。

依法设置会计账簿,首先是指设置会计账簿必须规范,符合法律、法规和国家统一的会计制度的要求。例如，《会计法》规定：各单位必须依法设置会计账簿，会计账簿包括总账、明细账、日记账和其他辅助性账簿；《中华人民共和国中外合作经营企业法》规定：合作企业必须在中国境内设置会计账簿；《中华人民共和国中外合资经营企业法》规定：合营企业的一切自制凭证、账簿、报表必须用中文书写；《中华人民共和国外资企业法实施细则》规定：外资企业的自制会计凭证、会计账簿和会计报表，应当用中文书写。

其次，会计账簿的设置，必须符合统一的原则，即进行会计核算，反映本单位经营业务和资产权益状况的会计账簿只能是依法设置的，不允许违法设立"两本账""多本账"。这样才能保证单位会计账簿置于来自各方面的会计监督之下。《会计法》明确规定，各单位发生的各项经济业务事项应当在依法设置的会计账簿上统一登记、核算，不得违反《会计法》和国家统一的会计制度的规定私设会计账簿登记、核算。《中华人民共和国公司法》规定，公司除法定的会计账册外，不得另立会计账册。《中华人民共和国商业银行法》规定，商业银行不得在法定的会计账册外另立会计账册。

最后，依法设置会计账簿是指不得设置虚假的会计账簿，虚假的会计账簿是指虽然会计账簿只有一套，但是，记录的内容却是虚假的，其设置的目的是掩盖不按《会计法》和国家统一的会计制度办理会计事务、进行会计核算的行为。财政部门要按照上述三个标准对各单位是否依法设置会计账簿进行监督。

2.监督各单位的会计凭证、会计账簿、财务会计报告和其他会计资料是否真实、完整

这是财政部门监督的重点。根据《会计法》的规定，财政部门应当从以下几个方面对会计凭证、会计账簿、财务会计报告和其他会计资料

进行监督。

（1）检查各单位应当办理会计手续、进行会计核算的经济业务事项是否在会计凭证、会计账簿、财务会计报告和其他会计资料上得到了反映。这样的经济业务事项有：款项和有价证券的收付；财物的收发、增减和使用；债权债务的发生和结算；资本、基金的增减；收入、支出、费用、成本的计算；财务成果的计算和处理，以及根据有关规定需要办理会计手续、进行会计核算的其他事项。上述范围内的任何一项经济业务事项，如果没有得到反映，那么会计凭证、会计账簿、财务会计报告和其他会计资料就是不完整的。不完整的，也就是不真实的。

（2）检查各单位填制的会计凭证、登记的会计账簿、编制的财务会计报告与实际发生的经济业务事项是否相符。如果有虚假的经济业务事项存在，就是不真实的。不真实的，也就是不完整的。在会计凭证、会计账簿、财务会计报告中，会计账簿居于核心的地位，要特别检查会计账簿记录与实物、款项的实有数是否相符；会计账簿记录与会计凭证的有关内容是否相符；会计账簿记录与会计报表的有关内容是否相符；会计账簿之间相互对应的记录是否相符。如果存在差异或者矛盾，就必然是不真实、不完整的。

（3）检查各单位的财务会计报告是否符合有关法律、法规和国家统一的会计制度的要求。如果向财务会计报告的不同使用者提供的财务会计报告是以不同的依据编制出来的，或者应当说明和披露的事项，如单位提供的担保、未决诉讼等，或有事项没有说明和披露，就可以认为这样的财务会计报告是不真实和不完整的。

（4）检查其他会计资料是否存在虚假。这里的"其他会计资料"是指对本单位的经济业务事项起证明作用的有关资料，如合同书、董事会决议、授权书等。对这些会计资料也应当重视，往往能够发现虚假的和违法违规的行为。

3.监督各单位的会计核算是否符合《会计法》和国家统一的会计制度的规定

会计核算，是一个以货币计量为基本形式，用专门的方法对经济业务事项进行记录和计算，并据以编制财务会计报告的过程。财政部门对各单位的会计核算进行监督，主要应该注意以下几个方面的问题：

（1）从内容上，检查经济业务事项是否完整；会计核算是否是根据实际发生的经济业务事项进行的；是否存在虚假的经济业务事项和资料。

（2）从记账规则上，检查会计凭证的审核、会计账簿的记录、财务会计报告的编制以及其他会计资料的取得和使用，包括使用电子计算机进行会计核算所使用的软件及其生成的会计凭证、会计账簿、财务会计报告和其他会计资料，是否符合国家统一的会计制度的规定；检查会计记录的文字和记账本位币是否符合规定；特别是检查会计账簿是否是根据经过审核的原始凭证和记账凭证登记的，财务会计报告是否是根据会计账簿的记录编制的。

（3）从会计处理上，检查资产、负债、所有者权益和收入、支出、费用、成本、利润的确认、计量和会计处理方法是否符合国家统一的会计制度的规定。

4.监督各单位从事会计工作的人员是否具备从业资格

对此，财政部门应该从两方面进行检查：

（1）检查被监督单位从事会计工作的人员是否取得了会计资格证书；

（2）检查被监督单位会计机构的负责人，包括会计主管人员是否具备会计师以上专业技术职务资格或者从事会计工作3年以上的经历。

（四）财政部门实施会计监督的方式

《会计法》规定，财政部门在对各单位会计凭证、会计账簿、财务会计报告和其他会计资料实施监督时，如果发现有重大违法嫌疑的，国务院财政部门及其派出机构可以向与被监督单位有经济业务往来的单位、被监督单位开立账户的金融机构查询有关情况，有关单位和金融机构应予以支持和配合。

由于会计凭证、会计账簿、财务会计报告和其他会计资料主要以货币为计量尺度，所以这些会计资料主要反映的是价值量数据。查证会计资料中的价值量数据是否真实、完整，必须实地核实会计资料所反映的实际经济业务事项，包括财产实物增减变化情况、银行账户的实有资金及往来记录、与经济业务事项有关的合同等。核实财产实物、合同等，一般是在被监督单位进行的，较为简单；而核实被监督单位与有关单位的经济业务往来，以及被监督单位在银行开立账户的资金情况，则涉及被监督单位以外的其他单位和金融机构，需要有关单位和金融机构的配合。因此，《会计法》规定，财政部门在对会计资料质量实施监督，需要有关单位和金融机构支持时，有关单位和金融机构应给予支持，这是一项法定义务。但是，财政部门在行使查询权时是附有限制条件的，根据《会计法》规定：一是只有在财政部门对会计凭证、会计账簿、财务会计报告和其他有关资料实施监督，发现有重大违法嫌疑时，才能行使查询权，以避免少数监督人员滥用职权，侵犯被监督单位和其他有关单位的合法权益；二是行使查询权的财政部门应当是国务院财政部门及其派出机构，即财政部和财政部派驻的监督机构，除此以外，地方各级人民政府财政部门及其派出机构无权行使查询权，各地财政部门应当严格执行《会计法》的规定。

二、公共预算监督

在我国目前的公共预算监督体系中,预算监督的主体仍以权力机关和政府的财政、审计部门监督为主。

(一)立法机关预算监督

我国宪法确立了国家权力机关即各级人民代表大会及其常务委员会行使国家立法权、审批和监督政府预算的制度,因此,对政府预算的编制和执行情况的监督就成为人大对政府行为的一项最重要的监督。

1. 对政府预算编制的监督

对政府预算编制进行监督应当本着真实性、合法性、效益性和预测性的原则进行。长期以来,由于我国政府预算编制时间很短,内容很粗糙,各级人大对预算编制很难提前介入进行监督,只能粗略地审查财政收支大账或若干大项,对那些需要详细了解掌握的细目和大项的具体收支内容却无法把握,致使人大的监督流于形式,仅仅限于对预算的批准程序,而无法对政府预算的实质性内容进行有效的监督。随着社会主义市场经济体制的建立和发展以及财政改革的不断深化,特别是中国民主法制化进程的向前推进,人大对政府预算编制的监督越来越重视时效,并且将预算编制监督的重点放在了预算编制的合理性、科学性和有效性上。在这个前提下,要求政府预算要细化,要编制部门预算,并将预算编制时间提前,以便于人大提前介入进行预算的详细审查。

2. 对预算调整和变更的监督

根据我国预算编制的制度,政府预算是在预算年度初制定的。但在一个预算年度的执行过程中,经常会出现一些特殊情况或突发事件需要临时调整和变更预算。根据《中华人民共和国预算法》,进行预算调整,必须经本级人民代表大会常务委员会批准。但是在实践中,即使没有突发事件，也无确实不可克服的因素，也经常存在着对预算进行调整和变更的情况。人大对预算调整和变更的监督，主要是对一般可变性因素进行严格的控制，对政府提出的预算调整和变更要求进行认真审查，制止政府预算变更中存在的随意性，确保通过监督、督促规范政府事权和政府行为。

3. 对政府决算的监督

对决算的监督是对预算监督的继续，预算监督的一切情况都将在决算中反映出来。对决算的监督主要是检查经人大批准的决议是否都已执行，财政部门是否按人大批准的预算给部门和单位及时拨付资金，资金的投向、结构是否合理，使用中是否存在截留、转移、挪用、浪费资金等问题。另外，人大对决算的监督还包括：预算收支执行是否坚持了低预算原则；决算结果与预算是否相符；预算数额是否真实、准确；有无重报、漏报和虚报等情况。

其监督的重点集中在收入、支出和平衡三个方面：

（1）收入方面。对决算收入的监督主要应考察预算收入是否真实；收入来源是否合法、合规；根据分税制财政体制的规定，各项决算收入级次划分是否正确、真实、合法；各项收入的征收、入库是否真实、合法。

（2）支出方面。对决算支出的监督主要应考察支出是否按预算执行，是否符合国家的政策、法规和制度，有无扩大范围、超预算、超财力支出；主要支出列报决算的依据是否充分、可靠、有效，与预算安排是否相符；列报决算的基础是否真实、合法、合规；各项支出是否取得了预期的经济效果和社会效益；支出决算是否超预算，超预算的原因何在；预算所确定的项目是否真正做到了专款专用；各项支出调整追加的指标是否合理、合规；有无虚列或扩大支出或隐瞒开支等。其中，各项支出是否取得了预期的经济效果和社会效益应为监督的重中之重。

（3）平衡方面。我国现行的《预算法》把坚持收支平衡作为预算编制和预算执行的一项基本原则。对平衡的监督应通过审查总决算表来审查财政收支决算是否符合国家的统一规定。特别要从审查"当年预算数""调整预算数""调整后预算数"的来源是否有根据、调整手续是否符合程序、手续是否完备等方面给予重视，以期从根本上提高人大及其常委会对政府预算监督的质量。

（二）财政部门预算监督

政府财政部门对预算实施监督的权力，来源于代表国家意志的宪法与法律规定，即人民代表大会及其常委会的法律授权，以及代表国家行政权的本级人民政府的行政授权。就这一预算监督的组织实体而言，它在国家政权体系中隶属于政府序列，具有明显的行政性质。其预算监督的主要内容是：

1. 对预算编制的监督

（1）检查部门预算编制机构在编制部门预算过程中是否坚持了实事求是、严格审核、综合平衡、保证重点的原则，编制工作行为是否规范，编制工作程序是否严格等。

（2）检查部门预算编制机构是否合理并符合国家的有关规定，在编制的收入预算中有无隐瞒、少列等问题，在编制的支出预算中有无违法违规的内容等。

（3）检查综合预算编制机构在编制综合财政收支预算过程中是否坚持了综合平衡、不列赤字、留有余地的原则，编制工作行为是否规范，编制工作程序是否严格，与部门收支预算的口径是否一致等。

2. 对预算收支执行的监督

（1）监督、检查各单位预算收入解缴、征收情况，有无截留、挪用、转移、坐支等违反财经纪律的问题。

（2）检查国库是否按照分税制财政体制的要求，将已入库的财政收入及时、准确地进行划分和报解，有无混库现象发生。

（3）检查预算资金的分配、使用情况，以及本级国库预算支出的拨付情况。

（4）检查部门预算执行机构是否按照支出预算的计划额度、规定的用途办理拨款，有无超额度、跨用途的拨款行为。

（5）检查部门预算执行机构拨款的进度是否合理，与资金使用单位的资金需求计划以及有关实际工作的要求是否相符合，资金的调度是否规范，有无滥用职权等问题。

3. 对政府采购进行监督

根据我国《政府采购法》的规定，财政部门负责政府采购的组织工作，因此对政府采购的监督必须纳入财政部门的预算监督范围之内。对政府采购行为实施监督检查的重点包括：

（1）检查政府采购管理机构及其实体所编制的政府采购计划是否科学、合理，是否与政府采购的预算指标相吻合，有无重复或是多头设置采购项目等问题。

（2）检查政府采购管理机构及其实体在实施政府采购过程中采用的标准、方式、程序是否合法、合规，在签订采购合同、验收采购商品、办理资金结算等项工作中有无违法违规的行为等。

（3）检查政府采购管理机构及其实体执行政府采购计划的情况，计划执行的结果是否合理，采购资金的总体安排是否科学，是否符合效益的原则，在政府采购中是否存在风险等。

4. 对内部财务收支的监督

（1）检查内设的财会机构或履行财会工作职责的机构以及下属业务

单位的资金来源、运用、结存是否正常。

（2）检查内设的财会机构、履行财会工作职责的机构以及下属业务单位建立健全以及执行内部控制制度的情况；财务收支、会计核算是否符合国家的有关财经法律、法规、规章和财务及会计制度的规定等。

（3）检查内设的财会机构或履行财会工作职责的机构以及下属业务单位财产物资管理制度是否完善；账实之间是否相符等。

（4）检查内设的财会机构或履行财会工作职责的机构以及下属业务单位的专项资金的使用及结存情况；是否做到了专款专用，是否存在浪费资金、挪作他用等问题。

5. 对预算外资金的监督

（1）监督检查预算外资金的取得是否严格按照国家法律、法规和规章所规定的范围和标准；各部门、各单位有无违反有关规定擅自设立收费项目，随意调整收费范围和收费标准。

（2）监督检查部门和单位的预算外资金收入是否由本部门、本单位财务部门集中管理，并按规定向财政部门或上级主管部门缴付；有无坐支，有无私设"小金库"。

（3）监督检查预算外资金是否进行了财政专户存储，实行"收支两条线"管理。

（4）监督检查各部门、各单位在收取行政事业性收费时，是否严格按照财政部有关行政事业性收费票据的规定执行等。

（三）审计部门预算监督

1. 对预算编制的审计

（1）监督政府预算收支是否贯彻了党和国家的各项方针、政策以及国务院、财政部关于编制预算草案的指示精神。

（2）监督政府预算收支安排是否符合国民经济和社会发展规划目标以及政府预算指标的要求。

（3）监督政府预算收支安排是否符合分税制预算管理体制的各项规定和具体要求。

（4）监督政府预算编制的内容是否符合要求，表格资料是否完整，预算说明是否齐全，有无技术上和数字上的错误等。

2. 对预算执行的审计

（1）审计预算收入、预算支出、预算拨款等原始凭证以及金库报表，检查预算收入的来源和规模、预算支出的方向和用途，分析各种比例关系，监督政府预算收支的真实性。

（2）通过将预算收支完成数与年度预算数和上年同期完成数等进行对比、分析，审计政府预算收支的完成情况。

（3）审计地方政府和财税部门有无越权违规进行税收减免。

（4）审计中央和地方各级政府及财政部门拨付的各项亏损补贴资金落实到位情况，有无应拨未拨等问题。

（5）审计预算执行中的调整是否符合规定，包括进行预算调整的程序、资金来源是否符合规定等。

3. 对决算的审计

（1）审计政府决算的完整性、准确性。

（2）审计政府决算收支平衡的真实性。

（3）审计预算内外资金的界限是否划分清楚。

（4）审计上、下级财政结算资金是否符合规定，计算是否准确。

（5）审计有关政府决算报表及总决算说明书等。

4. 对预算外资金的审计

（1）审计预算外收入的取得是否符合有关规定，有无乱收费现象。

（2）审计预算外资金是否进行了财政专项存储，实行存款专用。

(3)审计预算外资金结余的真实性,看预算外资金结余是否合理地调入预算内平衡决算,各项专款结余是否按规定结转下年继续使用等。

5. 对政府性基金的审计

(1)审计政府性基金的种类是否在国家已批准成立的范围之内。

(2)审计政府性基金的征收规模、使用规模以及各种比例关系。

(3)审计政府性基金的来源和征收标准及征收范围,有无挤占一般预算收入。

(4)审计政府性基金的使用是否做到了专款专用,有无转移、挪用和损失浪费的现象。

(5)审计政府性基金的管理情况,检查是否存在管理松弛,制度混乱,预算内外混淆等问题。

(四)加快推进预算法制建设

法制化既是社会主义政治文明的必然要求,又是公共财政和政府预算的基本特征。现代政府预算制度形成的最显著标志是由"人治"走向"法治"。预算法定原则是财政法定主义的重要内容之一。所谓预算法定,是指预算的主体、内容、程序、时间等必须由法律事先加以规定,预算的编制、审批、执行、变更、调整、决算等整个预算过程必须依法进行,否则就要承担相应的法律责任。具体来讲,预算法定包括:

(1)预算要素法定,即预算的主体、内容、时间等必须符合法律规定。

(2)预算程序法定,即编制、审批、执行、变更、调整、决算等预算整个过程必须依法进行,预算一经批准就应视同法律,具有法律效力,具有法律的约束力和权威性,必须得到严格执行。

(3)预算责任法定,即无论是预算编制还是预算执行,它既是政府享有的一项法定权力,同时更是政府应当履行的一项法定职责。政府必须依法编制预算,政府也必须依法执行预算,未经法定程序不得随意调整预算，否则就要承担法律责任。

实现预算法制化的根本作用在于，把预算过程固化为法律程序，把预算结果上升为法律形式，赋予政府预算法律的权威性，任何人都不能逾越。只有当政府预算以法律方式通过，又以法律权威加以约束时，只有做到一切政府预算活动都由法律来规范，一切政府预算权力都由法律来制约，一切政府预算结果都具有法律上的权威性，政府预算才具有了约束财政活动的能力和效力。可以说，"法治"是现代财政预算制度的灵魂，"法治化"是现代政府预算制度存在的基本形式。

关于预算调整可考虑采取"区别不同情况、设立不同门槛、分别审查批准"的思路来设计，即按审批主体划分，分别设定人大常委会、政府、财政部门、预算部门四级审批主体，然后从具体的预算部门到人大常委会分别设定审查预算调整权力的门槛条件，超过下一级审批权限的预算调整报上一级审批，直到最后由人大常委会来审查批准。在预算法修订过程中，还必须克服法律原则性过强、空洞、缺乏可操作性的问题，应本着能够细化规范的不作原则粗放规定、能够具体规范的不作空洞抽象规定的思想来修订预算法。总之，要使修订后的预算法成为指导和推动我国预算分配、运行、管理和监督全面法治化和规范化的有力途径和手段。

（五）要健全完善人大预算监督制度

依宪法和预算法等法律的规定，全国人大及其常委会行使对政府预算审查、批准、监督的权力。自九届全国人大常委会通过《全国人大常委会关于加强中央预算审查监督的决定》以来，人大财经委、人大常委会预算工委依法履行审查监督职责，在推进政府预算改革、规范政府预算行为等方面发挥了非常重要的作用。

面对新的形势和新的要求，深化政府预算制度改革，建立与发展市场经济和公共财政要求相匹配的现代政府预算制度，积极发挥人大的推动、支持和监督作用仍然是非常必要和重要的。为此，要进一步健全完善人大的预算监督制度。

1. 完善审查程序

为了更好地体现人民代表大会及其常务委员会是国家的权力机关、是担负宪法赋予的各项职责的工作机关和同人民群众保持密切联系的代表机关的地位和作用，应研究进一步完善人大审查预算的程序。具体程序可考虑：第一步，政府预算草案和部门预算草案交付人大后，先由人大常委会预算工作委员会进行详细分析研究，在此基础上提出具体分析意见。第二步，将政府预算草案、部门预算草案和预算工作委员会对预算草案的分析意见，交各专门委员会进行分析研究，提出专门委员会的初步审查意见。第三步，将政府预算草案、部门预算草案、预算工委的分析意见、各专门委员会的初步审查意见等，一并交由财政经济委员会，财经委员会结合预算工委的分析意见和其他专门委员会的初步审查意见，对政府预算草案和部门预算草案进行初步审查，并提出审查意见。财经委审查意见交国务院有关部门在修改预算草案时参考，政府部门对于没有吸收的意见要提出未能采纳的理由。第四步，财经委员会结合政府及其职能部门对预算草案的修改情况，提出审查结果报告初稿，在代表大会会议期间，财经委要结合各代表团对预算草案的审议意见，提出正式的审查结果报告。第五步，财经委员会的审查结果报告应印发全体代表，并在大会全体会议上作报告。

2. 完善审查方式

每年召开一次的全国人民代表大会会期只有10天左右，时间短，但要审查批准的内容很多，单纯靠大会期间对政府预算进行深入细致的审查是不可能的。因此，必须充分发挥财经委等专门委员会和预算工作委员会在大会前对政府预算进行初步审查和分析研究的职能作用。人大常委会预算工作委员会和人大各专门委员会在对政府预算进行分析和审查时,必要时应在代表中吸收有关方面专家参加,以进一步提高分析审议的质量和水平。同时,应提前将有关政府预算草案的文件和分析材料送给专门委员会委员,要进一步延长专门委员会对预算草案进行初步审查的时间。

3.研究建立人大预算询问和质询机制

质询是国家权力机关一种主动的监督方式,一般有口头质询和书面质询两种方式。在发达国家,权力机关质询活动经常举行。在财政预算安排上,质询往往对解决民众最关心的事务有积极的推动作用。人大代表对审议政府预算越来越关心、越来越重视,但代表们在审议政府预算时经常会遇到搞不懂、看不清、说不明的问题,因此,研究建立具有中国特色的人大预算询问和质询机制,具有积极而重要的意义。如可规定,各级人民代表大会及其常委会对政府预算草案、决算草案进行审查时,可以向政府有关部门提出询问和质询。

三、企业财务监督

(一)加强企业外部财务监督的必要性

1.保障社会主义市场经济健康发展

国有及国有控股企业是社会主义市场经济的重要主体,对我国市场经济的发展至关重要。由于所有权和经营权分离,财务管理权限逐步下放,国有及国有控股企业法人的财务违法行为普遍存在。一些国有及国有控股企业在资金管理及使用等方面存在权责不明、管理混乱、资金使用效率低下、国有资产流失严重、不良资产比例大、财务风险高等问题。企业国有权益被侵蚀,严重妨碍了经济发展。因此,加强对国有及国有控股企业的外部财务监督,消除国有及国有控股企业法人的财务违法行为,打击财务犯罪，有利于促进企业健康发展。这是落实和规范企业财务自主权、促进企业依法理财、维护国有权益、推动市场经济良性发展的一项重要工作。

2.保证法律规范以及国家统一财务规定的贯彻执行

目前，市场竞争激烈，国有及国有控股企业要做大做强，不仅需要遵守市场经济的规律，而且需要接受政府这只"看得见的手"的干预和调节。但应注意，政府不宜直接干预企业的具体经营活动，而需要更多地通过制定法律规范并对企业遵守法律规范的情况实施监督检查等外部手段来调整。目前，国家已经制定了一系列法律制度，对企业财务活动进行规范。但是，由于企业财务会计基础工作薄弱、财务管理比较混乱、企业内部管理制度尚不健全、监督不力、国家财务制度执行的效果较差，所以财政、审计、监督、税务等部门尤其需要各司其职，通过切实有效的外部监督措施，保障国家统一财务规定的贯彻执行，将国有及国有控股企业各项财务活动纳入法制化轨道，把企业财务管理提高到一个新水平。

3.维护各利益相关主体的权益

在现代市场经济条件下，企业运营关系到投资者、债权人、经营者、生产者、消费者、供应商等众多利益主体。企业的目标并非单纯地追求投资者的资本收益最大化，而是应当在各主体利益之间达成均衡，取得企业价值最大化。企业不仅要重视投资者的利益，还要重视其他利益相关主体对经营者的要求；不仅要强调经营者的主导性，还要强调其他利益相关主体对企业经营活动的实际参与。企业财务管理的目标就是通过财务上的合理经营，确保相关各方的利益，保证取得良好的综合效益。加强企业外部财务监督，促使企业财务活动规范化运行，是实现上述目标的重要措施。

（二）当前国有企业财务监督的现状及存在的问题

1. 当前国有企业财务监督的现状

（1）国有企业体制改革正深入进行，现代企业制度正日趋完善，对于改革中的国有企业，国家行政管理和监督的总体趋势，应该是逐步减弱，而不是加强。国有企业财务监督将来更多地要依靠企业内部治理结构和管理机制的完善，以及企业外部市场和法律方面监督力量的加强。

（2）多部门监督格局未改，"龙头"监督不明。国家经贸委、中央企业工委、国家人事部等部门越来越多地参与国有企业监督，财政部、国家稽察特派员公署、税务部门、审计署、国有企业监事会派出机构等更是"当仁不让"。其中，国家稽察特派员根据国务院有关文件，要求规范多部门对国有企业的多种检查，并以国家稽察特派员检查监督来统筹其他监督；财政部根据《会计法》等有关法律法规，更是规定财政部门为"国有企业财务监督、会计监督、注册会计师报表审计质量检查"的主要实施部门，并统一要求、规范和统筹其他部门财务监督；而作为专职财务监督部门的国家审计署，无论从法律上，还是在实践中，更应具国有企业财务监督"龙头"的地位。由此可见，法规间和职责上的冲突直接导致国有企业财务监督的庞杂无序、多头并进和政出各门。因此监督成本必然会增大，而监督效率却不甚理想。不改变目前这种格局，即使再加强监督力度，也是事倍功半。

（3）国有企业财务监督较弱与重财政监督轻审计监督有关。通过财政部门加强对国有企业的财务监督是我国的传统做法，这一做法从计划经济时期一直延续至今。尽管国企财务报表审计任务已交付给注册会计师来承担，但对国有企业实施全面的财务监督和会计监督的重任却越来越多地放在财政部门身上，这从近几年出台的名目不一的有关财务检查、会计检查、财务监督、会计监督等众多文件中可见一斑。不仅如此，财政部门与证监会在上市公司财务监管职责上与审计署在国有企业年度会计报表审计质量检查职责上纠缠不清。但从财政部门的财政监督定位、职责、权限及监督资源等方面看，其充当众多国有企业的监督"龙头"的能力和效果值得反思。改革开放以后，指令性计划的约束越来越弱，与此同时各方面的控制也相应有所松动。当前，作为政府的理财部门，财政部具体负责规则的设计、制定和颁布，至于如何落实和监督已不构成财政部门的主要职能。企业的自律，企业接受国家审计、社会审计监督，接受税务部门税务检查等，都已在具体的财务监督环节中形成了分工。在管理体制已经发生变化的情况下，再由财政部门大包大揽各种形式的"财务监督""会计监督"，并以"龙头"身份统筹其他财务监督，已没有任何实际意义。而且受财政部门的技术手段、监督资源、职责权限等因素限制，监督也只能是流于形式的走过场，同时还降低了财政部门和企业的运行和工作效率。应进一步关注"两则"运行中的问题并作为补充、修改和完善，使"两则"的一般规则具体化、部门化、条理化，并制定一些具体部门的财务管理制度。这样有利于在整体配套改革中更合理地处理政府与企业的关系。

2. 当前国有企业财务监督存在的问题

（1）难以形成明确而有力的出资者财务监督主体。一方面，国有资本出资人分散而多元，且许多作为国有资本出资人或出资人代表的政府部门、上级单位等并不是经济意义上的投资者，即难以真正以一个投资者的身份管理和享有出资者权益。这种国有产权的不明晰或"所有者缺位"导致无人或无力真正担负起对经营者实施产权监督的职责。另一方面，被派到企业充当董事、董事长、总经理、监事会主席的国有资产产权代表由于自身并不是资本所有者或真正资本所有者的代表，而是具有"官员"身份的干部，其对管理者实施监督的内在动力并不是来自产权激励，而是来自作为一个"官员"的责任。但这种责任在"寻租"和经理们所提供的工资奖金以及各种隐性收益面前往往是无能为力的。正因为如此，管理者受不到严格有效的制约和监督，"内部人控制"的产生和强化也就自然而然了。

（2）财务工作受"内部人控制"，财务监督流于形式。由于没有人能真正对董事会工作进行评价和监控，反过来，董事会往往以企业局部利益或自身利益而不是以企业整体利益或出资者利益出发来从事企业经营工作和对经理层实施监督，特别是在董事会主要是以内部执行董事为主组成或董事长兼任总经理的情况下更是如此。董事会或者是经理们的傀儡，或者董事长与总经理本身就是"内部人"。在"内部人控制"下，企业的一切工作(包括财务监督工作)都是以"内部人"利益为目标展开的。一方面，内部人利用自身相对于政府或外部出资人的信息优势，想方设法地玩"会计数字游戏"，采取种种弄虚作假的手段粉饰财务报表。同时，董事会或总经理并不对会计资料的真实性和完整性承担太多的责任。另一方面，内部人利用自身的权限优势，控制企业会计部门、审计部门、党政纪检工会部门等内部监督部门和组织，这些部门反而以既得利益为重与"内部人同流合污"，致使监督职责和各种监督措施流于形式。这样，企业内部财务监督在一定范围内是严格有序的，但整体上却是混乱无序的。缺乏约束的权力意味着监督的无效。因此，当前不少企业出现的经营者违反财经纪律和财务制度、财务管理混乱、会计工作秩序紊乱，会计信息虚假的现象就难以避免。

（3）财务监督缺乏有效的监督实施机制。最明显的是：企业内部审计、审计委员会、财务总监、监事会等内部监督部门以及与财务监督有关的各项制度建设（如内部控制制度）难以建立健全；企业会计信息披露制度和监管制度严重不足，缺乏会计信息真实性、完整性的法律保障机制；

企业外部市场机制（如经理市场对经理选择与评价机制），特别是股东利用资本市场"退出与接管"机制对企业经营者施加的监督力量非常有限。

总之，加强企业财务监督，首先要完善公司治理结构，丢开公司治理结构来谈财务监督只能是空洞的。另外，财务监督不只是企业负责人或会计部门、财务部门的事，而是企业所有利益相关者共同关注的切身问题。消除以上问题，仅靠会计本身是难以做到的，需要全社会各方面的共同努力。

（三）企业财务监督内容

企业财务监督主体一般需要通过法律规范、企业章程及企业内部制度取得合法的监督权，主要有外部监督的行政机关、社会中介机构、内部监督的投资者和经营者。不同财务监督主体，其监督权力和监督内容不同，主要包括：

1.行政机关监督及其内容

根据我国法律法规的规定，对企业财务活动履行监督职责的行政机关有：财政机关、审计机关、税务机关、银行业监管机构、保险业监管机构及证券业监管机构等。上述行政机关根据各自职责从不同方面对企业相关财务活动实施监督。按照《公司法》《全民所有制工业企业法》《中外合资经营企业法》《中外合作经营企业法》等市场主体法的规定及各部门职责分工，国务院财政部门负责制定统一的财务制度。因此，其财务监督具有基础性和普遍性的特点。财政部门在整个财务监督体制中处于基础地位，其他行政机关应当以国家统一的财务制度为基础，在法定职权范围内有所侧重地实施财务监督。为了降低行政监督成本，实施有效的外部监督，应当探索建立财务监督和行政机关之间的沟通、协作机制，避免交叉监督、重复监督。

就企业财务监督的内容而言，主管财政机关财务监督主要包括以下方面：一是监督企业按照《通则》等国家统一财务规定，建立健全内部财务管理制度；二是监督企业在成本费用列支、收入确认、利润分配、国有资源处理、职工债务清偿等重大财务事项方面，遵守《通则》等国家统一财务制度的规定；三是监督企业按照国家规定披露财务信息；四是监督企业影响公共利益和经济秩序的其他财务活动。

除了主管财政机关的监督以外，审计监督是企业财务行政监督的重要组成部分。审计机关对企业实施审计监督主要包括以下内容：一是检查被审计单位的会计凭证、会计账簿、财务会计报告，以及其他与财政收支、财务收支有关的资料和资产，对国有企业的资产、负债、损益进行审计；二是就审计事项的有关问题向企业及其职工进行调查，并取得有关证明材料；三是对被审计企业正在进行的违反国家规定的财务收支行为予以制止；四是对被审计企业所执行的有关财政收支、财务收支的规定与法律、行政法规相抵触的，建议有关主管部门纠正。

2. 社会中介机构监督及其内容

《公司法》规定：公司应当在每一会计年度终了时编制财务会计报告，并依法经会计师事务所审计。《中外合资经营企业法实施条例》规定：合营企业的年度会计报表、清算的会计报表，应当经中国的注册会计师验证方为有效。《国有资产评估管理办法》（国务院令第91号）规定：发生法定情形的企业，应当委托资产评估机构进行资产评估。上述规定表明，社会中介机构作为专业、独立的机构，在社会主义市场经济中担当"经济警察"的角色，并在外部财务监督中发挥日益重要的作用。

社会中介机构的财务监督主要包括以下内容：一是对企业财务信息进行全面或专项的审计，并对其真实性、合法性、效益性等出具独立的专业意见，以便为主管财政机关、投资者的监管提供基础；二是对企业转让资产、产权、以非货币资产对外投资或者接受非货币性资产的出资等涉及的资产价值进行独立、专业的评估，保证相关交易的公平性和合理性。随着市场经济的发展和资本市场的完善，社会中介机构的企业资产公允价值评估、财产税税基评估等新兴业务，也将逐步开展起来。

3. 投资者监督及其内容

各级人民政府及其部门、机构，企业法人、其他组织或者自然人等，是企业的投资者。监事会或者监事人员监督是投资者实施财务监督的重要形式。投资者的财务监督内容，可以涵盖资金筹集、资产营运、成本控制、收益分配、重组清算、信息管理等所有财务活动。但需要强调的是，投资者行使监督权应当符合企业法人治理结构的要求，并通过特定的机构（如监事会）或者内部程序履行相关职责。

4. 经营者监督及其内容

企业经理、厂长或者实际负责经营管理的其他领导成员，统称为经营者。他们对企业生产经营承担直接的责任，通过内部财务控制、会计核算、内部审计、预算执行考核等方式、方法，对企业财务运行进行全方位、全过程监督，确保完成经营计划和财务目标。

在内部财务监督方面，企业可以按照法律规范或者根据其自身情况，设置内部机构或人员，例如职工代表大会、内部审计委员会、财务总监等，并相应地赋予其一定的财务监督权。

（四）企业财务监督的手段和方法

1. 行政机关对企业财务实施监督的手段和方法

（1）要求编报财务会计报告。行政机关有权要求被监督企业根据相关规定，按时编报财务会计报告等材料，作为对企业财务活动实施定期监督检查的依据。

（2）对企业财务活动实施检查。行政机关有权检查被监督企业的会计凭证、会计账簿、会计报表和其他有关财政、财务、会计等资料和财产；有权按照法定程序核查被监督企业以及有关个人的银行账户；有权对与被监督企业有经济业务往来的市场主体进行延伸检查。

（3）调查取证。行政机关有权对被调查企业贯彻国家法律规范的情况进行调查；有权就有关问题向有关单位及个人进行调查、了解、询问，并取得相关证明材料。

（4）登记保存证据。行政机关对被检查企业违法行为的证据，如被伪造、篡改的会计资料、会计账簿、会计报表等有关资料和非法获得的财产，依法登记保存，为实施相应的处罚处理搜集证据。

（5）责令纠正违反财务规定的行为。行政机关有权对被检查企业正在进行的财务违法行为予以制止、责令纠正。

（6）提出处理建议。行政机关对被检查企业的财务违法行为可以提出处理意见，建议企业纠正财务违法行为。如果企业不在规定期限内纠正，则可以进行处理或者移送有权机关进行处理。

（7）实施行政处罚。行政机关对企业的财务违法行为查证属实后，可以在法定的权限范围内做出行政处罚决定，对其违法行为实施行政处罚。

2. 社会中介机构对企业财务实施监督的手段和方法

（1）根据需要查阅企业有关会计资料和文件。社会中介机构可以要求企业提供有关会计资料和文件，与企业提供的财务信息进行比较、分析，以审阅、核实企业提供的财务信息的真实性、合法性。

（2）查看企业的业务现场和设施。社会中介机构为了核实企业的财务信息，可以查看与企业财务信息有关的业务现场和设施。

（3）要求企业就发生的经济行为向有关方面发函询证，或者当面查询企业发生的财务活动是否真实，或者要求提供其他必要的协助。

（五）企业内部财务监督的主要形式

由于企业的所有权与经营权分离，为保护投资者权益，《公司法》等法律法规对投资者实施财务监督的方式等作了原则性的规定。《中华人民共和国民法通则》对投资者、经营者具体履行财务监督职责予以了指导和规范。

投资者对企业财务活动监督的权力，来源于其对企业的出资。投资者通过企业内部的权力机构、决策机构、监督机构和执行机构来保障对企业的最终控制权，形成投资者、经营者和其他职工之间的激励和制衡机制，使企业财务活动规范有效地进行。

1. 股东（大）会

作为企业的权力机构，股东（大）会主要通过选举更换董事和监事，审议批准董事会、监事会或者监事的报告，以及审议批准公司的年度财务预算方案、决算方案等，对经营者进行财务监督。

2. 投资者个人（即股东）

股东（大）会、董事会的会议召集程序、表决方式违反法律法规或者企业章程，或者决议内容违反企业章程的，股东可以在规定时间内请求人民法院撤销。当企业高级经营管理人员违法执行企业职务给企业造成损失，应当承担赔偿责任时，股东可以书面请求监事会或者监事向人民法院提起诉讼；监事有类似情形，股东可以书面请求董事会或者执行董事向人民法院提起诉讼；监事会或者监事、董事会或者执行董事收到股东书面请求后拒绝提起诉讼，或者在规定期限内未提起诉讼，或者情况紧急、不立即提起诉讼将会使企业利益受到难以弥补损害的，股东有权为了企业的利益，以自己的名义直接向人民法院提起诉讼；他人侵犯企业合法权益，给企业造成损失的，股东也可以提起诉讼。

3.董事会、执行董事、独立董事

除了股东人数较少或者规模较小的有限责任公司，可以不设董事会以外，公司制企业均需设立董事会，对股东（大）会负责。上市公司还需设立独立董事。董事会有权聘任或者解聘经理，经理对董事会负责。在日常经营决策和决策执行中，直接对经营者实施财务监督的是董事会。

4.监事会或者监事

根据《公司法》的规定，监事会或者监事代表投资者履行财务监督职责。公司应当设监事会，其成员不得少于3人；监事会应当包括股东代表和不低于监事人数三分之一的公司职工代表；董事、高级管理人员不得兼任监事。股东人数较少或者规模较小的有限责任公司，可以设1至2名监事，不设监事会。国有独资公司监事会成员不得少于5人，由国有资产监督管理机构委派，其中的职工代表由公司职工代表大会选举产生。《国有企业监事会暂行条例》（国务院令第283号）规定，国有重点大型企业监事会由国务院派出，对国务院负责。

监事会或者监事的财务监督职责包括：检查公司财务；对董事、高级管理人员执行公司职务的行为进行监督；对违反法律法规、公司章程或者股东会决议的董事、高级管理人员提出罢免的建议；要求董事、高级管理人员纠正损害公司利益的行为；提议召开临时股东会会议，在董事会不履行召集和主持股东会会议职责时，召集和主持股东会会议；对给公司造成损失的董事、高级管理人员提起诉讼，要求其承担赔偿责任；可以列席董事会会议，并对董事会决议事项提出质询或者建议；发现公司经营情况异常时，可以进行调查，必要时，可聘请会计师事务所等协助其工作，费用由公司承担。

除了上述内部财务监督主体外，职工（代表）大会的民主监督是企业内部财务监督的有效补充。

（六）强化监事会监督

按照我国《公司法》第 52、124 条规定，在国有控股的有限责任公司和股份公司中设立内部监督组织。

按照公司法设立或组建的公司中，特别是股份公司中，大部分已设立了监事会这一内部监督组织。但从这几年监事会的实际运行情况来看，监事会的监督职能相当弱化。现实中，我国公司监事会的监督职权的行使有诸多缺陷，监督职能的作用还没有较好地发挥出来。这也就难怪，截至目前，人们极少见过公司监事会发现并纠正了公司董事或经理违法违章行为的新闻报道，在公司公告或年报中也少见这样的披露。

要强化监事会的监督作用，关键是要保证其有足够的独立性。这就要求监事会组成人员应以外部监事为主，监事会成员的任免、收入、福利以及执行监事的费用应由股东大会来决定。另外，对监事会中的内部职工代表，也应将其相关的待遇及职位管理独立出来，与其相关的处理应该在与管理层与监事会协商后才能做出决定，以保证职工监事的独立性。

在监事会成员的素质要求上，应当尽量选任具有经营、财务和法律等知识的专业人士。在对董事及经理人员的监督过程中，监事必须具有足够的专业素质才能够及时、准确地发现董事及经理人员在管理过程的失误或失范行为。否则，监事的监督作用就只能是空谈。因此，在确定监事会成员的资格条件时，应当从立法上对监事人员的专业素质提出具体的要求。另外，还应该进一步完善监事会的职权。《公司法》第 126 条规定：监事有提议召开临时股东大会和列席董事会会议的权利。但对于提议提出后董事会不加执行时应如何处理，却无规定。因此，应赋予监事会补充召集权。这种补充召集权，可使监事在发现重大问题时，通过股东大会表决来及时防范和制止，从而保障投资者的利益。监事会成员列席董事会会议的合法权利必须予以保障，监事通过列席董事会会议，可及时了解经营决策信息。只有这样,才能有效行使监事的监督权。

(七) 处理好内部审计与国家审计的关系

国家审计与内部审计是两类不同性质的审计。双方审计的目的、代表的利益、审计结果的法律效力等方面都存在着差别。国家审计与内部审计是不能相互替代的。但为了从整体上加强国有企业的审计监督效果,并促进国家审计与内部审计的工作效率,应处理好两者的关系。主要注意以下两个方面:第一,国家审计作为一种外部审计,在工作中要利用内部审计的工作成果。国家审计在对内部审计工作进行评价以后,可决定是否利用其全部或部分工作成果,以提高国家审计工作效率,节省监督资源。国家审计可利用的内部审计工作成果主要是:内部审计关于单位内部控制制度的评审结果;内部审计机构对下属单位进行审计的结果;内部审计发现的问题及其线索等。第二,国家审计可依法对国有企业内部审计进行业务指导和监督。我国的国家审计实行的是行政型领导体制。行政型领导体制,决定了我国的审计机关是政府的一个职能部门,要服务于政府的总的管理目标。而政府为了提高政府部门和国有企事业单位内部审计工作水平,也需要有一个部门对内部审计工作给以指导和监督。作为政府职能部门的国家审计机关就应责无旁贷地承担这一任务。

当前,我国国有企业财务监督呈现出以下方面的特点:

1. 以建立和完善公司治理结构作为构建企业内部财务监督机制的重要基础

当前,基于委托代理关系,以激励、监督、约束为核心内容,以所有者、经营者和其他利益相关者分权制衡的公司治理结构的基本框架已在大多数转制国有企业中初步形成。更多的企业认识到,企业会计行为失当、会计信息失真、财务收支混乱等无不与内部人员的控制有关。要消除这些问题,仅靠会计本身是难以做到的,需要全社会各方面的共同努力。

其中，企业本身是最重要的方面，以建立和健全公司治理结构为出发点，逐渐规范公司的经营管理行为，严格要求公司按《会计法》进行会计核算，是纠正公司会计行为失当的一条根本措施。同样，建立和健全公司治理结构也是强化财务监督的重要措施。只有建立在完善有效的公司治理结构基础上，企业财务监督才有制度保证和实施基础。

2.我国国有企业财务监督是涉及面广、内容复杂、意义重大的高层次监督

国有企业的性质、种类、规模、数量、分布以及负责人的选用与评价决定了国有企业财务监督的复杂性，由中央和地方政府直接或间接参与国有企业这个微观经济组织的监控工作（如由国务院直接授权有关政府部门负责对国有企业的财务监督工作）。国有大中型企业的地位，说明了国有企业财务监督的高层次性，这同时又表明国有企业财务监督的重要性。

3.我国国有企业财务监督呈现出内外并重、上下结合的格局

内外并重突出表现为内部治理结构与外部国家监督双管齐下、相互配合。但当前这种格局仍存在不少问题：一是从企业内部看，治理结构还很不完善，"新老三会"并存且产生新的矛盾。二是外部监督之所以要以国家监督为主，一个很重要的原因是市场机制的监督作用尚很薄弱。三是无论何种类型的国有企业的治理结构以及何种形式的国家监督，都明显地表现出了国家控股的行政性和多头管理性的特点，这必然导致国家行政部门对国有企业难免存有强制性和直接管理性的超经济行为，这也就是说国有企业监督带有一定政资合一的特点。当前需要考虑的是，如何通过进一步理顺治理结构，完善内部监督机制，逐渐减少外部国家监督，从而减弱行政干预的影响。未来的发展趋势应该是内部监督逐渐成为主要的监督形式，而在减少外部国家监督的同时，积极发展市场机制监督。

上下结合的监督格局是因为国有资产的全民所有表明"至上"的全国人民代表大会和国务院,与"至下"的国有企业员工都是国有企业的主人,也表明国有企业财务监督主体按自上而下分布。"至上"的国家监督与国有企业职代会、工会等"至下"的基层监督相结合,从而形成只有在国有企业中才有的上下所有者结合的监督格局。

4.国有企业财务监督构成其他监督的重要基础

现代企业离不开资本金的筹集投入与收益分配的组织与其所产生的财务问题的处理,国有企业的生产经营活动及其经营者的经济管理行为可通过财务活动及其财务资料反映出来。当前国有企业经营者中存在的许多问题,实质上就是财务问题。只有以财务监督为突破口,才能检查、评价经营者受托经营责任的履行情况,才能抓住问题的实质。同时财务监督又往往是其他非财务监督的基础。实际上当前国家所制定的许多监督措施也都是以财务监督为基础。例如,国有企业监事会监督、国家稽察特派员监督等都是以财务监督为基础来展开的。

5.政企分离原则下,国有企业财务监督中的国有产权监督职能日益加强

这主要表现在以下三个方面:

(1)改革国有资产管理和监督机制。国务院代表国家统一行使国有资产所有权,中央和地方政府分级管理国有资产,授权大型企业、企业集团和控股公司经营国有资产。同时,改革原专业经济管理部门,变上级主管部门的行政管理为产权管理和监督。即将原专业经济管理部门改革成国有资产营运机构,并授权国有资产营运机构对原专业经济管理部门所属企业行使国有资产出资人的职能。新组建的国有资产营运机构不再具有行政管理职能,与企业之间不是行政隶属关系,不再直接管理企业,而与企业之间是出资人与企业法人的民事主体关系。原专业经济部门行使的一般行政管理职能,交给经济调节监督部门和其他社会中介组织承担。

（2）上述国有资产授权经营部门以出资人身份，委派产权代表进入企业董事会、监事会，直接参与公司治理结构的建立和运行。同时，实行财务总监制度和会计委派制，加强日常财务活动中的产权监督，寓出资人监督于财务活动的事前、事中和事后整个过程中，将出资人监督落实到实处。

（3）建立了具有所有者监督职能的外派监事会制度和稽察特派员制度。

第四节　水利建设单位建设成本管理办法

一、工程成本管理原则

工程项目成本包括所消耗的主、辅材料，构配件，周转材料的摊销费或租赁费，施工机械的台班费或租赁费，支付给生产工人的工资、奖金以及项目经理部一级为组织和管理工程施工所发生的全部费用支出。

工程成本管理，亦称施工项目成本管理，是企业成本管理的基础和核心，施工项目经理部在对项目施工过程进行成本管理时，必须遵循以下基本原则：

1. 成本最低化原则

施工项目成本管理的根本目的，在于通过成本管理的各种手段，促使不断降低施工项目成本，以达到可能实现最低目标成本的要求。但是，在实行成本最低化原则时，应注意研究降低成本的可能性和合理的成本最低化，一方面挖掘各种降低成本的潜力，使可能性变为现实；另一方面要从实际出发,制定通过主观努力可能达到的合理的最低成本水平,并据此进行分析、考核评比。

2. 全面成本管理原则

长期以来,在施工项目成本管理中,存在"三重三轻"问题,即重实际成本的核算和分析,轻全过程的成本管理和对其影响因素的控制;重施工成本的计算分析,轻采购成本、工艺成本和质量成本;重财会人员的管理,轻群众性的日常管理。因此,为了确保不断降低施工项目成本,达到成本最低化目的,必须实行全面成本管理。

3. 成本责任制原则

为了实行全面的成本管理,必须对施工项目成本进行层层分解,以分级、分工、分人的成本责任制作为保证。施工项目经理部应对企业下达的成本指标负责,班组和个人对项目经理部的成本目标负责,以做到层层保证,定期考核评定。成本责任制的关键是划清责任,并要与奖惩制度挂钩,使各部门、各班组和个人都来关心施工项目成本。

4. 成本管理有效化原则

所谓成本管理有效化,主要有两层意思:一是促使施工项目经理部以最少的投入,获得最大的产出;二是以最少的人力和财力,完成较多的管理工作,提高工作效率。提高成本管理有效性的手段,一是采用行政方法,通过行政隶属关系,下达指标,制定实施措施,定期检查监督;二是采用经济方法,利用经济杠杆、经济手段实行管理;三是采用法制方法,根据国家的政策方针和规定,制定具体的规章制度,使人人照章办事,用法律手段进行成本管理。

5. 成本管理科学化原则

成本管理是企业管理学中的一个重要内容,企业管理要实行科学化,必须把有关自然科学和社会科学中的理论、技术和方法运用于成本管理。

例如，在施工项目成本管理中，可以运用预测与决策方法、目标管理方法、不确定性分析方法和价值工程法等。

二、工程项目成本内容

（一）工程项目成本的分类

1. 按成本计价的定额标准分类

按成本计价的定额标准分类，工程项目成本分为预算成本、计划成本和实际成本。

（1）预算成本是按建筑安装工程实物量和国家或地区制定的预算定额及取费标准计算的社会平均成本，是以施工图预算为基础进行分析、预测、归集和计算确定的。预算成本包括直接成本和间接成本，是控制成本支出、衡量和考核项目实际成本节约或超支的重要尺度。

（2）计划成本是在预算成本的基础上，根据企业自身的要求，如内部承包合同的规定，结合施工项目的技术特征、自然地理特征、劳动力素质、设备情况等确定的标准成本，也称目标成本。计划成本是控制施工项目成本支出的标准，也是成本管理的目标。

（3）实际成本是工程项目在施工过程中实际发生的可以列入成本支出的各项费用的总和，是工程项目施工活动中劳动耗费的综合反映。

以上各种成本之间既有联系，又有区别。预算成本反映施工项目的预计支出；实际成本反映施工项目的实际支出。实际成本与预算成本比较，可以反映对社会平均成本的超支或节约，综合体现了施工项目的经济效益；实际成本与计划成本的差额即是项目的实际成本降低额，实际成本降低额与计划成本的比值称为实际成本降低率；预算成本与计划成本的差额即是项目的计划成本降低额，计划成本降低额与预算成本的比值称为计划成本降低率。通过几种成本的相互比较，可看出成本计划的执行情况。

2. 按计算工程项目成本对象的范围分类

按计算工程项目成本对象的范围分类，工程项目成本可分为建设项目工程成本、单项工程成本、单位工程成本、分部工程成本和分项工程成本。

（1）建设项目工程成本是指在一个总体设计或初步设计范围内，由一个或几个单项工程组成，经济上独立核算，行政上实行统一管理的建设单位，建成后可独立发挥生产能力或效益的各项工程所发生的施工费用的总和。例如，建造某个汽车制造厂的工程成本。

（2）单项工程成本是指具有独立的设计文件，在建成后可独立发挥生产能力或效益的各项工程所发生的工程成本。例如，建造汽车制造厂某车间的工程成本、某栋办公楼的工程成本等。

（3）单位工程成本是指在单项工程内具有独立的施工图和独立施工条件的工程施工中所发生的工程成本。例如，某车间的厂房建筑工程成本、设备安装工程成本等。

（4）分部工程成本是指单位工程内按结构部位进行施工所发生的工程成本。例如，车间基础工程成本、钢砼框架主体工程成本和屋面工程成本等。

（5）分项工程成本是指分部工程中划分最小施工过程施工时所发生的工程成本。例如，基础开挖、砌砖和绑扎钢筋等的工程成本，是组成建设项目成本的最小成本单元。

3. 按工程完成程度的不同分类

按工程完成程度的不同分类，工程项目成本分为本期工程成本、已完工程成本、未完工程成本和竣工工程成本。

（1）本期工程成本是指施工项目在成本计算期间进行施工所发生的全部工程成本，包括本期完工的工程成本和期末未完工的工程成本。

（2）本期已完工程成本是指在成本计算期间已经完成预算定额所规定的全部内容的分部分项工程成本。它包括上期未完由本期完成的分部分项工程成本，但不包括本期期末的未完分部分项工程成本。

（3）未完工程成本是指已投料施工，但未完成预算定额规定的全部工序和内容的分部分项工程所支付的成本。

（4）竣工工程成本是指已经竣工的单位工程从开工到竣工整个施工期间所支出的成本。

（二）工程项目成本的构成

1. 直接成本

直接成本是指工程项目生产过程中耗费的，构成工程项目产品实体或有助于工程项目产品的形成，并可以直接计入成本核算对象的各项支出，包括人工费、材料费、机械使用费和其他直接费等。

（1）人工费是指在工程项目中工作的各类人员，如设计师、计算机程序员、研究员、油漆工及其他方面工程项目工作人员的报酬，包括工资、津贴和奖金等。

（2）材料费是指工程项目生产过程中耗用的，构成产品实体的原材料、辅助材料、构配件、零件、半成品的费用和周转材料的摊销及租赁费用。在材料费中，如使用结构件较多、工厂化程度较高、可以单列"结构件"的成本项目，用以核算工程项目生产过程中所耗用的构成项目实体的结构件及零件，如钢门窗、铝门窗、混凝土制品、木制品、成型钢筋和金属制品等。为了反映周转材料的使用情况，说明工期与成本的关系，也可以将"周转材料费"成本项目单列。

（3）机械使用费是指工程项目生产过程中使用自有施工机械所发生的机械使用费，租用外单位施工机械的租赁费以及施工机械安装、拆卸和进出场费。它包括设备或仪器费用、工具的折旧费、修理费和运行费等。

（4）其他直接费是指工程项目生产过程中发生的材料二次搬运费、临时设施摊销费、生产工具使用费、检验试验费、工程定位复测费、工程点交费和场地清理费等。

2. 间接成本

间接成本是指工程项目经理部为施工准备、组织和管理项目生产所发生的，与成本核算对象相关联的成本中不能用一种经济合理的方法追溯到成本核算对象的全部项目的间接费支出。具体的费用项目及其内容包括：现场管理人员的工资、劳动保护费、职工福利费、办公费、差旅交通费、固定资产使用费、工具用具使用费、保险费、检验试验费、工程保修费、工程排污费和其他费用等。

对于施工企业所发生的经营费用、管理费用和财务费用，则按规定计入当期损益，即计为期间成本，不得计入工程项目成本。

（三）工程项目成本管理的内容

工程项目成本管理的内容有不同的划分方法，通常有以下几种。

1. 按工作环节划分

工程项目成本管理是建筑工程企业项目管理系统中的一个子系统，具体包括预测、决策、计划、控制、核算、分析和考核等一系列工作环节。它们各自发挥着特定的作用，并以生产经营过程中的成本控制为核心，依靠成本信息的传递和反馈结合为一个有效运转的有机整体。在工程项目成本管理子系统中，各方面的管理功能有着一定的内在联系。

（1）成本预测。工程项目成本预测是对工程项目未来的成本水平及其发展趋势所作的描述与判断。成本是项目经理部和工程企业进行各种经营决策和各种控制措施的核心因素之一。要对工程项目做出正确的决策、采取有力的控制措施、编制科学合理的成本计划和施工组织计划,需要对工程项目在不同条件下未来的成本水平及其发展趋势作出判断,工程项目成本管理中对未来的成本水平及其发展趋势所作的说明与判断,便是工程项目成本预测。工程项目成本预测构成了工程项目成本管理的第一个工作环节。

（2）成本决策。成本预测和成本决策是工程项目成本管理水平高低的重要标志。工程项目成本决策是对项目工程生产活动中与成本相关的问题作出判断和选择。它是在工程项目成本预测的基础上,运用一定的专门方法,结合决策人员的经验和判断能力,对未来的成本水平、发展趋势,以及可能采取的经营管理措施所作出的逻辑推断和定量描述,其实质就是工程项目实施前对成本进行核算。通过成本预测可以寻求降低项目成本、提高经济效益的途径。工程项目成本预测是进行工程项目成本决策和编制成本计划的基础。

（3）成本计划。工程项目成本计划是以工程生产计划和有关的成本资料为基础,对计划期工程项目的成本水平所作的筹划,是对工程项目制定的成本管理目标。工程项目成本计划是工程项目成本决策结果的延伸,是将成本决策结果的数据化、具体化。它是以货币形式编制工程项目在计划期内的生产费用、成本水平以及为降低成本所采取的主要措施和规划的书面方案,它是建立工程项目成本管理责任制、开展成本控制和核算的基础。成本计划是目标成本的一种形式。工程项目成本计划一经颁布,便具有约束力,可以作为计划期工程项目成本工作的目标,并被用来作为检查计划执行情况、考核工程项目成本管理工作业绩的依据。

（4）成本控制。工程项目成本控制是指项目在工程过程中,对影响工程项目成本的各种因素进行规划、调节，并采取各种有效措施，将工程中实际发生的各种消耗和支出严格控制在计划范围内，随时揭示并及时反馈，严格审查各项费用是否符合标准，计算实际成本和计划成本之间的差异并进行分析，消除工程中的损失浪费现象，发现和总结先进经验。通过成本控制，最终实现预期的成本目标甚至是实际成本低于计划成本。工程项目成本控制应贯穿在一个工程项目从招投标阶段到项目竣工验收的全过程，它是企业全面成本管理的核心功能，成本失控将阻碍整个成本管理系统的有效运行。因此，必须明确各级管理组织和各级人员的责任和权限，这是成本控制的基础之一，必须给予足够的重视。

（5）成本核算。工程项目成本核算是利用会计核算体系，对项目工程过程中所发生的各种消耗进行记录、分类，并采用适当的成本计算方法，计算出各个成本核算对象的总成本和单位成本的过程。它包括两个基本环节：一是按照规定的成本开支范围对工程费用进行归集，计算出工程费用的实际发生额；二是根据成本核算对象，采用适当的方法，计算出该工程项目的总成本和单位成本。工程项目成本核算是工程项目成本管理中最基础的工作，它所提供的各种成本信息，是成本预测、成本计划、成本控制和成本考核等各个环节的依据。在现代工程项目成本管理中，成本核算既是对工程项目所发生的耗费进行如实反映的过程，也是对各种耗费的发生进行监督的过程。因此，加强工程项目成本核算工作，对降低工程项目成本、提高企业的经济效益有积极的作用。

（6）成本分析。工程项目成本分析是揭示工程项目成本变化情况及其变化原因的过程。它在成本形成过程中，对工程项目成本进行的对比评价和剖析总结工作，贯穿于工程项目成本管理的全过程，主要是利用工程项目的成本核算资料（成本信息），将项目的实际成本与目标成本（计划成本）、预算成本等进行比较，了解成本的变动情况，同时也分析主要经济指标对成本的影响，系统地研究成本变动的因素，检查成本计划的合理性，深入揭示成本变动的规律，寻找降低工程项目成本的途径。成本分析的目的在于通过揭示成本变动的原因，明确责任，总结经验教训，以便在未来的工程生产中，采取更为有效的措施控制成本，挖掘降低成本的潜力。同时，工程项目成本分析还为工程项目成本考核提供了依据。

（7）成本考核。成本考核，就是工程项目完成后，对工程项目成本形成中的各级单位成本管理的成绩或失误所进行的总结与评价。成本考核的目的在于鼓励先进、鞭策落后，促使管理者认真履行职责，加强成本管理。企业按工程项目成本目标责任制的有关规定，将成本的实际指标与计划、定额、预算进行对比和考核，评定工程项目成本计划的完成情况和各责任单位的业绩，并以此给以相应的奖励和处罚。通过成本考核，做到有奖有惩，奖罚分明，才能有效地调动企业的每一个职工在各自的工程岗位上努力完成目标成本的积极性，降低工程项目成本，增加企业的积累。

2. 按时间系列划分

按所涉及的时间系列划分，可以将工程项目成本管理分为事前成本控制、事中成本控制和事后成本控制。事前、事中、事后是相对工程项目成本发生过程而言的。

（1）事前成本控制。事前成本控制是指在工程项目成本发生之前，对影响工程项目成本的因素进行规划，对未来的成本水平进行预测，对将来的行动方案作出安排和选择的过程。事前成本控制包括成本预测、成本决策、成本计划等工作环节，在内容上包括降低成本的专项措施的选择、成本管理责任制以及相关制度的建立和完善等内容。事前成本控制对强化工程项目成本管理极为重要，未来成本的水平及其发展趋势主要由事前成本控制决定。

（2）事中成本控制。事中成本控制是在工程项目成本发生过程中，按照设定的成本目标，通过各种方法措施提高劳动生产率、降低消耗的过程。事中成本控制针对成本发生过程而言。所采用的方法主要有标准成本法、责任成本管理、班组成本核算、合理利用材料、工程的合理组织与安排、生产能力的合理利用以及工程现场管理等。事中成本控制程序是：首先要按照工程项目成本计划、目标成本等指标为标准，使发生的实际成本不超过这些标准。其次，要在既定的质量标准和工作任务条件下，尽可能降低各种消耗，使成本不断下降。事中成本控制的内容大多属于工程项目日常成本控制的内容。

（3）事后成本控制。事后成本控制是在工程项目成本发生之后对成本进行核算、分析、考核等工作。严格讲，事后成本控制不改变已经发生的工程成本。但是，事后成本控制体系的建立，对事前、事中的成本控制起到促进作用。另外，通过事后成本控制的分析考核工作，可以总结经验教训，以改进下一个同类工程项目的成本控制。

3.按照工程项目成本管理的职能划分

按照工程项目成本管理的职能划分，分为成本核算和成本控制两个方面。其中，成本控制包括成本预测、成本决策、成本计划、成本分析和成本考核等内容。

三、工程成本管理的方法

（一）成本预算控制

预算作为一种计划是用数字表示的预期结果的报告书。预算管理是利用预算对企业内部各部门、各单位的各种财务及非财务资源进行分配、考核、控制，以便有效地组织和协调企业的生产经营活动，完成既定的经营目标。可以通过对成本进行预算，而后考核其成本管理的实际业绩，实现对成本的约束。成本预算是企业成本管理的主要方法，是企业财务预算中最基本的预算。它要求企业加强成本预算的编制、执行、分析、考核等环节的管理，明确预算项目，建立预算标准，规范预算的编制、审定、下达和执行，及时分析和控制预算差异，采取改进措施，确保预算的执行。强化成本预算控制，要求企业严格按照预算执行。在日常控制中，企业应当健全凭证记录，完善各项管理规章制度，严格执行生产经营月度计划和成本费用的定额、定率标准，加强适时的监控。对预算执行中出现的异常情况，企业有关部门应及时查明原因，提出解决办法。企业可以结合自身情况，建立相应的成本预算，比如产品成本预算、制造费用预算、营业成本预算、期间费用预算等。企业各职能部门应当充分利用自身管理优势，对在成本中占重要份额的能耗、成材率等重点指标进行全过程的控制，并有针对性地采取措施，使降低成本指标落到实处，最终形成一系列贯穿全生产过程的预算控制线，确保成本预算指标的全面完成。

（二）质量成本管理

企业应当结合自身特点，推行质量成本的管理办法。TQM（全面质量管理）的倡导者、质量管理大师费根堡姆提出质量成本概念。他提出质量与成本是统一的，而不是相对立矛盾的，过去认为好的质量比差的质量所花的成本要多的观念是错误的，实际上好的质量所花的成本比差的质量所花的成本要低。

质量成本是指企业将产品质量保持在规定的标准上而需支出的费用，以及因未达到规定的质量标准而发生的损失的两者之和。一般按发生原因不同，将质量成本划分为以下五类：

（1）预防成本。预防成本即为了防止产生不合格品与质量故障而发生的各项费用。

（2）检验成本。检验成本即为检查和评定产品质量、工作质量、工序质量、管理质量是否满足规定要求和标准所需的费用。

（3）内部缺陷成本。内部缺陷成本即产品交付用户前由于自身的缺陷造成的损失费用以及处理故障所支出的费用之和。

（4）外部缺陷成本。外部缺陷成本即产品交付用户后，因产品质量缺陷引起的一切损失费用。

（5）外部质量保证成本。外部质量保证成本即为提供用户要求的客观证据所支付的费用。产品质量是企业的生命，在竞争非常激烈的情况下，由于产品质量方面所存在的问题，很可能会导致企业处于被动地位，影响今后企业产品的销售，甚至可能会被淘汰出局。把追求长期的综合程度更高的股东价值最大化作为经营目标，据此对技术革新和市场信息等环境要素进行审视，对竞争者进行分析，不仅要注重企业外部信息，更要用战略的眼光来看待企业内部信息，这样才能使企业长期健康而稳定地发展。

质量成本管理，是指根据预定的质量成本目标，对实际工作中发生的所有质量成本进行指导、限制和监督，及时发现问题，及时采取有效措施，或不断推广先进经验，以促进产品质量成本不断下降，取得最佳经济效益而实施的一种管理行为。实施质量成本管理，可以在产品质量、成本和经济效益三者之间寻求一个相对平衡。质量成本管理的主要程序为：建立和健全质量成本管理的组织体系；确定预算控制指标和误差范围；对产品整个寿命周期进行全过程的控制。其中最后一个程序包括设计阶段、制造阶段和使用阶段。需要注意的是，合理有效地控制产品质量成本必须通力合作、多管齐下，合理运用统计、预测、计划、分析、核算等多种方法，对产品生产的各个环节都进行有效的管理。同时，企业应结合自身特点，在实行基本质量成本管理方法和理念的基础上，适当引入质量成本预算管理、作业质量成本管理、战略质量成本管理和目标质量成本管理等方法。

（三）成本定额管理

成本定额管理，是指在资源价格一定的前提下，通过事先制定单位产品或活动的标准资源消耗量，控制产品成本和期间费用水平的一种成本管理方法。成本定额管理的关键，首先在于制定标准消耗量。一般的方法有经验估计法、类推比较法、统计分析法和技术测定法。其次，要通过成本核算，揭示实际消耗量与定额的差异。最后，分析定额差异的原因，找出责任者，并将差异及时反馈到责任部门或责任者，以便采取切实有效的措施加以解决。成本定额管理与企业的经济责任制相结合，能收到更好的效果。

（四）成本全员管理和全过程控制

成本的全员管理，是指在加强专业成本管理的基础上，要求人人、事事、时时都按照定额、标准或者预算进行成本管理。需要向全体职工宣传各种成本限额和考评标准，使人人皆知、人人明白。

企业实行全员成本管理，就要充分调动各个部门、职工的积极性和主动性，使每个职工都了解自己在成本管理中的作用，明确自己的职责和权限，建立广泛的责任成本制度，将企业的专业成本管理和群众性成本管理工作结合起来，使企业各项费用定额、费用开支标准、成本目标等更加趋于合理，使降低成本的措施得到更好的执行。为了调动全体职工成本管理的积极性，企业应注意：需要有客观的、准确的、适用的控制标准；鼓励参与制定标准，至少要让职工充分了解控制标准建立的依据和必要性；让职工了解企业的困难和实际情况，自觉适应工作的需要；建立适当的激励措施，激发全员成本管理的积极性；冷静地处理成本的超支和过失。始终记住分析成本差异的根本目的是寻求解决问题的办法，而不是处罚。

企业实行全过程成本管理，其成本管理不应当只局限于生产过程的制造成本，而应当贯穿成本形成的全过程，扩大到产品寿命周期成本的全部内容，即包括产品在企业内部所发生的规划成本、设计成本、研制成本、工艺成本、质量成本、功能成本、采购成本、销售成本、物流成本、管理成本，以及产品在用户使用过程中发生的运行成本、维修成本、保养成本等各个方面。实践证明，只有当产品的整个寿命周期成本得到有效控制，成本才会显著降低。

（五）成本预测的程序与方法

预测把过去和将来视为一个整体，通过对过去资料的科学分析，找出事物的内部规律，从而推测出事物的未来发展情况。

1. 施工项目成本预测的程序

（1）环境调查。环境调查包括市场需求量、成本水平及技术发展情况的调查。目的是了解施工项目的外界环境对项目成本的影响。

（2）收集资料。收集资料主要包括：企业下达的有关成本指标，历史上同类项目的成本资料，项目所在地成本水平，施工项目中与成本有关的其他预测资料（如计划、材料、机械台班等）。

（3）选择预测方法，建立预测模型。选择预测方法时，应考虑到时间、精度上的要求，如定性预测多用于10年以上的预测，而定量预测多用于10年以下的中期和短期预测。另外，还应根据已有数据的特点，选择相应的模型。

（4）成本预测。成本预测是根据选定的预测方法，依据有关的历史数据和资料，推测施工项目的成本情况。

（5）预测结果分析。通常，利用模型进行预测的结果只是反映历史的一般发展情况，并不能反映可能出现的突发性事件对成本变化趋势的影响，况且预测模型本身也有一定的误差。因此，必须对预测结果进行分析。

（6）确定预测结果，提出预测报告。根据预测分析的结论，最终确定预测结果，并在此基础上提出预测报告，确定目标成本，作为编制成本计划和进行成本控制的依据。

2. 施工项目成本预测的定性方法

定性预测是根据自己掌握的信息资料和直观材料，依靠具有丰富经验和分析能力的内行、专家，运用主观经验，对施工项目的材料消耗、市场行情及成本等，作出性质上和程度上的推断和估计，然后把各方面的意见进行综合，作为预测成本变化的主要依据。定性预测在工程实践中被广泛使用，特别适用于预测对象资料（包括历史的和现实的）掌握不充分，或影响因素复杂、难以用数字描述，或影响因素难以进行数量分析等情况。定性预测偏重于对市场行情的发展方向和施工中各种影响施工项目成本因素的分析，发挥专家经验和主观能动性，比较灵活，而且简便易行，可以较快地得出预测结果。但进行定性预测时，也要尽可能地搜集数据，运用数学方法，其结果通常也是从数量上测算。定性预测的常用方法有专家会议法和德尔菲法。

（1）专家会议法。专家会议法是目前国内普遍采用的一种定性预测方法，它的优点是简便易行、信息量大，考虑的因素比较全面，参加会议的专家可以相互启发。这种方式的不足之处在于：参加会议的人数总是有限的，因此代表性不够充分；会议容易受权威人士或大多数人意见的影响，而忽视少数人的正确意见，即所谓的"从众现象"（一个人由于真实的或臆想的群体心理压力，在认知或行动上不由自主地趋向于跟多数人一致的现象）。

使用该方法，预测值经常出现较大的差异，在这种情况下一般可采用预测值的平均值。

（2）德尔菲法。德尔菲法也叫专家预测法，是一种国际上常用且被公认为可靠的技术测定方法，多用于技术预测领域。它的实质是利用专家的知识和经验，对那些带有很大模糊性、较复杂且无法直接进行定量分析的问题，通过多次填写征询意见表的调查形式取得测定结论的方法。由于该方法具有匿名性、反馈性、统计性等特点，调查过程中通过对专家意见的统计、分析，充分发挥信息反馈和信息控制的作用，使专家通过比较分析修改意见，从而使分散的评价逐渐接近，最后集中在比较一致的测定结果上。采用德尔菲法所得到的预测结果要比一个专家的判断预测或一组专家开会讨论得到的预测方案准确一些，一般用于较长期的预测。德尔菲法的方法和程序如下：

①组织领导。开展德尔菲法预测，需要成立一个预测领导小组。领导小组负责草拟预测主题，编制预测事件一览表，选择专家，以及对预测结果进行分析、整理、归纳和处理。

②选择专家。选择专家是关键。专家一般指掌握某一特定领域知识和技能的人，人数不宜过多，一般以10～20人为宜。该方法以信函的方式与专家直接联系，专家之间没有任何联系。因此，可避免当面讨论容易相互干扰，或者当面表达意见受到约束等弊病。

③预测内容。根据预测任务，制定专家应答的问题提纲，说明做出定量估计、进行预测的依据及其对判断的影响程度。

④预测程序。第一次，提出要求，明确预测目标，用书面通知被选定的专家或专门人员。要求每位专家说明有什么特别资料可用来分析这些问题以及这些资料的使用方法。同时，请专家提供有关资料，并请专家提出还需要哪些资料。第二次，专家接到通知后，根据自己的知识和经验，对所预测事件的未来发展趋势提出自己的观点，并说明其依据和理由，以书面形式答复主持预测的单位。第三次，预测领导小组根据专家定性预测的意见，加以归纳整理，分别说明不同预测值的依据和理由（根据专家意见，但不注明哪个专家意见），然后再寄给各位专家，要求专家修改自己原先的预测，并进一步提出要求。第四次，专家接到第二次信后，就各种预测的意见及其依据和理由进行分析，再次进行预测，提出自己修改的意见及其依据和理由。如此反复往返征询、归纳、修改，直到意见基本一致为止。根据需要决定修改的次数。

3. 施工项目成本预测的定量方法

定量预测也称统计预测，它是根据已掌握的比较完备的历史统计数据，运用一定的数学方法进行科学的加工整理，借以揭示有关变量之间的规律性联系，用于推测未来发展变化情况的预测方法。定量预测基本上可以分为两类：一类是时间序列预测法，它是从一个指标本身的历史数据的变化趋势中，去寻找市场的演变规律，作为预测的依据，即把未来作为过去历史的延伸；另一类是回归预测法，它是从一个指标与其他指标的历史和现实变化的相互关系中，探索它们之间的规律性联系，作为预测未来的依据。

定量预测的优点是：偏重于数量方面的分析，重视预测对象的变化程度，能作出变化程度在数量上的准确描述；主要以历史统计数据和客观实际资料为预测依据，运用数字方法进行处理分析，受主观因素的影响较少；可以利用现代化的计算方法进行大量的计算和数据处理工作，求出适应工程进展的最佳数据曲线。缺点是比较机械、不易灵活掌握、对信息资料质量要求较高。

定量预测主要有以下几种方法：

（1）简单平均法。简单平均法是指运用数学平均的办法对目标数值进行预测的一种方法，通常包括算术平均法、加权平均法、几何平均法、移动平均法等。

①算术平均法：简单易行，如预测对象变化不大且无明显的上升或下降趋势时，应用较为合理，不过它只能应用于近期预测。

②加权平均法：当一组统计资料中每一个数据的重要性不完全相同时，求平均数的理想方法是将每个数的重要性用权数来表示。

③几何平均法：把一组观测值相乘再开 n 次方，所得 n 次方根称为几何平均数，几何平均数一般小于算术平均数，而且数据越分散几何平均数越小。

④移动平均法：在算术平均法的基础上发展起来，以近期资料为依据，并考虑事物的发展趋势。

（2）时间序列法。时间序列是将各种社会、经济、自然现象的数量指标按照时间顺序排列起来的统计数据。时间序列分析法是揭示时间序列自身的变化规律和相互联系的数学方法。

（3）回归分析法。回归分析法包括一元线性回归、多元线性回归与非线性回归法。回归预测技术在经济管理中的用法有时间序列分析和因果关系分析。预测人员必须判断其预测变量中有无确实的因果关系，必须掌握预测对象与影响因素之间的因果关系，因为影响因素的增加或减少，会伴随着相应曲线的变化而按比例变化，而且，这种关系只在因果关系持续起作用的时间内有效。采用回归法的规定之一，就是数据点的多少决定着预测的可靠程度。而所需数据点的实际数量，又取决于数据的性质以及当时的经济情况。一般来说,历史数据观察点应在20个以上。

(4)本量利分析法。本量利分析法是根据商品销售数量、成本和利润之间的函数关系来测算某项经济指标的一种方法,在企业管理中应用非常广泛。它是研究固定成本、变动成本和利润之间关系的一种分析方法,是建立在成本和销售收入之间的关系基础上的一种有效的利润预测方法。根据本量利分析法,企业如果要避免损失,其销售收入必须与总成本相等;企业如果要有收益,其销售收入必须大于总成本。

(5)因素分解法。由于进行项目施工成本管理活动的前提是工程项目已经确定,在这个阶段,施工图纸已经设计完毕,采用工程量作为基数,利用企业施工定额或参照国家定额进行成本预测的条件已经成熟,因此采用因素分解法(即消耗量×单价)确定项目施工责任成本就比较合适。这种方法准确可靠,可操作性强。

4.定性与定量预测方法的结合应用

在成本管理实践中,单独采用定量预测方法或定性预测方法,所得到的结果往往与实际情况相距甚远,缺乏可靠性。实际上,在定量预测方法下,成本预测模型是依据成本统计资料,对成本变动的历史发展趋势和规律所作的描述,没有充分考虑在生产经营条件发生变化时,各因素对成本的影响作用。对未来影响因素的变动及其作用的预测,仍然要依靠成本管理人员的实践经验和职业判断能力。即使在定量预测方法和计算手段渐趋成熟和先进的条件下,定性预测方法及其与定量预测方法的结合应用,仍是提高成本预测可靠性的重要方面。

(六)成本预测与报价

在建筑市场竞争越来越激烈、竞争手段不断变化的情况下,如何组织好投标,争取在有利的条件下中标,是一件十分复杂的工作。建设工程的投标报价是招标投标过程中最关键的因素之一。报价的高低在很大程度上决定着投标人能否中标，而企业预测的工程项目成本是投标价格的主要部分，是企业投标报价的底线。投标报价高出工程项目预测成本的部分可以看做企业的预期利润；低于施工项目成本的报价则很可能会给企业带来亏损。在成熟的市场经济条件下，合同优先授予价格较低的投标人。因此，高报价并不总是意味着高利润，过高的报价会导致企业不能中标，从而根本无从实现预期利润。但是，根据我国的现实情况，投标报价也不能无限制地降低，低于成本报价也是法律所禁止的，因为它不仅扰乱了市场秩序，且会对工程质量造成潜在危害，这对项目业主和中标单位来讲，是一个"双输"的结果。因此，在投标报价过程中，对施工项目成本进行准确的预测，为工程投标报价确定可靠的依据，对于企业成功中标具有非常重要的意义。

1. 投标报价的程序

一般，建设工程投标报价的依据主要包括：工程定额、工程量清单、要素市场价格信息、工程技术文件、工程建设实施组织、技术方案等。

建造承包商通过资格预审，购买到全套招标文件之后，即可根据工程性质和大小，组织一个经验丰富、决策能力强的班子进行投标报价。承包合同的主要形式有固定总价合同、单价合同、成本加成合同等，不同合同形式的投标报价虽然有差别，但其基本程序都是一样的，一般应按下列步骤进行：

（1）研究招标文件。招标文件是投标的主要依据。承包商在动手计算标价之前和整个投标报价期间，均应组织参加投标报价的人员认真细致地阅读招标文件，仔细地分析研究，弄清楚招标文件的要求和报价内容，包括：

①要清楚承包者的责任和报价范围，以避免在报价中发生任何遗漏。

②了解各项技术要求，以便确定既经济适用又能加速工期的施工方案。

③了解工程中需使用的特殊材料和设备，以便在计算报价之前调查市场价格，避免因盲目估价而失误。

④整理出招标文件中含糊不清的问题，有一些问题应及时提请业主或咨询工程师予以澄清，并进行预测计算。

⑤招标文件内容广泛，承包商应特别注意下列可能对投标价计算产生重大影响的因素：a.工期，包括开工日期和施工期限的规定，是否有分段、分步竣工的要求；b.误期损害赔偿的有关规定；c.维修期和维修期间的提保金额；d.保函和保险方面的要求；e.付款条件，包括预付款如何扣回、中期付款方法、保留金比例及限额、拖延付款的利息支付等。

（2）进行现场勘察。投标者进行现场勘察，是为了取得有关项目更为翔实的资料，作为投标报价、制定施工方案等的依据。按照国际惯例，一般认为投标者的报价是在现场勘察的基础上提出的。一旦随投标书提交了报价单，承包商无权因为现场勘察不周、对各种因素考虑不全而提出修改投标报价或提出补偿的要求。现场勘察是投标者必须经过的投标程序。

（3）编制施工组织设计。施工组织设计包括施工方案、施工进度计划、施工平面图以及资源需求计划等。投标者所拟定的施工规划，是投标者确定投标报价的主要依据之一。

（4）核对工程量。招标文件中通常都附有工程量表，投标前应该根据图纸仔细核算工程量，检查是否有漏项或工程量是否正确。如果发现错误，则应通知招标者要求更正。招标者则一般是在招标前会议上或以招标补充文件的形式予以答复。作为投标者，未经招标者的同意，对招标文件不得任意修改或补充，因为这样会使业主在评标时失去统一性和可比性。

（5）计算工程费用。国内建筑安装工程费用的内容及构成，要比国际工程投标报价少且简单，计算的规则及依据也有所不同。我国计算工程费的主要依据之一是国家颁布的建筑安装工程定额及费用定额。投标报价与工程概预算是有区别的：工程概预算必须按照国家的有关规定进行计算，如定额的套用、费率的取定等；而投标报价则可根据本企业的实际情况进行计算，这样更能体现企业的实际水平。一般来讲，投标可以根据施工单位对工程的理解程度，在预算造价的基础上进行上下浮动。为消除在计算过程中某些环节可能出现的错误，必须对计算所得的基础标价进行必要的检查，主要是将每平方米的造价水平、主要材料的用量、用工量等指标，与同类工程的经营统计资料进行对比，如发现较大差异，则应作适当的调整。

（6）确定报价。在投标实践中，基础标价不一定就作为正式报价，而应作多个方案的比较分析，供决策参考。在诸方案中，低标价应该是能够保本的最低报价，高标价是充分考虑可能发生的风险损失以后的最高报价。

2. 投标策略的选择

建造承包商参加投标竞争，能否战胜对手而获得施工合同，在很大程度上取决于自身能否用正确灵活的投标策略来指导投标的全过程。正确的投标策略，来自于实践经验的积累、对客观规律不断深入的认识以及对具体情况的了解。同时，决策者的能力和魄力也是不可缺少的。概括来讲，投标策略可以归纳为四大要素，即把握形势、以长胜短、掌握主动、随机应变。具体地讲，常见的投标策略有以下几种：

（1）靠高水平的经营管理取胜。通过优化施工方案、安排合理的施工进度、科学地组织管理、选择可靠的分包单位等措施，来降低施工成本。在此基础上降低投标报价，从而提高中标概率。这样，标价虽低，利润并不一定低。这种策略是企业应采取的根本策略。

（2）靠改进设计取胜。仔细研究原设计图纸，发现不够合理之处，提出改进的措施（尤其是能降低造价、缩短工期的措施）。

（3）靠缩短建设工期取胜。通过采取有效措施，在投标文件规定工期的基础上，使工程能提前竣工。

（4）靠标函中附带的优惠条件取胜。要求施工企业在掌握信息时，要特别注意业主的困难，然后挖掘本企业的潜力、提出优惠条件，通过替业主分忧而创造中标条件。

（5）低利政策。主要适用于竞争比较激烈、施工任务不足，或企业欲在新的地区打开局面等情况。

（6）低报价，着眼于施工索赔。利用设计图纸、技术说明书或合同条款中的不明确之处，寻找索赔机会。

（7）着眼于将来。为掌握某种有发展前途的工程施工技术，而宁愿降低短期利润。

（七）施工项目成本过程控制的程序

要做好成本的过程控制，就必须有规范化的过程程序。在对成本的过程控制中，应把握两类控制程序：一是管理控制程序，二是指标控制程序。管理控制程序是对成本进行全过程控制的基础，指标控制程序则是对成本进行过程控制的重点。两个程序既相对独立又相互联系，既相互补充又相互制约。

1. 管理控制程序

管理的目的是确保每个岗位的人员在成本管理过程中的管理行为按事先确定的程序和方法进行。从这个意义上讲，首先要明白企业建立的成本管理体系是否能对成本形成的过程进行有效的控制，其次是明确体系是否处于有效的运行状态。管理控制程序就是为规范项目施工成本的管理行为而制定的约束和激励机制。

一般来讲，管理控制程序包括以下方面：

（1）建立项目施工成本管理体系的评审组织和评审程序。成本管理体系的建立不同于质量管理体系，质量管理体系反映的是企业的质量保证能力，由社会有关组织进行评审和认证，成本管理体系的建立是企业自身生存发展的需要，没有社会组织来评审和认证。因此，企业必须建立项目施工成本管理体系的评审组织和评审程序，定期进行评审和总结，并持续改进。

（2）建立项目施工成本管理体系运行的评审组织和评审程序。项目施工成本管理体系的运行具有"变法"的性质，往往会受到习惯势力的阻力和管理人员素质跟不上的影响，是一个逐步推行的渐进过程。一个企业的各分公司、项目部的运行质量往往是不平衡的。一般采用点面结合的做法，面上强制运行，点上总结经验，再指导面上的运行。因此，必须建立专门的常设组织，依照程序不间断地进行检查和评审，发现问题，总结经验，促成成本管理体系的有效运行和持续改进。

（3）目标考核，定期检查。管理程序文件应明确每个岗位的人员在成本管理中的职责，确定每个岗位人员的管理行为。例如，明确应提供的报表、提供的时间和原始数据的质量要求。要把每个岗位人员是否按要求去行使职责作为一个目标来考核。为了方便检查，应将考核指标具体化，并设专人定期或不定期地检查。

（4）制定对策，纠正偏差。对管理工作进行检查的目的是保证管理工作按预定的程序和标准进行，从而保证项目施工成本管理能够达到预期的目的。因此，对检查中发现的问题，要及时进行分析，然后根据不同的情况，及时采取对策。

2.指标控制程序

施工项目的成本目标是进行成本管理的目的,能否达到预期的成本目标,是施工项目成本管理是否成功的关键。在成本管理过程中,对各岗位人员的成本管理行为进行控制,就是为了保证成本目标的实现。可见,施工项目的成本目标是衡量施工项目成本管理业绩的主要标志。施工项目成本目标控制程序如下:

(1)确定施工成本目标及月度成本目标。在工程开工之初,项目经理应根据公司与项目部签订的项目部承包合同确定项目的成本管理目标,并根据工程进度计划确定月度成本计划目标。

(2)搜集成本数据,监测成本形成过程。过程成本控制的目的在于不断纠正成本形成过程中的偏差,保证成本项目的发生是在预定范围之内。因此,在施工过程中要定时搜集反映施工成本支出情况的数据,并将实际发生情况与目标计划进行对比,从而保证成本的整个形成过程在有效的控制之下。

(3)分析偏差原因,制定对策。施工过程是一个多工种、多方位立体交叉作业的复杂活动,成本的发生和形成是很难按预定的理想、目标进行的。因此,需要及时分析产生偏差的原因,分清是客观因素还是人为因素,及时制定对策并予以纠正。

(4)用成本指标考核管理行为,用管理行为保证成本指标。管理行为的控制程序和成本指标的控制程序是对项目施工成本进行过程控制的主要内容,在实施过程中,这两个程序是相互交叉、相互制约又相互联系的。在对成本指标的控制过程中,一定要有标准规范的管理行为和管理业绩,要把成本指标是否达到作为考核管理行为的主要标准。

（八）施工项目成本过程控制的方法

1. 以目标成本控制成本支出的方法

在项目施工的成本控制中，可根据项目部制定的目标成本控制成本支出，实行以收定支，或称量入为出，这是最有效的方法之一。目标成本确定以后，就要进行分解，层层落实到单位和个人，使之成为各单位及个人的奋斗目标。在分解目标成本时，应与单位和个人的岗位责任制和经济责任制结合起来，使分解的目标成本对于单位和个人是可以控制的，这一目标成本才能落到实处。目标分解控制的方法有以下几种：按产品结构分解控制目标成本；按组织结构分解控制目标成本；按成本形成过程分解控制目标成本；按成本项目和成本特性分解控制目标成本。

2. 定额成本控制法

定额成本控制法也是企业常用的成本控制法，它以定额成本作为控制和分析成本的依据。通过事前制定定额成本、事中按定额成本实施控制、事后计算和分析定额差异，对成本形成过程进行全面控制，从而将成本计划、成本计算和成本控制融为一体。采用定额成本控制方法可使企业在生产费用发生的当时，就将符合定额的耗费和发生的差异分别核算，及时发现各种费用的节约和超支情况，从而采取措施，有效控制费用的发生。定额成本控制法有利于各项费用定额差异及定额变动差异在完工产品和在产品之间的合理分配。另外，定额成本控制法还有利于提高成本的定额管理和计划管理水平。

3. 责任成本法

责任成本是按成本划分责任，以成本的责任单位为核算对象，根据谁负责、谁承担的原则归集和分配的可控成本。企业以责任成本为成本控制的依据，形成责任成本控制法。责任成本控制法是企业内部确定责任成本层次、建立责任中心，并对各责任层次和责任中心的责任成本进行核算、考评的一种内部控制制度。

4. 以施工方案控制资源消耗的方法

在企业中，资源消耗的货币表现大部分是成本费用。因此，资源消耗的减少，就等于成本费用的节约，控制了资源的消耗，也就控制了成本费用。在工程项目开工以前，根据施工图纸和工程现场的实际情况，制定施工方案，包括人力物资的需要计划、机具配置方案等，以此作为指导和管理的依据。在施工过程中，如需改变施工方法，则应及时调整施工方案。施工方案是进行工程施工的指导性文件，但是针对某一个项目而言，施工方案已经确定，因此应是强制性的。有步骤、有条理地按施工方案组织施工，可以避免盲目性，能够合理配置人力和机械，有计划地组织物资进场，从而做到均衡施工，避免资源闲置或积压造成浪费。对同一工程项目的施工，可以有不同的方案。选择最合理的方案，是降低施工成本的有效途径。采用价值工程等方法，可以解决施工方案优化的难题。

5. 采用现代化手段进行成本同步控制的方法

传统的成本管理手段落后、信息处理速度慢，导致成本反映不及时、准确性不高，对事中成本控制指导作用严重滞后。因此，应用计算机技术等现代化管理手段进行成本管理已成为建筑业提高经济效益的必由之路。就项目施工成本管理而言，用计算机技术协助管理，可以将项目施工成本管理过程中发生的原始数据及时、准确地进行处理，为及时分析成本盈亏原因和改善成本管理工作提供第一手的资料。计算机技术和软件系统为管理项目施工成本提供了一种现代化的手段和模式，同时，软件系统本身的不可更改性和执行程序的严格性，决定了管理人员必须提高自身素质，并严格按软件规定的程序提供资料，进行分析并及时改进。因此，计算机技术及其软件系统的应用不仅是技术上的进步，也是管理上的飞跃。

（九）责任成本管理

1. 责任成本管理的特点

施工项目责任成本是根据施工组织设计方案确定的施工方案、实物工程量，采用调整后的行业定额（或内部统一定额）和规定的取费标准，统一调查分析的材料单价、运价、机械台班单价，以及现场核定的其他经费等编制出的综合预算成本。这种方法按照施工项目的经济责任要求，在项目组织系统内部的各个层次对项目的预算内容进行全面分解，按责任者的可控程度归集应由责任者负担的成本。责任成本划清了项目成本的各种经济责任，按照谁负责、谁负担的原则，把可控成本归集到负责控制成本的责任中心的账户上。一个责任中心所发生的可控成本之和，构成这个责任中心的责任成本。企业所有责任中心发生的责任成本之和，构成整个企业的责任成本。施工项目责任成本管理是项目部根据施工生产的特点，结合工程标价的构成和成本发生的区域，通过工程队、班组及职能部门等项目内部的各责任中心，对自己完成某项任务发生的可控成本费用，有组织、有系统地进行预测、计划、控制、核算、分析和考核等一系列的科学管理活动。它是一项以不断降低责任成本为宗旨的综合性管理工作，具有以下特点。

（1）责任成本核算对象的特殊性。在责任成本管理过程中，责任成本核算的主体与会计核算的主体不同。责任成本核算的主体是责任中心，即其主体既可以是具有核算机构的实行内部核算的项目部和工程队，也可以是直接负责施工的班组和个人，还可以是主管具体业务工作的职能部门；而会计核算的主体只能是具有核算机构的实行内部核算的项目部和工程队。

（2）责任成本管理对象的多样性。责任成本管理的对象，因责任中心具体承担任务的不同而不同。由于建筑施工企业承建的施工项目涉及土木建筑、机械安装等各个领域，以及施工成本发生在施工生产的全过程和不同区域，因此便决定了各个责任中心承担任务的不同和所控制的成本项目的不同，从而形成责任成本管理对象的多样化。例如，承担采购供应任务的责任中心负责采购和供应，责任成本管理的对象在这里表现为材料的采购成本和保管费用支出，承担施工任务的责任中心负责工程的施工，责任成本管理的对象在这里表现为工程的成本，承担施工任务的责任中心应当对此承担责任；承担机械施工任务的责任中心负责工程的机械化施工，责任成本管理的对象在这里表现为工程的机械使用费，承担机械施工任务的责任中心应当对此承担责任；其他发生各项耗费的责任中心则对本责任中心发生的耗费承担责任。

（3）责任成本管理方法的综合性。责任成本管理采用预算管理、定额管理、财务管理和会计核算等管理方法。例如，编制责任预算采用工程预算、财务预测和财务计划的方法；责任中心根据责任预算控制成本支出，采用定额管理、财务控制方法计算责任成本；编制业绩报告采用会计核算方法；上一责任层次对责任中心的业绩进行考核和评价采用财务分析方法等。

2. 责任成本管理的程序与内容

（1）编制审批施工组织方案。建筑施工过程是生产建筑产品的过程，也是技术活动和经济活动相互作用的过程。技术活动在整个项目的生产管理过程中起着先导作用，而技术活动的具体体现就是施工组织设计。因此，确定一个科学合理的施工组织方案，是实施技术预控和成本预控的关键，也是项目管理成败的关键。公司总部和项目部必须成立专门的施工组织方案的编审机构，专项负责项目部施工组织方案的审核工作。项目开工之前，必须有经公司总部及业务部门审核、总工审批的实施性施工组织方案。

（2）清查审核工程数量。工程数量是编制责任预算的重要依据之一，公司总部依据审核无误的施工图数量编制项目部责任预算，项目部要对施工图数量进行实测审核，并以实测数量作为编制责任中心责任预算的依据。项目部要依据施工图数量建立工程数量总账，依据各责任中心的实测数量建立责任中心工程数量明细账。施工方案的优化等引起各责任中心工程数量的增减，要及时地调整账务，项目竣工后各中心的计价总量不得突破台账数量。

（3）调查确定内部价格。材料物资价格、机械台班价格、外部劳务综合单价是编制责任预算的又一重要依据。项目部必须严格执行材料物资、外部劳务的招标采购等制度，实事求是地确定内部价格，确保责任预算的准确性。

（4）建立责任中心，确定责任范围。责任中心是责任成本核算的主体，责任中心的建立必须科学规范、无责任交叉，要本着"负责什么，就控制什么"的原则来建立责任中心。责任中心的建立必须突出"责任"二字，要依据责任定中心。建立以责任中心负责人为主要责任承担者的责任中心，是责任成本管理的基本前提和重要环节。责任中心建立后，要按照"谁能够控制什么就负责什么，谁负责什么就控制什么"的原则确定可控范围。可控范围是指根据各责任层次和各责任中心对成本的控制能力所确定的责任者控制成本的范围。可控范围一定要和责任相吻合并与可控成本的四个条件相一致。

（5）编制责任预算。责任预算包括责任成本预算和责任资金预算，其中责任成本预算又包括成本中心的责任成本预算、费用中心的责任费用预算。责任成本预算和责任费用预算是责任中心成本费用支出的最高限额。责任预算实行动态管理，以确保责任预算编制的准确性和及时性。

（6）签订责任合同，进行责任控制。责任预算编制出来后，要按照责任层次逐级签订责任预算承包合同，以合同的形式来规范和约束责任成本的控制行为。各责任层和责任中心要严格履行合同义务，上一责任层要严格按照合同条款对下一责任层进行考核验收，并依据合同的执行情况进行兑现。各项目部和责任中心都必须在上级规定的体制、机制范围内进行运作，并建立一套完整的适合本项目部特点的控制保障制度。通过机制的运行、制度的落实，达到有效控制成本的目的。

（7）验收工作量，归集成本费用。计量验收每个责任层和责任中心的工作量，是准确计算责任中心的成果、评价业绩、兑现经济利益的重要依据。每个项目部都必须制定计量和验收工作量的办法，特别是要严格控制对外部劳务工程数量的计算，要力求实际完成工作量、业主计价工作量和纳入财务决定的工作量一致性，如果业主因特殊原因不能按时计价，项目部计划部门也要按照实际完成工作量对各责任中心进行责任预算计价，同时以内部计价的方式，按照实际完成工作量确定财务收入。要尽量避免由于计价原因导致成本不实、考核不实的现象发生。

（8）进行责任成本核算，准确计算盈亏。企业应建立责任成本核算方法体系。责任成本核算体系要与责任体系相一致，责任层次有几层就要设几个核算层，责任中心有几个就应核算出几个中心的责任成果。要做到考核到哪一层就应该核算到哪一层，考核到谁就应核算到谁。

（9）考核、评价责任成果，兑现经济利益。上一责任层要以计量、验收的工程数量和质量情况及业绩报告为依据，对责任中心的责任成果进行考核、评价和兑现经济利益。每个项目部都要制定科学合理的责任考核方法并对责任预算执行情况进行考核。应在责任中心编制的责任报告基础上，对项目责任预算的完成情况进行分析，总结成功经验，揭示存在的不足，提出改进意见。对责任中心的责任成果进行考核、评价后，上一责任层要根据责任预算承包合同的有关规定，给下一责任层兑现经济利益。

3.工程成本表

工程成本表用以反映在月度、季度或年度内已经向发包单位办理工程价款结算的工程成本的构成及节约或超支的情况。一般可按成本项目反映本期和本年累计已经办理工程价款结算的已完工程的目标成本、实际成本、成本降低额和降低率，见表2-1。

表2-1 工程成本表

成本项目	本期数				累计数			
	预算成本	实际成本	降低额	降低率	预算成本	实际成本	降低额	降低率
人工费								
材料费								
机械使用费								
其他直接费								
间接费用								
成本合计								

在施工项目成本分析中，会用到以下关于工程及工程成本的概念：作为成本计算对象的单项合同工程全部完工后，称为竣工工程；尚未竣工，但已完成预算定额的一定组成部分的分部分项工程，称为已完工程；虽已投入工料进行施工，但尚未完成预算定额所规定工序的分部分项工程，称为未完施工或未完工程。为了分期确定损益，在有未完工程的情况下，需要将按照成本计算对象归集的施工费用，在已完工程和未完工程之间划分。其划分是根据以下平衡公式进行的：

已完工程实际成本 = 月初未完施工实际成本 + 本月发生全部施工费用 − 月末未完施工实际成本

由上式可见，计算本期已完工程成本的关键是确定期末未完施工成本。在一般施工单位中，月末未完施工工程在全月工作量中所占的比重都比较小，且未完施工工程的实际成本不易求得，为了简化核算手续，通常把月末未完工程的预算成本视同实际成本。

在工程成本表中，各栏目的含义及编制方法如下：

（1）"预算成本"栏反映本期和本年累计已完工程的预算成本，根据已完工程结算表中预算成本，按成本项目分析加总填列。如有单独计算工程成本的工程费用，也要按成本项目分析计入。对投标承包的工程，应根据编制的施工图预算分析填列。

（2）"实际成本"栏反映本期和本年累计已完工程的实际成本，根据按施工单位设置的工程施工成本明细分类账中各成本项目的本期和本年工程实际成本合计，加期初、年初（即上年末）未完施工（工程）盘点单中各成本项目的未完施工（工程）成本，减期末未完施工（工程）盘点单中各成本项目的未完施工（工程）成本填列。

（3）"降低额"栏内数字根据"预算成本"栏内数字减"实际成本"栏内数字填列。出现成本超支时，应以"－"号填列。

（4）"降低率"栏按本项目的降低额和预算成本计算填列。

为了便于编表，对本期和本年已完工程各成本项目的实际成本，可在表2-2所示的工作底稿中先行计算。

表2-2 工程成本底稿　　　　　　　　　　　　　单位：元

项目	人工费	材料费	机械使用费	其他直接费	工程直接费	单位费用	工程成本合计
本期工程成本合计							
加：期初未完施工（工程）成本合计							
减：期末未完施工（工程）成本合计							
本期已完工程实际成本							
本年工程实际成本累计							
加：年初未完施工（工程）成本合计							
本年已完工程实际成本							

4.单位工程竣工成本决算

竣工成本决算是确定已竣工单位工程的预算成本和实际成本，全面考核竣工工程成本降低或超支情况的主要依据。编制竣工成本决算是单位工程成本核算工作的最后阶段，做好这项工作，不仅可以综合考核工程、预算和成本计划的执行情况，分析工程成本升降的原因，为同类工程管理积累成本资料，为企业今后参与工程的投标报价和与发包单位进行合同谈判提供参考依据；而且可以全面反映各单位工程施工的经济效果，总结各单位工程在施工生产和管理过程中的经验教训，找出存在的问题，从而促使企业改进施工管理工作，不断降低工程成本，提高经济效益。因此，单位工程竣工后，建筑业企业必须及时、准确地编制竣工成本决算。

竣工成本决算的内容一般包括：竣工工程按成本项目分别反映的预算成本、实际成本及其降低额和降低率；竣工工程耗用人工、材料、机械的预算用量、实际用量及其节约或超支额、节约或超支率；竣工工程的简要分析及说明等。

编制竣工成本决算的一般程序如下：

①单位工程竣工后，各施工单位的预算人员应根据竣工工程的施工图预算和工程变更、材料代用等有关技术经济签证资料，及时编制单位工程竣工结算书，计算确定已竣工单位工程的全部预算成本和预算总造价，以便与发包单位办理工程价款的最终结算。

②单位工程竣工后，应及时清理施工现场，盘点剩余材料，对于已计入工程成本但尚未使用的剩余材料，要办理退库手续，冲减有关工程成本。

③检查各项施工费用是否正确、完整地计入竣工工程的工程成本表。凡是应计而未计入工程成本的施工费用，应予以补计；凡是不应计入而

已计入工程成本的施工费用，则应予以冲回。既要防止多计、重计或乱计施工费用，又要避免少计、漏计或转移施工费用，以保证竣工工程成本的正确无误。

④将工程成本表中所记录的已竣工单位工程自开工起至竣工止的施工费用进行汇总累计，正确计算竣工工程的实际成本。在此基础上，将工程实际成本与预算成本进行比较，计算工程成本降低额和降低率，编制竣工工程成本决算。

⑤将已竣工单位工程的工程成本表抽出，连同竣工结算书（包括工、料分析表）、竣工成本决算和其他有关资料合并起来，建立工程技术经济档案。

第三章
水利水电工程的项目划分及其费用组成

水利工程按概算项目划分为四大部分,分别为工程部分、建设征地移民补偿、环境保护工程、水土保持工程。本章仅就工程部分介绍其项目组成和划分,此外,还探讨了水利水电工程的费用构成以及水利建设单位建设的成本管理说明与示例。

第一节 水利水电工程项目组成与划分

一、水利水电工程项目组成

工程部分划分为建筑工程、机电设备及安装工程、金属结构设备及安装工程、施工临时工程和独立费用五个部分,每个部分下设三个等级项目。

(一)建筑工程

1. 枢纽工程

枢纽工程是指水利枢纽建筑物、大型泵站、大型拦河水闸和其他大型独立建筑物（含引水工程的水源工程）。枢纽工程包括挡水工程、泄洪工程、引水工程、发电厂（泵站）工程、升压变电站工程、航运工程、鱼道工程、交通工程、房屋建筑工程、供电设施工程和其他建筑工程。其中挡水工程等前七项为主体建筑工程。

（1）挡水工程包括挡水的各类坝（闸）工程。

（2）泄洪工程包括溢洪道、泄洪洞、冲沙孔（洞）、放空洞、泄洪闸等工程。

（3）引水工程包括发电引水明渠、进水口、隧洞、调压井、高压管道等工程。

（4）发电厂（泵站）工程包括地面、地下各类发电厂（泵站）工程。

（5）升压变电站工程包括升压变电站、开关站等工程。

（6）航运工程包括上下游引航道、船闸、升船机等工程。

（7）鱼道工程根据枢纽建筑物的布置情况，可独立列项。与拦河坝相结合的，也可作为拦河坝工程的组成部分。

（8）交通工程包括上坝、进厂、对外等场内外永久公路，以及桥梁、交通隧道、铁路、码头等工程。

（9）房屋建筑工程包括为生产运行服务的永久性辅助生产建筑、仓库、办公用房、值班宿舍及文化福利建筑等房屋建筑工程和室外工程。

（10）供电设施工程指工程生产运行供电需要架设的输电线路及变配电设施工程。

（11）其他建筑工程包括安全监测设施工程，照明线路，通信线路，厂坝（闸、泵站）区供水、供热、排水等公用设施，劳动安全与工业卫生设施，水文、泥沙监测设施工程，水情自动测报系统工程及其他。

2.引水工程

引水工程是指供水工程、调水工程和灌溉工程。引水工程包括渠（管）

道工程、建筑物工程、交通工程、房屋建筑工程、供电设施工程和其他建筑工程。

（1）渠（管）道工程包括明渠、输水管道工程，以及渠（管）道附属小型建筑物（如观测测量设施、调压减压设施、检修设施）等。

（2）建筑物工程指渠系建筑物、交叉建筑物工程，包括泵站、水闸、渡槽、隧洞、箱涵（暗渠）、倒虹吸、跌水、动能回收电站、调蓄水库、排水涵（槽）、公路（铁路）交叉（穿越）建筑物等。建筑物类别根据工程设计确定。工程规模较大的建筑物可以作为一级项目单独列示。

（3）交通工程指永久性对外公路、运行管理维护道路等工程。

（4）房屋建筑工程包括为生产运行服务的永久性辅助生产建筑、仓库、办公用房、值班宿舍及文化福利建筑等房屋建筑工程和室外工程。

（5）供电设施工程指工程生产运行供电需要架设的输电线路及变配电设施工程。

（6）其他建筑工程包括安全监测设施工程，照明线路，通信线路，厂坝（闸、泵站）区供水、供热、排水等公用设施工程，劳动安全与工业卫生设施，水文、泥沙监测设施工程，水情自动测报系统工程及其他。

3. 河道工程

河道工程是指堤防修建与加固工程、河湖整治工程以及灌溉工程（2）。河道工程包括河湖整治与堤防工程、灌溉及田间渠（管）道工程、建筑物工程、交通工程、房屋建筑工程、供电设施工程和其他建筑工程。

（1）河湖整治与堤防工程包括堤防工程、河道整治工程、清淤疏浚工程等。

（2）灌溉及田间渠（管）道工程包括明渠、输配水管道、排水沟（渠、管）、渠（管）道附属小型建筑物（如观测测量设施、调压减压设施、检修设施）、田间土地平整等工程。

（3）建筑物工程包括水闸、泵站工程，田间工程机井、灌溉塘坝工程等。

（4）交通工程指永久性对外公路、运行管理维护道路等工程。

（5）房屋建筑工程包括为生产运行服务的永久性辅助生产建筑、仓库、办公用房、值班宿舍及文化福利建筑等房屋建筑工程和室外工程。

（6）供电设施工程指工程生产运行供电需要架设的输电线路及变配电设施工程。

（7）其他建筑工程包括安全监测设施工程，照明线路，通信线路，厂坝（闸、泵站）区供水、供热、排水等公用设施工程，劳动安全与工业卫生设施，水文、泥沙监测设施工程及其他。

（二）机电设备及安装工程

1.枢纽工程

枢纽工程指构成枢纽工程固定资产的全部机电设备及安装工程。本部分由发电设备及安装工程、升压变电设备及安装工程和公用设备及安装工程三项组成。大型泵站和大型拦河水闸的机电设备及安装工程项目的划分参考引水工程及河道工程划分方法。

（1）发电设备及安装工程包括水轮机、发电机、主阀、起重机、水力机械辅助设备、电气设备等设备及安装工程。

（2）升压变电设备及安装工程包括主变压器、高压电气设备、一次拉线等设备及安装工程。

（3）公用设备及安装工程包括通信设备、通风采暖设备、机修设备、计算机监控系统、工业电视系统、管理自动化系统、全厂接地及保护网，电梯，坝区馈电设备，厂坝区供水、排水、供热设备，水文、泥沙监测设备，水情自动测报系统设备，视频安防监控设备，安全监测设备，消防设备，劳动安全与工业卫生设备，交通设备等设备及安装工程。

2.引水工程及河道工程

引水工程及河道工程指构成该工程固定资产的全部机电设备及安装工程，一般由泵站设备及安装工程、水闸设备及安装工程、电站设备及安装工程、供变电设备及安装工程和公用设备及安装工程四项组成。

（1）泵站设备及安装工程包括水泵、电动机、主阀、起重设备、水力机械辅助设备、电气设备等设备及安装工程。

（2）水闸设备及安装工程包括电气一次设备及电气二次设备及安装工程。

（3）电站设备及安装工程。其组成内容可参照枢纽工程的发电设备及安装工程和升压变电设备及安装工程。

（4）供变电设备及安装工程包括供电、变配电设备及安装工程。

（5）公用设备及安装工程包括通信设备、通风采暖设备、机修设备、计算机监控系统、工业电视系统、管理自动化系统、全厂接地及保护网，厂坝（闸、泵站）区供水、排水、供热设备，水文、泥沙监测设备，水情自动测报系统设备，视频安防监控设备，安全监测设备，消防设备，劳动安全与工业卫生设备，交通设备等设备及安装工程。

灌溉田间工程还包括首部设备及安装工程、田间灌水设施及安装工程等。

（1）首部设备及安装工程包括过滤、施肥、控制调节、计量等设备及安装工程等。

（2）田间灌水设施及安装工程包括田间喷灌、微灌等全部灌水设施及安装工程。

（三）金属结构设备及安装工程

金属结构设备及安装工程指构成枢纽工程、引水工程和河道工程固定资产的全部金属结构设备及安装工程,包括闸门、启闭机、拦污设备、升船机等设备及安装工程,水电站(泵站等)压力钢管制作及安装工程和其他金属结构设备及安装工程。金属结构设备及安装工程的一级项目应与建筑工程的一级项目相对应。

(四)施工临时工程

施工临时工程指为辅助主体工程施工所必须修建的生产和生活用临时性工程。本部分组成内容如下:

(1)施工导流工程。施工导流工程包括导流明渠、导流洞、施工围堰、蓄水期下游断流补偿设施、金属结构设备及安装工程等。

(2)施工交通工程。施工交通工程包括施工现场内外为工程建设服务的临时交通工程,如公路、铁路、桥梁、施工支洞、码头、转运站等。

(3)施工场外供电工程。施工场外供电工程包括从现有电网向施工现场供电的高压输电线路(枢纽工程35kV及以上等级;引水工程、河道工程10kV及以上等级;掘进机施工专用供电线路)、施工变(配)电设施设备(场内除外)工程。

(4)施工房屋建筑工程。施工房屋建筑工程指工程在建设过程中建造的临时房屋,包括施工仓库,办公及生活、文化福利建筑及所需的配套设施工程。

(5)其他施工临时工程。其他施工临时工程指除施工导流、施工交通、施工场外供电、施工房屋建筑、缆机平台、掘进机泥水处理系统和管片预制系统土建设施以外的施工临时工程,主要包括施工供水(大型泵房及干管)、砂石料系统、混凝土搅拌和浇筑系统、大型机械安装拆卸、防汛、防冰、施工排水、施工通信等工程。根据工程实际情况可单独列示缆机平台、掘进机泥水处理系统和管片预制系统土建设施等项目。(施

工排水指基坑排水、河道降水等，包括排水工程建设及运行费）

（五）独立费用

独立费用由以下六项组成：

（1）建设管理费。

（2）工程建设监理费。

（3）联合试运转费。

（4）生产准备费。生产准备费包括生产及管理单位提前进厂费、生产职工培训费、管理用具购置费、备品备件购置费、工器具及生产家具购置费。

（5）科研勘测设计费。科研勘测设计费包括工程科学研究试验费和工程勘测设计费。

（6）其他费用。其他费用包括工程保险费、其他税费。

第（一）（二）（三）部分均为永久性工程，均构成生产运行单位的固定资产。第（四）部分为施工临时工程的全部投资扣除回收价值后，第（五）部分为独立费用扣除流动资产和递延资产后，均以适当的比例摊入各永久工程中，构成固定资产的一部分。

二、水利水电工程项目划分

根据水利工程性质，其工程项目分别按枢纽工程、引水工程和河道工程划分，工程各部分下设一级、二级、三级项目。

（一）一级项目

一级项目是指具有独立功能的单项工程，相当于扩大单位工程。

（1）枢纽工程下设的一级项目有挡水工程、泄洪工程、引水工程、发电厂（泵站）工程、升压变电站工程、航运工程、鱼道工程、交通工程、房屋建筑工程、供电设施工程和其他建筑工程。

（2）引水工程下设的一级项目为渠（管）道工程、建筑物工程、交通工程、房屋建筑工程、供电设施工程和其他建筑工程。

（3）河道工程下设的一级项目为河湖整治与堤防工程、灌溉工程及田间工程、建筑物工程、交通工程、房屋建筑工程、供电设施工程和其他建筑工程。

编制概估算时视工程具体情况设置项目，一般应按项目划分的规定来设置项目，不宜合并。

（二）二级项目

二级项目相当于单位工程。例如，枢纽工程一级项目中的挡水工程，其二级项目划分为混凝土坝（闸）、土（石）坝等工程。引水工程一级项目中的建筑物工程，其二级项目划分为泵站（扬水站、排灌站）、水闸工程、渡槽工程、隧洞工程。河道工程一级项目中的建筑物工程，其二级项目划分为水闸工程、泵站工程（扬水站、排灌站）和其他建筑物。

（三）三级项目

三级项目相当于分部分项工程。例如，上述二级项目下设的三级项目为土方开挖、石方开挖、混凝土、模板、防渗墙、钢筋制安、混凝土温控措施、细部结构工程等。三级项目要按照施工组织设计提出的施工方法进行单价分析。

二、三级项目中，仅列示了代表性子目，编制概算时，二、三级项目可根据水利工程初步设计阶段的工作深度要求对工程情况进行增减。以三级项目为例，下列项目宜作必要的再划分。

（1）土方开挖工程。土方开挖工程应将土方开挖与砂砾石开挖分列。

（2）石方开挖工程。石方开挖工程应将明挖与暗挖，平洞与斜井、竖井分列。

（3）土石方回填工程。土石方回填工程应将土方回填与石方回填分列。

（4）混凝土工程。混凝土工程应将不同工程部位、不同强度等级、不同级配的混凝土分列。

（5）模板工程。模板工程应将不同规格形状和材质的模板分列。

（6）砌石工程。砌石工程应将干砌石、浆砌石、抛石、铅丝（钢筋）笼块石等分列。

（7）钻孔工程。钻孔工程应按使用不同的钻孔机械及钻孔的不同用途分列。

（8）灌浆工程。灌浆工程应按不同的灌浆种类分列。

（9）机电、金属结构设备及安装工程机电、金属结构设备及安装工程应根据设计提供的设备清单，按分项要求逐一列出。

（10）钢管制作及安装工程。钢管制作及安装工程应将不同管径的钢管、叉管分列。

对于招标工程，应根据已批准的初步设计概算，按水利水电工程业主预算的项目划分进行业主预算（执行概算）的编制。

（四）水利工程项目划分注意事项

（1）现行的项目划分适用于估算、概算和施工图预算。对于招标文件和业主预算，要根据工程分标及合同管理的需要来调整项目划分。

（2）建筑安装工程三级项目的设置深度除应满足《水利工程设计概（估）算编制规定》的规定外，还必须与所采用定额相一致。

（3）对有关部门提供的工程量和预算资料，应按项目划分和费用构成正确处理。如施工临时工程，按其规模、性质，有的应在第四部分"施工临时工程"一至四项中单独列项，有的包括在"其他施工临时工程中"不单独列项，还有的包括在建筑安装工程直接费中的其他直接费内。

（4）注意设计单位的习惯与概算项目划分的差异。如施工导流用的闸门及启闭设备大多由金属结构设计人员提供，但应列在第四部分"施工临时工程"内，而不是第三部分"金属结构"内。

第二节 水利水电工程的费用构成

一、水利水电工程的费用构成概述

水利工程工程部分的费用组成，如图3-1所示。

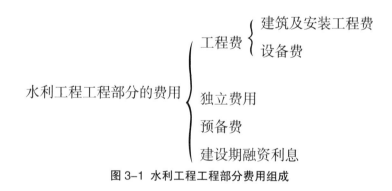

图3-1 水利工程工程部分费用组成

1. 建筑及安装工程费

建筑及安装工程费由以下几种组成：

（1）直接费。

①基本直接费。

②其他直接费。

（2）间接费。

①规费。

②企业管理费。

（3）利润。

（4）材料补差。

（5）税金。

①营业税。

②城乡维护建设税。

③教育费附加（含地方教育费附加）。

2.设备费

设备费由以下几种组成：

（1）设备原价。

（2）运杂费。

（3）运输保险费。

（4）采购及保管费。

3.独立费用

独立费用由以下几种组成：

（1）建设管理费。

（2）工程建设监理费。

（3）联合试运转费。

（4）生产准备费。

①生产管理单位提前进厂费。

②生产职工培训费。

③管理用具购置费。

④备品备件购置费。

⑤工器具及生产家具购置费。

（5）科研勘测设计费。

①工程科学研究试验费。

②工程勘测设计费。

（6）其他。

①工程保险费。

②其他税费。

4.预备费

预备费包括以下两种：

（1）基本预备费。

（2）价差预备费。

5.建设期融资利息

建设期融资利息是指在建设过程中通过融资手段获取资金所要支付的利息。

二、建筑及安装工程费

建筑及安装工程费由直接费、间接费、利润、材料补差及税金组成。

（一）直接费

直接费是指建筑安装工程施工过程中直接消耗在工程项目上的活劳动和物化劳动，由基本直接费和其他直接费组成。基本直接费包括人工费、材料费、施工机械使用费。其他直接费包括冬雨季施工增加费、夜间施工增加费、特殊地区施工增加费、临时设施费、安全生产措施费和其他费用。

1. 基本直接费

（1）人工费。人工费是指直接从事建筑安装工程施工的生产工人开支的各项费用，具体如下：

①基本工资。基本工资由岗位工资和生产工人年应工作天数以内非作业天数工资组成。

a. 岗位工资是指按照职工所在岗位的各项劳动要素测评结果确定的工资。

b. 生产工人年应工作天数以内非作业天数的工资包括生产工人开会学习、培训期间的工资，调动工作、探亲、休假期间的工资，因气候影响的停工工资，女工哺乳期间的工资，病假在六个月以内的工资及产、婚、丧假期的工资。

②辅助工资。辅助工资是指在基本工资之外，以其他形式支付给生产工人的工资性收入，包括根据国家有关规定属于工资性质的各种津贴，主要包括艰苦边远地区津贴、施工津贴、夜餐津贴、节假日加班津贴等。

（2）材料费。材料费是指用于建筑安装工程项目上的消耗性材料、装置性材料和周转性材料的摊销费。材料预算价格一般包括材料原价、运杂费、运输保险费和采购及保管费四项。

①材料原价是指材料指定交货地点的价格。

②运杂费是指材料从指定交货地点至工地分仓库或相当于工地分仓库（材料堆放场）所发生的全部费用，包括运输费、装卸费及其他杂费。

③运输保险费是指材料在运输途中的保险费。

④采购及保管费是指材料在采购、供应和保管过程中所发生的各项费用，主要包括材料的采购、供应和保管部门工作人员的基本工资、辅

助工资、职工福利费、劳动保护费、养老保险费、失业保险费、医疗保险费、工伤保险费、生育保险费、住房公积金、教育经费、办公费、差旅交通费及工具用具使用费;仓库、转运站等设施的检修费、固定资产折旧费、技术安全措施费;材料在运输、保管过程中发生的损耗费等。

(3)施工机械使用费。施工机械使用费是指消耗在建筑安装工程项目上的机械磨损、维修和动力燃料费用等,包括折旧费、修理及替换设备费、安装拆卸、机上人工费和动力燃料费等。

①折旧费指施工机械在规定使用年限内回收原值的台时折旧摊销费用。

②修理及替换设备费。

a.修理费指施工机械使用过程中,为了使机械保持正常功能而进行修理所需的摊销费用和机械正常运转及日常保养所需的润滑油料、擦拭用品的费用,以及保管机械所需的费用。

b.替换设备费指施工机械正常运转时所耗用的替换设备及随机使用的工具附具等摊销费用。

③安装拆卸费是指施工机械进出工地的安装、拆卸、试运转和场内转移及辅助设施的摊销费用。部分大型施工机械的安装拆卸不在其施工机械使用费中计列,包含在其他施工临时工程中。

④机上人工费是指施工机械使用时机上操作人员的人工费用。

⑤动力燃料费是指施工机械正常运转时所耗用的风、水、电、油和煤等费用。

2.其他直接费

(1)冬雨期施工增加费。冬雨期施工增加费是指在冬雨季施工期间为保证工程质量所需增加的费用,包括增加施工工序,增设防雨、保温、排水等设施增耗的动力、燃料、材料以及因人工、机械效率降低而增加的费用。

（2）夜间施工增加费。夜间施工增加费是指施工场地和公用施工道路的照明费用。照明线路工程费用包括在"临时设施费"中；施工附属企业系统、加工厂、车间的照明费用，列入相应的产品中，均不包括在本项费用之内。

（3）特殊地区施工增加费。特殊地区施工增加费是指在高海拔、原始森林、沙漠等特殊地区施工而增加的费用。

（4）临时设施费。临时设施费是指施工企业为进行建筑安装工程施工所必需的但又未被划入施工临时工程的临时建筑物、构筑物和各种临时设施的建设、维修、拆除、摊销等。例如，供风、供水（支线）、供电（场内）、照明、供热系统及通信支线，土石料场，简易砂石料加工系统，小型混凝土拌和浇筑系统，木工、钢筋、机修等辅助加工厂，混凝土预制构件厂，场内施工排水，场地平整、道路养护及其他小型临时设施等。

（5）安全生产措施费。安全生产措施费是指为保证施工现场安全的作业环境及安全施工、文明施工所需要，在工程设计已考虑的安全支护措施之外发生的安全生产、文明施工相关费用。

（6）其他费用。其他费用包括施工工具用具使用费，检验试验费，工程定位复测及施工控制网测设，工程点交、竣工场地清理，工程项目及设备仪表移交生产前的维护费，工程验收检测费等。

①施工工具用具使用费是指施工生产所需，但不属于固定资产的生产工具，检验、试验用具等的购置、摊销和维护费。

②检验试验费是指对建筑材料、构件和建筑安装物进行一般鉴定、检查所发生的费用，包括自设实验室所耗用的材料和化学药品费用，以及技术革新和研究试验费，不包括新结构、新材料的试验费和建设单位

要求对具有出厂合格证明的材料进行试验、对构件进行破坏性试验，以及其他特殊要求检验试验的费用。

③工程项目及设备仪表移交生产前的维护费是指竣工验收前对已完工程及设备进行保护所需的费用。

④工程验收检测费是指工程各级验收阶段为检测工程质量发生的检测费用。

（二）间接费

间接费是指施工企业为建筑安装工程施工而进行组织与经营管理所发生的各项费用。间接费构成产品成本，由规费和企业管理费组成。

1.规费

规费是指政府和有关部门规定必须缴纳的费用，包括社会保险费和住房公积金。

（1）社会保险费。

①养老保险费。养老保险费是指企业按照规定标准为职工缴纳的基本养老保险费。

②失业保险费。失业保险费是指企业按照规定标准为职工缴纳的失业保险费。

③医疗保险费。医疗保险费是指企业按照规定标准为职工缴纳的基本医疗保险费。

④工伤保险费。工伤保险费是指企业按照规定标准为职工缴纳的工伤保险费。

⑤生育保险费。生育保险费指企业按照规定标准为职工缴纳的生育保险费。

（2）住房公积金。住房公积金是指企业按照规定标准为职工缴纳的住房公积金。

2. 企业管理费

企业管理费是指施工企业为组织施工生产和经营管理活动所发生的费用，具体包括以下几部分：

（1）管理人员工资。管理人员工资是指管理人员的基本工资、辅助工资。

（2）差旅交通费。差旅交通费是指施工企业管理人员因公出差、工作调动的差旅费，午餐补助费，职工探亲路费，劳动力招募费，职工离退休、退职一次性路费，工伤人员就医路费，工地转移费，交通工具运行费及牌照费等。

（3）办公费。办公费是指企业办公用文具、印刷、邮电、书报、会议、水电、燃煤（气）等费用。

（4）固定资产使用费。固定资产使用费是指企业属于固定资产的房屋、设备、仪器等的折旧、大修理、维修费或租赁费等。

（5）工具用具使用费。工具用具使用费是指企业管理使用不属于固定资产的工具、用具、家具、交通工具和检验、试验、测绘、消防用具等的购置、维修和摊销费。

（6）职工福利费。职工福利费是指企业按照国家规定支出的职工福利费，以及由企业支付离退休职工的易地安家补助费、职工退职金、六个月以上的病假人员工资、按规定支付给离休干部的各项经费。职工发生工伤时企业依法在工伤保险基金之外支付的费用，以及其他在社会保险基金之外依法由企业支付给职工的费用。

（7）劳动保护费。劳动保护费是指企业按照国家有关部门的规定标准发放的一般劳动防护用品的购置及修理费、保健费、防暑降温费、高空作业及进洞津贴、技术安全措施费以及洗澡用水、饮用水的燃料费等。

（8）工会经费。工会经费是指企业按职工工资总额计提的工会经费。

（9）职工教育经费。职工教育经费是指企业为职工学习先进技术和提高文化水平按职工工资总额计提的费用。

（10）保险费。保险费是指企业财产保险、管理用车辆等保险费用，高空、井下、洞内、水下、水上作业等特殊工种安全保险费、危险作业意外伤害保险费等。

（11）财务费用。财务费用是指施工企业为筹集资金而发生的各项费用，包括企业经营期间发生的短期融资利息净支出、汇兑净损失、金融机构手续费，企业筹集资金发生的其他财务费用，以及投标和承包工程发生的保函手续费等。

（12）税金。税金是指企业按规定交纳的房产税、管理用车辆使用税、印花税等。

（13）其他。其他包括技术转让费、企业定额测定费、施工企业进退场费、施工企业承担的施工辅助工程设计费、投标报价费、工程图纸资料费及工程摄影费、技术开发费、业务招待费、绿化费、公证费、法律顾问费、审计费、咨询费等。

（三）利润

利润是指按规定应计入建筑安装工程费用中的利润。

（四）材料补差

材料补差是指根据主要材料消耗量、主要材料预算价格与材料基价之间的差值计算的主要材料补差金额。材料基价是指计入基本直接费的主要材料的限制价格。

(五) 税金

税金是指国家对施工企业承担建筑、安装工程作业收入所征收的营业税、城乡维护建设税和教育费附加。

三、设备费

设备费包括设备原价、运杂费、运输保险费和采购及保管费。

1. 设备原价

（1）国产设备。国产设备原价是指出厂价。

（2）进口设备。以到岸价和进口征收的税金、手续费、商检费及港口费等各项费用之和为原价。

（3）大型机组及其他大型设备分别运至工地后的拼装费用，应包括在设备原价内。

2. 运杂费

运杂费是指设备由厂家运至工地现场所发生的一切运杂费用，包括运输费、装卸费、包装绑扎费、大型变压器充氮费及可能发生的其他杂费。

3. 运输保险费

运输保险费是指设备在运输过程中的保险费用。

4. 采购及保管费

采购及保管费是指建设单位和施工企业在负责设备的采购、保管过程中发生的各项费用，主要包括以下几部分：

（1）采购保管部门工作人员的基本工资、辅助工资、职工福利费、劳动保护费、养老保险费、失业保险费、医疗保险费、工伤保险费、生育保险费、住房公积金、教育经费、办公费、差旅交通费、工具用具使用费等。

（2）仓库、转运站等设施的运行费、维修费、固定资产折旧费、技术安全措施费和设备的检验、试验费等。

四、独立费用

独立费用由建设管理费、工程建设监理费、联合试运转费、生产准备费、科研勘测设计费和其他等六项组成。

（一）建设管理费

建设管理费指建设单位在工程项目筹建和建设期间进行管理工作所需的费用，包括建设单位开办费、建设单位人员费、项目管理费三项。

1. 建设单位开办费

建设单位开办费是指新组建的工程建设单位为开展工作所必须购置的办公设施、交通工具等以及其他用于开办工作的费用。

2. 建设单位人员费

建设单位人员费是指建设单位从批准组建之日起至完成该工程建设管理任务之日止，需开支的建设单位人员费用，主要包括工作人员的基本工资、辅助工资、职工福利费、劳动保护费、养老保险费、失业保险费、医疗保险费、工伤保险费、生育保险费、住房公积金等。

3. 项目管理费

项目管理费是指建设单位从筹建到竣工期间所发生的各种管理费用，具体如下：

（1）工程建设过程中用于资金筹措、召开董事（股东）会议、视察工程建设所发生的会议和差旅等费用。

（2）工程宣传费。

（3）土地使用税、房产税、印花税、合同公证费。

（4）审计费。

（5）施工期间所需的水情、水文、泥沙、气象监测费和报汛费。

（6）工程验收费。

（7）建设单位人员的教育经费、办公费、差旅交通费、会议费、交通车辆使用费、技术图书资料费、固定资产折旧费、零星固定资产购置费、低值易耗品摊销费、工具用具使用费、修理费、水电费、采暖费等。

（8）招标业务费。

（9）经济技术咨询费。其包括勘测设计成果咨询、评审费，工程安全鉴定、验收技术鉴定、安全评价相关费用，建设期造价咨询，防洪影响评价、水资源论证、工程场地地震安全性评价、地质灾害危险性评价及其他专项咨询等发生的费用。

（10）公安、消防部门派驻工地补贴费及其他工程管理费用。

（二）工程建设监理费

工程建设监理费指建设单位在工程建设过程中委托监理单位，对工程建设的质量、进度、安全和投资进行监理所发生的全部费用。

（三）联合试运转费

联合试运转费指水利工程的发电机组、水泵等安装完毕，在竣工验收前，进行整套设备带负荷联合试运转期间所需的各项费用，主要包括联合试运转期间所消耗的燃料、动力、材料及机械使用费，工具用具购置费，施工单位参加联合试运转人员的工资等。

（四）生产准备费

生产准备费指水利建设项目的生产、管理单位为准备正常的生产运行或管理发生的费用，包括生产及管理单位提前进厂费、生产职工培训费、管理用具购置费、备品备件购置费和工器具及生产家具购置费。

（1）生产及管理单位提前进场费。生产及管理单位提前进场费是指在工程完工之前，生产、管理单位的一部分工人、技术人员和管理人员提前进场进行生产筹备工作所需的各项费用。其内容包括提前进场人员的基本工资、辅助工资、职工福利费、劳动保护费、养老保险费、失业保险费、医疗保险费、工伤保险费、生育保险费、住房公积金、教育经费、办公费、差旅交通费、会议费、技术图书资料费、零星固定资产购置费、低值易耗品摊销费、工具用具使用费、修理费、水电费、采暖费等，以及其他属于生产筹建期间应开支的费用。

（2）生产职工培训费。生产职工培训费指生产及管理单位为保证生产、管理工作顺利进行，对工人、技术人员和管理人员进行培训所发生的费用。

（3）管理用具购置费。管理用具购置费指为保证新建项目的正常生产和管理所必须购置的办公和生活用具等费用，包括办公室、会议室、资料档案室、阅览室、文娱室、医务室等公用设施需要配置的家具器具的购置费。

（4）备品备件购置费。备品备件购置费指工程在投产运行初期，由于易损件损耗和可能发生的事故，而必须准备的备品备件和专用材料的购置费。这里不包括设备价格中配备的备品备件。

（5）工器具及生产家具购置费。工器具及生产家具购置费指按设计规定，为保证初期生产正常运行所必须购置的不属于固定资产标准的生产工具、器具、仪表、生产家具等的购置费。这里不包括设备价格中已包括的专用工具。

（五）科研勘测设计费

科研勘测设计费指工程建设所需的科研、勘测和设计等费用，包括工程科学研究试验费和工程勘测设计费。

（1）工程科学研究试验费。工程科学研究试验费指为保障工程质量，解决工程建设技术问题，而进行必要的科学研究试验所需的费用。

（2）工程勘测设计费。工程勘测设计费指工程从项目建议书阶段开始至以后各设计阶段发生的勘测费、设计费和为勘测设计服务的常规科研试验费，不包括工程建设征地移民设计、环境保护设计、水土保持设计各设计阶段发生的勘测设计费。

（六）其他

（1）工程保险费。工程保险费是指工程建设期间，为使工程能在遭受水灾、火灾等自然灾害和意外事故造成的损失后得到经济补偿，而对工程进行投保所发生的保险费用。

（2）其他税费。其他税费是指按国家规定应缴纳的与工程建设有关的税费。

五、预备费及建设期融资利息

（一）预备费

预备费包括基本预备费和价差预备费。

（1）基本预备费。基本预备费主要为解决在工程建设过程中，设计变更相关技术标准调整增加的投资以及工程遭受一般自然灾害所造成的损失和为预防自然灾害所采取的措施费用。

（2）价差预备费。价差预备费主要为解决在工程建设过程中，因人工工资、材料和设备价格上涨以及费用标准调整而增加的投资。

（二）建设期融资利息

根据国家财政金融政策规定，工程在建设期内需偿还并应计入工程总投资的融资利息。

第三节　水利建设单位建设的成本管理说明与示例

一、水利建设单位建设的成本管理说明

（一）制定水利基本建设单位建设成本管理办法的必要性

建设成本是反映基本建设投资效果的综合性指标，成本管理是水利基本建设单位财务管理的核心内容，建设单位在财务管理的各个环节、各个方面都要紧紧围绕降低建设成本，提高投资效益这一中心任务开展工作。近年来，国家对建设管理体制进行了一系列改革，实行了项目法人责任制、招标投标制、工程监理制、合同管理制，其主要目的也是为了进一步降低建设成本，提高投资效益。

从水利基本建设单位成本管理的现状看，成本核算不实、控制不力、乱挤乱占的现象时有发生，在部分基层建设单位仍普遍存在。究其原因，既有人们长期形成的重投资、轻管理，重规模、轻核算的思想观念，也有成本管理制度不健全，落实不到位的影响，这些因素导致建设成本约束软化。因此，建立和完善成本管理制度，具有重要的现实意义。

（二）制定水利基本建设单位建设成本管理办法的原则

1. 合法性原则

水利基本建设单位建设成本管理办法，是建设单位的内部管理制度，应当符合并严格执行国家的有关法律、法规，体现国家的有关方针、政策，不得超出自身的职能范围，不得超出财经法规允许的范围和界限，各项基本建设支出要遵守现行的财务规章制度。

2. 适应性原则

建设成本管理办法要与具体的水利基本建设项目相适应，符合建设项目的实际情况。一是要适合项目的特点。水利基本建设项目的规模有大型项目、中型项目和小型项目，类型有水库、水电站等枢纽工程和堤防、疏浚等其他工程。即使是同规模、同类型的水利基本建设项目，其组织结构、管理方式、成本控制方法等都会有所区别。因此，制定成本管理办法要体现项目的特点。二是适合成本核算对象的特点。建筑工程、安装工程、设备、管理费用等各个成本项目，均有不同的性质和用途，与此相适应，对其管理和控制的方法应有所区别。

3. 规范性原则

建设成本管理办法应当起到规范水利基本建设项目建设成本的作用。一方面，建设成本管理办法的内容要全面，要涵盖与建设成本直接相关的各个方面、各个环节的工作，不能顾此失彼；另一方面，建设成本管理办法的内容要科学，不能与基本的原理和要求相违背。

4. 经济原则

制定成本管理办法的目的，是为了有效地降低工程造价，规范成本管理。因此，在设置具体的控制手段时，必须考虑经济的原则，具有实用性。人为地搞一些华而不实的繁琐手续，经济效果不大，甚至得不偿失。一是要贯彻"例外管理"的原则，对正常成本费用支出可以从简控制,格外关注各种例外情况。如超出预算的支出,脱离标准和市场正常水平的重大差异等。二是要贯彻重要性原则,把注意力集中于重要事项,对成本数额很小的费用项目或无关大局的事项可以从略。如对大型项目而言,要更多地关注价款结算、设备购置等重要的经济事项。三是要具有灵活性,面对预见不到的情况,办法仍能发挥应有的作用。

(三)水利基本建设单位建设成本管理办法的结构体系

1.建设成本的概念和任务

(1)建设成本的内容。建设成本包括建筑安装工程投资、设备投资、待摊投资和其他投资四个部分。

(2)成本管理的任务。成本管理的任务是控制支出,监督和分析开支情况,降低造价,提高投资效益。

2.成本开支范围和内容

(1)建筑工程支出。建筑工程的支出包括:房屋和建筑物、设备附着物、道路建筑工程、水利工程支出、拆除和整理等。

(2)安装工程支出。安装工程的支出包括:设备装配、设备单机试运转和系统联动无负荷试运转等。

(3)设备投资支出。设备投资的支出包括:需要安装设备、不需要安装设备、为生产准备的低于固定资产标准的工具、器具等。

(4)待摊投资支出。待摊投资的支出有建设单位管理费、临时设施费等。

(5)其他投资支出。其他投资支出,如房屋购置和林木等的购置、培育以及无形资产和递延资产等。

3.成本核算

(1)确定成本核算对象。大型项目:单位工程和费用明细项目;中小型项目：单项工程和费用明细项目。

（2）权责发生制。权责发生制是成本的确认标准。

（3）完全成本法。在规定的开支范围和标准内，都应全部纳入建设成本。

（4）待摊费用的分摊。待摊费用的分摊要公平、合理。

（5）实际成本的核算原则。

4. 成本控制

（1）建立成本管理责任制，实行分工归口管理。

（2）建立财务预算管理制度，对建设成本实行预算控制。

（3）标准成本控制，严格执行项目概（预）算。

（4）多方案选择的原则：选择价值系数较高的施工方案。

（5）成本管理的基础工作：原始记录、定额管理等。

（6）列支建设成本的程序要求：遵守基本建设管理程序，履行必要的审批手续。

（7）遵守开支范围和开支标准。

（8）划清各项费用界限，明确不得列入建设成本的支出事项。

（9）列支成本时应注意的问题。

（10）成本考核。

（四）水利建设单位建设的成本管理应注意的问题

（1）建立灵活的成本控制体系。要充分考虑到市场环境的改变对成本控制的影响，应当不断地对目前所采用的各种控制方法进行可行性和符合性的评审，以确保这些方法一直保持合理有效。

（2）建设成本的管理和控制具有较强的综合性，应根据分工归口管理的原则，建立成本管理制度，使各职能部门都来加强成本的控制与监督。

不宜将成本控制的职责局限在财务部门，导致责任部门范围太窄。

（3）"预付工程款"和"预付备料款"反映建设单位按规定预先支付施工单位的进度和备料款，不是项目建设成本的组成部分，需通过工程价款结算从应付工程款中扣回。建设单位预付和尚未抵扣的款项不得列入建设成本。

（4）建设单位应定期组织有关人员对项目建设成本进行对比分析。按照成本核算对象，对应项目概算、财务预算等，对成本水平、成本结构、成本变动状况及其影响因素进行综合分析。通过对比分析，查找差异和分析差异成因，提出控制和降低成本的途径和措施。

（5）加强对未完工程及竣工验收费用的管理。此项费用是指建设项目符合国家规定的竣工验收条件，但尚有部分尾工未完成，为及时办理竣工财务决算，将该费用通过预提的方式纳入竣工财务决算。在具体管理过程中，必须注意三个方面的问题：一是按比例控制，大中型项目须控制在总概算的3%以内，小型项目须控制在5%以内；二是项目竣工验收时，建设单位应将未完工程及费用的详细情况提交竣工验收委员会确认，防止在预列时的高估冒算；三是对此项工程及费用在完成时要及时进行验收和清算。

（6）核算是管理的前提，建设单位要切实加强和规范对建设成本的会计核算。特别是在确定成本核算对象时，要尽量考虑并满足编制竣工财务决算的要求。在建账时，设置的会计账簿尤其是明细账目要与项目概算的明细项目基本吻合，形成对应关系，做到成本项目与概算在口径上基本保持一致。

（7）建立成本管理的激励和约束机制，将成本的完成情况和对职工的奖惩挂钩，以调动职工降低成本的主动性和自觉性。

（8）各建设单位在使用本办法时，要深入研究项目特点，对办法进行必要的调整、补充，如在成本管理责任制、成本核算对象、基础工作、审批程序等方面结合本单位的实际情况，进一步予以细化，以体现更强的针对性。

二、水利建设单位建设的成本管理示例

×××（水利建设单位）建设成本管理办法

第一章 总则

第一条 为加强水利基本建设成本管理，节约基本建设资金，提高投资效益，根据国家有关规定并结合水利基本建设单位的实际情况，制定本办法。

第二条 水利基本建设单位成本管理的任务是：根据项目概算、基本建设支出预算，合理、有效地使用水利基本建设资金，控制建筑工程费、安装工程费、设备费和其他费用性支出，监督和分析建设成本的开支情况，努力降低工程造价，提高投资效益。

第三条 建设成本是指计入交付使用资产价值的各项投资支出。建设成本按照费用支出的用途，可划分为四类：建筑安装工程投资支出、设备投资支出、待摊投资支出和其他投资支出。

第二章 成本开支范围和内容

第四条 建筑安装工程投资支出是指建设单位按项目概算内容发生的建筑工程和安装工程的实际成本，其中不包括被安装设备本身的价值及按照合同规定支付给施工企业的预付备料款和预付工程款。

建筑工程支出包括房屋和建筑物支出、设备附着物支出、道路建筑

工程支出、水利工程支出、拆除和整理支出等。

安装工程支出包括设备装配支出、设备单机试运转和系统联动无负荷试运转支出。

第五条 设备投资支出是指建设单位按项目概算内容发生的各种设备的实际成本，包括需要安装设备和不需要安装设备以及为生产准备的低于固定资产标准的工具、器具的实际支出。

需要安装设备是指必须将其整体或几个部位装配起来，安装在基础或建筑物支架上才能使用的设备。

不需要安装设备是指不必固定在一定位置或支架上就可以使用的各种设备。

第六条 待摊投资支出是指建设单位按项目概算内容发生的，按照规定应当分摊计入交付使用资产价值的各项费用支出。

待摊投资支出的费用项目有：建设单位管理费、土地征用及迁移补偿费、土地复垦及补偿费、勘察设计费、研究实验费、可行性研究费、临时设施费、设备检验费、负荷联合试车费、合同公证及工程质量监理费、（贷款）项目评估费、国外借款手续费及承诺费、社会中介机构审计(查)费、招投标费、经济合同仲裁费、诉讼费、律师代理费、土地使用税、土地使用费、耕地占用税、车船使用税、汇兑损失、报废工程损失、坏账损失、借款利息、固定资产损失、器材处理亏损、设备盘亏及毁损、调整器材调拨价格折价、企业债券发行费用、航道维护费、航标设施费、航测费、其他待摊投资等。

第七条 其他投资支出是指建设单位按项目概算内容发生的构成基本建设实际支出的房屋购置和林木等购置、培育支出以及取得各种无形资产和递延资产发生的支出。

其他投资支出的费用项目主要包括：房屋购置、林木支出、办公生活用家具、器具购置费用、为可行性研究购置固定资产的费用、购买或自行开发无形资产的费用、递延资产。

第三章 成本核算

第八条 成本核算的目的是要确定工程的实际耗费，考核工程的经济效果。为了正确地对工程成本进行核算，必须合理划分成本核算对象。

建设成本的核算对象依据项目的建设规模确定，要满足竣工财务决算编制和成本管理的需要。

大型项目以单位工程和费用明细项目为核算对象，中小型项目以单项工程和费用明细项目为核算对象。

成本核算对象一经确定后，不得任意变更。财会部门应该为每一成本核算对象设置工程成本明细账，以便组织各成本核算对象的成本计算。

第九条 按照权责发生制的原则计算成本。

成本确认的主要依据是工程形象进度，与工程款项的支付没有直接关联。对已完成的工作量，在履行必备的结算手续后，无论工程价款是否已支付，都要进行计算和归集，计入各成本核算对象，防止成本与工程形象进度之间的背离。

支付承包商的预付工程款和预付备料款，不在成本中反映，结算时，按合同约定的比例或额度，予以抵扣。

承包商的质量保证金在扣留时计入成本。

第十条 采用完全成本法计算和归集各项费用。

凡为项目实体形成的各种耗费和发生的辅助性费用，在规定的开支范围和标准内都要全部纳入建设成本，包括直接材料、设备，直接人工工资，直接其他费用，管理性费用。

第十一条 待摊投资在计算和归集后,需分配计入交付使用资产成本。

流动资产、无形资产、递延资产及不需要安装设备、工具、器具和家具等固定资产，不分摊待摊投资。

在分配过程中，对能够确定由某项资产负担的费用，直接计入该项资产成本；不能确定负担对象的待摊费用，采用按概算数或按实际数的方法计入受益的各项资产成本。

第十二条 建设成本要真实、准确。除少量未完工程及竣工验收费用，按规定预计纳入建设成本外，不得以计划成本、估计成本或预算成本代替实际成本。

第四章 成本控制

第十三条 建立成本管理责任制，根据对成本的可控程度和分工归口管理的原则，将成本管理的职责划归各职能部门，以加强成本的控制与监督。

工程技术部门负责组织编制施工进度计划，做好施工安排，确保工程顺利开展，并对结算的工程量进行计量和审核；计划合同部门负责办理工程合同、协议的签订，编制或审核预算，组织办理工程价款的结算；材料供应部门负责编制材料采购、供应计划，健全材料的收、发、领、退制度，按期提供材料耗用和结余等有关的成本资料；财务部门负责组织成本核算，监督考核预算的执行情况，组织对工程建设成本进行预测、控制和分析，并制定本项目的成本管理制度；行政管理部门负责制定和执行有关管理费用的控制措施。

第十四条 建立财务预算管理制度，对建设成本实行预算控制。

财务预算的管理流程是：以施工进度计划为基础，编制材料及设备采购、移民迁移安置等业务预算；以业务预算为依据，确定预算的具体项目和相应标准；经综合平衡后，下达执行。

财务部门负责组织财务预算的编制、审查、汇总、上报、下达、报告等具体工作，跟踪监督财务预算的执行情况，分析财务预算与实际执行的差异及原因，提出改进管理的措施和建议。

工程技术、计划合同、材料供应、行政管理等职能部门具体负责本部门业务涉及的财务预算的编制、执行、分析、控制等工作，并配合财务部门做好财务预算的综合平衡、协调、分析、控制、考核等工作，对本部门财务预算执行结果承担责任。

下达执行的年度财务预算，一般不予调整。由于市场环境、施工条件、政策法规等发生重大变化，致使财务预算的编制基础不成立，或者将导致财务预算执行结果产生重大偏差的，由业务涉及的职能部门提出书面报告，阐述财务预算执行的具体情况、客观因素变化情况及其对财务预算执行造成的影响程度，提出财务预算的调整幅度。财务部门进行审核分析，编制年度财务预算调整方案，经批准后，予以调整。

第十五条 项目概（预）算是建设项目的标准成本，是控制建设规模、建设内容、建设成本的重要依据。

严格按设计文件、概（预）算中安排的项目、内容组织工程建设，不做概算外项目，不提高建设标准。

财务部门要定期将实际成本与项目概（预）算进行比较，分别计算各个成本项目的量差和价差，分析差异形成的原因及其影响的程度。对其中非正常的、不符合常规的异常成本差异，按例外管理的原则，进行详细揭示和重点分析，提高成本控制的效率。

第十六条 在制定工程施工部署方案和技术方案时，要利用价值工程的原理，进行功能和费用的对比，从备选方案中选择价值系数较高的方案，以达到降低成本的目标。

第十七条 为了使成本预测、控制、核算、分析、考核等有可靠的依据，应建立健全原始记录，做好定额管理、计量验收、物资收发领退和定期盘点等各项基础工作。对工程建设过程的各个环节（如：材料、设备验收入库、物料消耗和盘存、考勤、工程量、质量检验、阶段验收等），建立一套完整准确的原始记录。原始记录表格设计、填报时间、传递程序、存档保管等应根据情况，由各业务部门自行制定；与成本核算有关的原始记录，由财务部门参与审定。

凡可实行定额管理的，均应根据历史水平及现实情况制定切实可行的先进定额，主要包括各种消耗定额、费用定额和质量指标。各项定额，原则上每年核定一次，并随着管理水平的提高，及时进行必要的修订。

按照国家有关计量法规设置完备的计量检验器具和仪表，对物资的收发、消耗、施工质量、施工进度等，进行严格的计量检验，并建立对计量检验器具、仪表的定期校验制度，加强维护，使之准确无误。

建立各种财产物资的收发、领退、转移、报废和清查盘点制度，做到账实相符、账卡相符、账账相符，防止大盈大亏等一次性处理的不正常现象发生。

第十八条 建设成本的开支，要与基本建设管理程序的要求相适应。

计划任务书已经批准，初步设计和概算尚未批准的，只能支付项目建设必需的施工准备费用；已列入年度基本建设支出预算和年度基建投资计划的建设项目，可按规定内容支付所需费用。

在未经批准开工之前，不得支付工程款。

第十九条 支出的审批程序为：

（1）经办人审查。经办人对支付凭证的合法性、手续的完备性和金额的真实性进行审查。

（2）业务部门审核。经办人审查无误后，送经办业务所涉及的职能部门负责人审核；实行工程监理制的项目须先经监理工程师签署意见。

（3）单位负责人或其授权人员核准签字。支出的审批权限为：财务预算内支出由单位负责人或其授权人员限额审批，限额以上以及财务预算以外的资金支出实行集体审批。

第二十条 严格按规定的开支范围和开支标准列支成本，不得增列成本项目所规定范围内容以外的开支。

财务部门在参与工程价款结算过程中，对工程量的计算、单价套用、费用和费率的计取，实施全面监督，剔除价款中的不合理部分。

第二十一条 正确划清各项费用界限，下列支出不得列入建设成本：

（1）从事生产经营活动发生的成本费用。

（2）项目已具备竣工验收条件，3个月内不办理竣工验收和资产移交手续所发生的各项费用。

（3）在项目概（预）算外，用留成收入或上级部门拨入的资金购建自用固定资产的支出。

（4）对外投资支出。

（5）被没收的财物、支付的滞纳金、罚款、违约金、赔偿金。

（6）捐赠、赞助支出。

（7）国家法律、法规规定以外的各种付费及国家规定不得列入成本、费用的其他支出。

第二十二条 加强对支出的审核。

审核的主要事项有：是否应该发生、是否合乎规定、是否手续完备、已经发生的费用应在哪个成本核算对象中列支，以便对建设项目的各种耗费进行指导、限制和监督。

第二十三条 在成本的审核、列支过程中，要把握以下注意事项：

（1）自营工程所发生的各项费用，必须按实际支出数计入成本，不得按预算价格进行结转。

（2）安装工程支出不得包括被安装设备本身的价值。

（3）不需要安装的设备和工具、器具，购入时，无论是验收入库，还是直接交付使用，都直接计入设备投资支出。

需要安装的设备购入后，无论是验收入库，还是直接交付安装，必须具备以下三个条件，才能计入设备投资支出。

①设备的基础和支架已经完成。②安装所需的图纸已经具备。③设备已经运到安装现场，验收完毕，吊装就位并继续安装。

列入房屋、建筑物等建筑工程预算的附属设备，其成本计入建筑工程支出，不得在设备投资中列支；需要安装设备的基础、支柱等附着物，其成本计入建筑工程支出，不得在设备投资中列支。

（4）建设期间的存款利息收入计入待摊投资，冲减建设成本。经营性项目在建设期间的财政贴息资金，冲减建设成本。

未按规定用途使用的借款，挤占挪用部分的罚息支出以及不按期归还借款而支付的滞纳金，不得列入待摊投资支出。

（5）由于管理不善、设计方案变更以及自然灾害等原因发生的单项工程报废，必须经有关部门组织鉴定。

因管理不善造成的损失，要追究有关责任人的经济责任。

报废工程成本扣除残值、赔偿金后的净损失需办理报批手续，经批准后，从建筑安装成本中转到待摊投资支出。

（6）坏账损失、固定资产损失、设备的盘亏和毁损在列入建设成本前，要按规定程序报经有关部门批准。

发生的固定资产盘盈、处理积压物资盈余、设备盘盈，相应地冲减建设成本。

（7）其他待摊投资是有指定内容的费用项目，包括国外设备及技术资料费、出国联络费、外国技术人员费、取消项目的可行性研究费、编外人员生活费、停缓建维护费、商业网点费、供电贴费以及行政事业单位发生的非常损失。

不得在上述范围以外自行增加项目和内容。

第二十四条 建立成本考核分析制度。

在将成本指标按照职责分工分解落实到各职能部门或个人的基础上，定期组织有关人员对年度财务预算及其有关指标的完成情况，进行对比和考核分析，揭示差距并提出改进的措施。

第五章 附则

第二十五条 本办法自发布之日起实施。

第二十六条 本办法由×××负责解释。

第四章
水利工程水价格核算

水利工程供水价格核算是指供水经营者或政府有关部门根据国家现行的财务会计制度和国家的有关政策,对已经或将要投入运行的供水工程,在科学、合理地确定成本费用的基础上,按照一定的程序和方法计算和确定水利工程供水价格的行为。本章主要探讨了水利工程供水价格核算的现状及存在问题、水利工程水价格核算理论与方法、供水量价格核算与相关规定以及水利工程排水价格存在的问题与解决方式。

第一节 水利工程供水价格核算的现状及存在问题

新中国成立以来,在不同的供水阶段,供水价格核算的要求与方法存在着差异。但随着时间的推移,供水价格核算方法逐步完善。下面将介绍水利工程供水价格核算的现状并分析其存在的主要问题,提出水价核算的必要性。

一、水价核算的现状

目前,全国绝大部分省(自治区、直辖市)均出台了结合当地实际情况的水利工程供水价格管理办法或实施细则，对水价核算的原则、方法作了规定，不仅为水价核算工作普遍开展做了最基本的准备工作，更为调整水价改变水价偏低的状况奠定了可靠的基础。目前水价核算的依据充分，内容有所扩展，新的水价理论得到应用，但也存在一些亟待解决的问题。

（一）水价核算的法律政策依据充分

新中国成立后，在各级政府和有关部门的大力支持下，经过价格部门和水利部门的共同努力，水价改革不断推进，先后经历了不同的发展阶段，在各个不同的供水阶段，对水利工程供水价格核算的要求也不同，形成了逐步充实与完善的发展过程。之所以能够形成这样稳步推进的局面，其根本保证是在不同的供水阶段国家及有关部门出台了相关的水利工程供水价格（水费）管理办法。

1965年10月国务院以〔65〕照改国水电字350号批转水利电力部制定的《水利工程水费征收使用和管理试行办法》第五条规定："水费标准应当按自给自足、适当积累的原则，并参照受益单位的受益情况和群众的经济力量，合理确定。供水保证率高的，水费标准应适当提高；水资源重复利用程度高的，水费标准应当适当降低。"第七条详细规定了各类用水水费标准。它是我国第一个有关水利工程供水收取水费的重要文件，确立了计收水费的基本原则。

1985年，国务院颁布了《水利工程水费核订、计收和管理办法》（以下简称《水费办法》），明确提出："为合理利用水资源，促进节约用水，保证水利工程必需的运行管理、大修和更新改造费用，以充分发挥经济效益，凡水利工程都应实行有偿供水""水费标准应在核算供水成本的基础上，根据国家经济政策和当地水资源状况，对各类用水分别核订。"

这是我国首次明确提出以供水成本为基础核订水费标准。

1997年，国务院发布了《水利产业政策》，其中规定："新建水利工程的供水价格，要按照满足运行成本和费用、缴纳税金、归还贷款和获得合理利润的原则制定。"此后，我国的水价改革步入了新的发展时期。

2002年8月，第九届全国人民代表大会常务委员会第二十九次会议修订通过的《中华人民共和国水法》(修正案)(以下简称《水法》)规定："供水价格应当按照补偿成本、合理收益、优质优价、公平负担的原则确定""用水实行计量收费和超定额累进加价制度"。这些法律条款为水价改革提供了重要的法律基础，并指明了方向。

2004年，国家发展和改革委员会、水利部颁布的《水利工程供水价格管理办法》（以下简称《水价办法》）规定："水利工程供水价格由供水生产成本、费用、利润和税金构成"，并提出了"水利工程供水价格按照补偿成本、合理收益、优质优价、公平负担的原则制定，并根据供水成本、费用及市场供求的变化情况适时调整。"

2005年，国家发展和改革委员会与水利部联合颁发了《水利工程供水定价成本监审办法（试行）》（以下简称《成本监审办法》），对提高水利工程供水价格核算的合理性、科学性有着重要的作用。

随着供水价格改革的推进，水利工程供水价格核算逐步完善，它与一般商品价格核算的要求基本趋于一致。

（二）水价核算从单一性向多样性扩展

随着市场经济的逐步建立与完善，水利工程供水价格的核算从单一性向多样性扩展，促进了水价改革的进程。

1.农业用水水价核算延伸到末级渠系

自2005年国家发展和改革委员会、水利部《关于加强农业末级渠系水价管理的通知》下达后，各地对农业用水水价的核算从习惯的仅核算国有水管单位（一般核算到支渠出口）的供水水价，逐步延伸到核算末级渠系（斗渠及其以下）水价，形成了由农民负担的终端水价。末级渠系水价改革是当前水价改革的重点与难点问题，同时也是水价改革的突破口和创新点。近年来，各地对末级渠系水价的核算方法等问题进行了认真探讨与总结，为推行终端水价制度创造了条件。

2. 多种计价方式核算，促进了水价改革

长期以来，无论是农业供水还是非农业供水，一般都只核算单一制水价。但是随着水价改革的深入，两部制水价、超定额累进加价、阶梯水价等计价方式在不同的范围内进行核算与推广，特别是在核算与推广两部制水价的过程中，各地积累了不少成熟的经验与做法。多种计价方式的核算，满足了不同供水用户的需要，促进了水价改革，有利于水资源的优化配置和节约用水。

3. 在供水成本中计入水资源费已提到议事日程

《水法》及《取水许可和水资源费征收管理条例》（以下简称《条例》）规定了国家对水资源依法实行取水许可和有偿使用制度，取用水资源的单位和个人都应缴纳水资源费。《水价办法》也将水资源费作为供水生产成本构成中制造费用的一个组成部分。

但是由于种种原因，目前多数直接向农业、非农业供水的水利工程，在水价核算时尚未计入水资源费。

（三）水价理论指导水价核算

近年来，随着市场经济的逐步完善和水资源供需矛盾的加剧，在水价核算中遇到了不少新问题。水价理论工作者进行了探讨研究并取得较好的成果，用于指导实践。《面向可持续发展的水价理论和实践研究》

就是有代表性的一例。其中,《水价三重构成理论的发展与应用》对水价核算更值得借鉴,它以可持续发展理论为基础,研究了面向可持续发展的全成本水价"三重结构"理论。该理论认为,可持续发展水价由资源成本、工程成本、环境成本及利税组成。根据此理论对供水实例进行了研究,解决了以往水价核算中由于仅考虑直接工程成本而忽略资源成本、环境成本的弊端。

此外,有的学者用可持续发展水价理论对山西省太原市和浙江省慈溪市水价进行了研究,都取得了满意的结果。还有其他一些水价理论,这里不再一一列举。

二、水价核算存在的主要问题

在《水价办法》出台前,各地普遍执行的是《水费办法》。但已有不少地方,根据市场经济体制改革的要求,不断探索适应新体制的水价管理政策,将"水费标准"改为"水价"。不过,在总体上水价核算仍然存在着不少问题,主要表现在以下七个方面。

(一)供水成本核算规则缺失

供水成本核算规则缺失是合理水价形成机制的制度障碍。曾被普遍采用的《水利工程供水生产成本费用核算管理规定》,是以《水利工程管理单位财务制度》为基础制定的,但目前绝大多数水管单位属于事业单位,故执行财政部1996年颁布的《事业单位财务规则》。由于《水利工程管理单位财务会计制度》基本上是以企业财会制度为基础,其与《事业单位财务规则》在会计科目的设置、会计核算方法、收入的确定和成本费用的归集等方面都存在很大的差异。执行《事业单位财务规则》的水管单位,由于缺乏科学、完整的成本核算资料,很难规范地进行供水生产成本核算。

采用《事业单位财务规则》的水管单位只能实行内部成本核算，而这种内部成本核算，从核算内容上讲是不完全的成本核算，从核算方法上讲它又是不严格的成本核算。按照《水价办法》的规定，水价核算实行的是制造成本法，即把水管单位供水生产成本费用划分为直接工资、直接材料、其他直接支出、制造费用、销售费用、管理费用和财务费用，成本核算的内容是完整的，而作为事业单位的内部成本核算，有些成本费用项目可能没有发生，有些费用项目发生了但又无法进行准确的成本核算。

（二）区域统一定价与单个工程定价缺乏有机的结合

《水价办法》第七条规定："同一供水区域内工程状况、地理环境和水资源条件相近的水利工程，供水价格按区域统一核订……其他水利工程供水价格按单个工程核订。"这就是区域统一定价与单个工程定价相结合的原则。

供水区域与水价核定区域是两个不同的概念。供水区域是指一个水利工程所供应的水流送达的地域范围。而水价核定区域一般指有工程供水核价权的行政区域。同一供水区域内可能有一个或多个水价核定区域，而同一水价核定区域内也可能有一个或多个供水区域。

按区域统一核定水价，体现的是遵循政府定价的一般原则，即按社会平均成本定价的原则。按单个工程核定水价就是考虑了水利工程供水成本不能在大范围实现社会平均化的特殊性。

对区域划分的原则和方法一般有：按行政区划划分；按工程类别划分；按水资源丰歉情况划分；按水资源丰歉并结合工程类别划分。

20世纪80年代，各省、自治区、直辖市为贯彻国务院颁布的《水费办法》，制定了统一的各类用水水费标准，这是典型的以行政区划统一定价的做法，对落实《水费办法》起到了明显的推动作用。一般认为，区域定价具有两方面的优点：首先，体现了消费公平，即同一区域内，用水户用同样的支付能获得同等的供水服务，体现了公平原则；其次，约束了水管单位成本扩张的倾向，激励水管单位采取措施加强管理、提高效率、控制人员、降低消耗。

多年的实践证明，统一定价的区域划分过大，令很难体现区域定价的优点。因此，如山东等省，推行了按单个水利工程核定水价的做法并取得较好的成效。总之，应根据供水工程的具体情况，将区域统一定价与单个工程定价两种方法有机地结合起来，发挥各自的优势。

（三）水利资产成本费用分摊方法单一

我国兴建的水利工程大多具有综合利用的功能。例如，水库既有拦蓄水资源供水、发电的功能，又有防洪功能。据统计，我国的水利工程管理单位70%～80%都是准公益性的多功能服务单位，其发生的成本费用不少是混在一起，没有各自单独核算的。因此，要确定合理的供水定价成本，必须采用合理的方法将总资产、成本费用在各种功能之间进行分摊。

水利资产、成本费用在防洪与兴利之间的分摊是十分复杂的，既要防止过于简单，又要防止方法复杂难以量化。

由于财政部颁发的水管单位财务制度只规定了同时具有公益服务和生产经营功能的水管单位成本费用分配方法，并没有具体规定资产的分配方法，所以需要进一步研究予以明确。

目前，对同时具有公益服务和生产经营功能的水库工程和机电排灌工程运行发生的成本费用普遍采用的分摊方法分别是库容比例法和工作量比例法,而没有与供水量比例法、主次分摊法和效益比例分摊法等其他方法进行比较选择。

此外,对综合利用水利工程,在国家有一定数量的财政拨款和有多种经营收入时,在核定供水成本时,如何适当扣除,也缺少分摊方法,难以合理量化。

(四)供水价格核算没有充分反映水资源的价值内涵

广义的供水价格包含资源水价。水资源作为一种商品,其定价十分复杂,不仅要考虑公平性、公正性、用水户的承受能力,还要反映水资源稀缺性,以促进水资源的优化配置。

为了充分反映水资源的价值内涵,各用水户的水资源费应有较大的差异性。目前,不同非农业用水户的水价虽然存在差异,但其中的水资源费部分基本上是一样的,没有差异性。例如,北京市旅游饭店娱乐用水,特殊行业中的洗涤用水价格分别达到 9.6 元 $/m^3$ 和 60 元 $/m^3$,但水资源费都是 1.1 元 $/m^3$。这就是说,政府将水资源无差异地配置给各用水户,而没有对其进行有效调整。另外,对于缺水地区的一些用水大户,本应是限制的产业,但政府也按生活用水那样收取相同的水资源费,显然不利于围绕水资源的短缺程度进行产业结构的调整,也就无法实现通过征收水资源费调节行业间利益分配的目的。对于供水经营者来说,无论是居民生活用水,还是工业用水、行政事业用水、经营服务用水或者特殊行业用水,其供水成本是一样的,在水资源费相同而水价不同的情况下,多出的那一部分就成了供水经营者实施差别水价带来的额外收益,而国家在这个领域的利益没有得到体现。

社会主义市场经济体制要求商品的价格反映其价值的变化规律和要求。水资源是一种稀缺资源,作为一种商品,其价格的变化更应反映市场规律的变化要求，针对目前水价偏低，水资源经济内涵反映不充分的实际情况，应该在完善现有水价核算办法的基础上，逐步建立起完全反映水资源经济内涵的水价核算体系，彻底改变我国目前水资源费征收不普遍、标准偏低、缺乏差异性的现实情况。水价核算应充分反映水资源的价值内涵。

（五）部分供水工程群众投劳折资没有提取折旧

水利工程的固定资产折旧是对固定资产磨损和损耗价值的补偿，它不仅是供水成本的重要组成部分，也是水利工程达到良性运行应具备的基本条件之一。在国家颁布的诸多水费（价）办法中，只有1985年国务院颁布的《水费办法》中规定："农业水费所依据的供水成本内，不包括农民投劳折资部分的固定资产折旧。"2004年和2005年，国家发展和改革委员会、水利部联合相继颁发的《水价办法》和《成本监审办法》都规定了要按完全成本核算。

我国很多水利工程是由国家投资，群众投工、投料兴建的。有的地方在1994年清产核资时已将农民投劳折资计入资产，有的地方并未或未完全计入资产。若农民投劳折资长期不计入资产提取折旧，必将导致这部分固定资产的磨损和损耗价值得不到补偿。再则农业水价长期偏低，实际上也相当于已给农民有了相当的补偿，应该计提折旧。因此，尚未将1994年前农民投劳折资形成的资产计入供水固定资产的地方，应做好相关资料的重估，并计入农民投劳折资形成的资产，提取折旧，以做到完整地核算水价成本。

（六）定价基础缺乏成本约束

供水成本是供水经营者和政府价格主管部门核算和制定供水价格的

基本依据。然而长期以来,定价基础缺乏成本约束。主要表现在:测算方法、成本范围划分以及各种费用分摊不严格,随意性大,一些水管单位人浮于事,管理水平较低,工作效率不高的弊端造成成本扩张,使供水成本不实;一边提价一边不断加大成本的现象时有发生,导致水管单位核算的供水成本不被信任,影响供水经营者的利益,乃至影响用水户的利益。因此,建立供水成本约束机制,规范供水经营者和审核部门的管理行为势在必行。

为了尽快改变定价基础缺乏成本约束的状况,国家发展和改革委员会和水利部联合颁布了《成本监审办法》,为政府价格主管部门在调查、测算、审核供水经营者供水成本的基础上核定水利工程供水定价成本提供了依据。《成本监审办法》同时也是供水经营者进行水价核算的一个重要依据。

(七)农业末级渠系水价核算缺位

目前我国国有水利工程供水价格实行政府定价,支渠出口以上的供水价格核算工作由政府价格主管部门审批,而灌区斗渠进水口以下的末级渠系大多为基层政府自建自管,产权不清,责任不明,政府价格管理部门对农业用水末级渠系水价没有明确的定价政策,多采用估算的方法定价。这种水价管理方式为暗箱操作提供了方便,使得目前农业用水终端水价秩序混乱,随意加大和搭车收费现象严重,乱收费、乱加价挤占了合理的水价调整空间,不仅影响了水利工程水费的计收,还加重了农民的负担,成为水价改革的"瓶颈",给农业水价改革带来极大的阻力。

三、水利工程供水价格核算研究的必要性

随着供水事业的发展,我国水利工程供水价格核算在核算理论与方

法等方面逐步深化。但如前所述，目前还存在不少亟待解决的实际问题，需要加以研究，使水价核算更加合理、科学和规范。水利工程供水价格核算研究的必要性，可以从以下四个方面分析论证。

（一）为制定水利工程供水价格核算规范提供支撑

我国开展水利工程供水价格核算工作，从1980年水利部组织的全国水利工程供水成本调查开始，已有20多年的历史，一直在探索中前进。由于水价核算涉及面广，情况复杂，对水价规范的有关内容，如水价构成、供水成本费用的核算、公益服务和生产经营发生的共同成本费用分摊问题、供水税金和利润、供水量、各类供水水价的核算以及不同计价方式下的水价核算等问题应进行较深入的研究，总结经验，提出解决当前存在问题的措施，为制定规范提供理论和方法支撑，也为顺利执行规范打下基础。

（二）为水价核算和水价计价方式提供可选择的方法

水价核算的方法较多，采用不同的方法，核算的结果往往相差甚大，因此，确定水价核算方法是一项十分重要的工作。通过研究，尽量提供较多的方法供使用者选择，是本次研究所期望达到的目标。对于一个具体的区域或单个工程，在水价核算时，选择一种最适合当前水利工程和水价现状的方法，可使核算出来的水价水平能体现"补偿成本、合理收益、优质优价、公平负担"的定价原则，是科学、合理并能为各方面认可的价格水平。

水利工程供水计价方式较多，如单一制、两部制、累进制及浮动制等。选择何种计价方式，也是水价改革的重要内容。首先，应该符合水价改革的总目标；其次，能为供需双方所接受，便于执行；最后，要符合节约用水、优化配置水资源的需要。在水价核算时，水价核算人员和供水经营者应积极推荐适合的水价计价方式，供上级审核。这些都需要通过研究，选择最优的水价计价方式。

（三）为规范供水价格、排水价格核算提供依据

供水水价核算是一项十分重要的工作，不仅需要由一支具有较高政策水平与理论水平的专门人员来承担，更需要制定相应的规范、办法，以供有关人员和部门遵循，做到核算有依据，使其成果达到公平、公正的要求。

关于供水定价成本核算，《成本监审办法》已为水价核算人员在调查、测算、审核供水成本方面提供了重要依据。

（四）为水价核算存在的问题寻求解决的办法

关于当前水利工程供水价格核算中存在的诸多问题，在本章中已经列举，并作了简要分析。具体的解决办法由后继的有关章节加以说明。这些问题如果长期得不到解决，将阻碍水价改革的进程，最终影响供水工程的良性运行和水资源的优化配置。在寻求解决的办法时，应当坚信供水服务中水是商品，要体现水价改革的思路及原则。

第二节 水利工程水价格核算理论与方法

水利工程供水价格是指供水经营者通过拦、蓄、引、提等水利工程设施销售给用户的天然水价，而水价核算的实质就是计算和确定价格各组成部分的行为。自水利工程供水实行有偿服务以来，针对商品"水"

的特征开展了对水价核算的理论基础、方法的研究,其成果不断完善。

一、水价核算的理论基础

(一)水利工程供水是商品并有自身的特征

水价核算必须首先明确水是商品,水资源具有价值。按照一般商品的定价原则与做法来核算供水价格,这一观点经过20多年的理论探讨和水价改革实践,已被社会认可,在水利行业内部已有相当牢固的思想基础,并符合客观实际情况。

水利工程供水不仅具有一般商品的属性,而且有其自身的特征,如供水需求的不可替代性、供水的有限性、供水交换的区域性和水资源的稀缺性。这些特征还会对水价核算产生一定的影响。

1. 供水需求的不可替代性

凡有生命和人类活动的领域都需要大量的水,这是一种不可替代的商品(资源)、唯一的物质。众多的需水部门,各自对水商品价格的承受能力和对供水保证程度的要求是不同的。在水价核算时应区别对待。

2. 供水的有限性

由于水资源在年内和年际之间分配很不均匀,不能期望通过供水工程设施调节后在供水量和供水时间上完全满足用水户的要求,因为商品水的生产是有限的,而不像其他商品可以做到尽量满足消费者的需要。供水的有限性会给用水户造成困难或损失,因此在水价核算时应当贯彻节约用水的原则,以弥补这种有限性造成的不利影响。

3. 供水交换的区域性

一般商品能在较大范围内进行交换,然而商品水的市场却被约束在特定的范围之内,供需双方都是固定的,不能任意选择。因此,供需双方的互相制约性非常明显。这一特征在一些年份内可能会使供水经营者的基本运行费得不到保障。在水价核算时可优先考虑实行两部制等先进的水价制度加以弥补。

4. 水资源的稀缺性

我国的水资源总量占全球的6%，而我国的人口却占全球的23%左右，因人口众多，我国人均水资源量仅有2200 m^3，只有世界平均值的1/4，在联合国可持续发展委员会统计的153个国家和地区中，排在第121位，并且还被列为世界13个人均水资源最贫乏的国家之一。预计到2030年，我国人口将达到16亿人，在充分考虑节水的情况下，估计年用水总量将达到7000亿~8000亿 m^3，如果不采取有力措施，我国相当一部分地区有可能在未来出现严重水危机。我国大多数缺水地区都是属于资源型缺水，这一状况严重地制约着商品水的生产。长期以来，人们只注重开发利用水资源，而认识不到社会经济发展到一定时期，经济的发展对水资源的需求将可能超过水资源的自然承载能力。水资源的稀缺性在不同地区和不同季节的表现是不一样的。例如在枯水季节，水资源的稀缺程度可能更高。因此，在水价核算时要充分认识和适应商品水的这一特征，可通过实行差别水价、丰枯季节水价和季节浮动水价来体现水资源的价值内涵，反映水资源稀缺性的特征。

（二）价格理论

价格理论是阐述价格、价值、货币之间关系和价格形成的规律。在社会主义制度下，理论价格通常是根据商品的部门平均成本和社会平均利润来计算的，再根据供求关系及有关政策规定来核定商品的市场价格。马克思在继承古典经济学的基础上，创造性地发展了劳动价值理论，并在科学的劳动价值理论的基础上，创立了剩余价值理论。马克思的价格理论认为，价格是价值的表现形态，价值是价格的基础，制定价格必须以价值为基础，价格构成是价值构成的反映，社会必要劳动时间的多少决定了价值量的大小，价格围绕价值运动，而且这种运动是客观必然趋势。随着价格改革的推进，价格理论也有了重大突破。

通常认为，水利工程水价核算的理论也是符合这一规律的。以下从供水的商品属性、价值规律、价格的构成等方面加以阐述。

1. 关于水利工程供水的商品属性

水利工程供水具有商品属性，这是研究水价核算理论基础的前提。天然水是一种资源，仅有使用价值而无价值，不是商品。然而当天然水经过人类劳动，利用水利工程设施给予控制、调节，改变了它的存在形式、形态和时空分布后，再利用的那部分水便成了可用于交换的劳动产品，能满足社会的需要，包括了社会必要的活劳动消耗和物化劳动消耗，具有了价值，并被赋予新的使用价值。上述这一生产活动符合通过劳动生产创造价值和使用价值这一基本规律：各项水利设施是劳动资料，水是劳动对象，工作和管理人员是劳动者，三者结合构成生产力，生产具有"新使用价值的水"。这符合马克思在其科学劳动价值基础上得出的结论：商品的价格 W 由 C、V、M 这 3 部分构成，其中 C 为已消耗的生产资料价值，V 为劳动者为自己劳动创造的价值，M 为劳动者为社会创造的价值。

2003 年，国家发展和改革委员会与水利部联合发布的《水价办法》明确了水利工程供水的商品属性，彻底改变了长期以来将水利工程供水水费作为行政事业性收费管理的模式，从法律层面上将水利工程供水纳入了商品价格管理范畴进行管理。

2. 关于价值规律

价值规律是商品生产的基本规律，商品价值由其社会必要劳动时间决定，商品价值是其价格的基础，商品价格随着资源稀缺程度、供求变化和竞争状况而上下升降，出现价格与价值的背离，进而自发地配置社会资源，自发地调节社会再生产过程及其生产、流通、分配和消费诸环节。例如，当水资源的稀缺性在不同季节表现不一样时，可通过实行季节差别水价来体现这种规律。

3.关于价格的最低界限

成本是商品价值主要部分（$C+V$）的货币表现，对于生产都是支出，没有盈利，因此商品价格不得低于成本，这是保证供水经营者进行简单再生产和经营活动的必要条件，否则就要亏本。马克思指出："商品出售价格的最低界限，是由商品的成本价格规定的。如果商品低于它的成本价格出售，生产资本中已经消耗的组成部分，就不能全部由出售价格得到补偿。如果这个过程继续下去，预付资本价值就会消失。"因此，制定价格必须以成本为最低界限。

目前，我国国有灌区农业用水价格按补偿供水生产成本费用的原则核定，它是成本价格，是价格的最低界限。对于农业末级渠系水价，现行政策规定只按运行和维修养护费用的原则核定，计入的是不完全成本，比价格的最低界限还低。

4.关于部门平均成本

从经济学理论上讲，商品价格最合理的决定因素应该是边际成本，而不是平均成本。但是，在实际计算中，确定供水生产的边际成本困难较大，一般都采用社会平均成本来确定水价。个别成本是各个基层生产单位的成本，个别成本不能作为制定价格的依据，只有根据部门同类供水生产经营者全部个别成本加权平均计算而得的社会成本或部门平均成本，才能作为制定价格的依据。社会成本或部门平均成本，反映生产同类产品的中等生产条件，反映社会必要劳动消耗。按部门平均成本作为制定价格的依据，可防止越是先进的供水经营者生产的产品价格越低，而越是落后的供水经营者生产的产品价格越高的不正常现象。

如果以部门平均先进成本作为制定价格的依据，也是不确切的。因为部门先进成本反映的不是社会必要劳动时间（$C+V$）的部分，而是小于（$C+V$）的部分。按照这样的成本来制定价格，价格就会偏低。按照平均成本制定的统一价格，能够促使供水经营者采取措施，来降低个别成本。《水价办法》第七条规定：供水价格按区域统一核定与按单个工程核定相结合的原则。这是因为，按区域统一核定水价，体现的是遵循政府定价的一般原则，即社会年均成本定价的原则。按单个工程核定水价就是考虑了水利工程的供水成本不能在大范围实现社会平均化的特殊性。由于很多水利工程客观条件差异很大，水利工程供水受到地域的限制，不能随意流动，为了保持每个水利工程都能正常运转，按其单个成本核算是非常必要的。只有地理环境、水资源条件相近，且工程供水成本、费用相近的水利工程，才适合按区域统一核定水价。

5. 关于市场经济的价格理论

市场经济的价格理论认为，价格机制是市场机制中最重要的机制。市场经济对价格机制的作用可以从宏观和微观两个层次上反映出来。价格机制在宏观上的作用主要以价格总水平的信号反馈给政府，从而采取相应的措施。在微观层次上的作用是，当价格被当作竞争工具时，能够带来社会资源的节约和社会劳动生产率的提高，价格是调整生产规模和生产力方向的信号，价格具有使资源配置达到合理状态等方面的作用。

改革开放以来，我国在价格理论上也有了重大突破。主要有：破除了价值规律对生产资料不起调节作用和"计划第一、价格第二"的传统观念，认识到价值规律是市场经济的基本经济规律，在一切经济活动中都必须尊重价值规律，重视价格杠杆的调节作用；价格不仅具有价值尺度、经济核算和利益分配等功能，更重要的还具有调节市场供求、引导资源配置、促进技术进步的功能；价格的形成，不仅要反映商品的价值，更要反映市场供求；价格形式，不仅有政府定价，还有政府指导价和市场调节价等其他形式；计划与市场都是调节价格不可缺少的手段，在国家宏观调控下以市场为主形成价格是中国的基本价格制度。

《水价办法》第五条规定："水利工程供水价格采取统一政策、分级管理方式，区分不同情况实行政府指导价或政府定价。政府鼓励发展的民办民营水利工程供水价格，实行政府指导价；其他水利工程供水价格实行政府定价。"

6.关于可持续发展的水价理论与实践

这项研究依据水资源的基本特性，建立了基于可持续发展的水价体系、计算模型与方法，设计了面向水需求管理的水价制度，提出了水价改革与实践的政策与建议，为我国的水价制定和改革提出了可行的理论依据和实施方法，对促进我国水价改革、水资源的优化配置和可持续利用将起到推动作用。

上述这些传统的和新的价格理论成为推进我国价格改革的理论武器，对当前和今后市场经济条件下的水价实际工作具有指导意义。

二、水价核算的方法

目前，国内外较常见的水价核算方法主要有6种，即按供水服务成本核算水价、按用水户承受能力核算水价、按投资机会成本核算水价、按边际成本核算水价、按完全市场核算水价和按全成本定价核算水价。不同核算方法的优、缺点不一样，应用条件也不尽相同。

（一）按供水服务成本核算水价

服务成本定价是供水等公用事业行业中常用的传统定价方法。按照这种定价方法，水价应能回收供水的全部服务成本，包括投资成本、管理成本以及运行维护成本等用于供水生产的成本。

该核算方法一般可以使建设和运行资金得以回笼，保证工程和经营者的正常运营和自我发展。这是一种考虑经营者利益的"经营型"水价，当以社会平均成本作为定价基础时，能鼓励供水经营者降低个别成本，提高供水效率。但未能将所有的社会成本，如资源成本、环境成本融入服务成本中，也没有考虑用水户的承受能力。此法一般适用于水资源丰沛和经济发达区域中的中、高收入用户，以及工商企业和特殊服务行业水价的确定。目前，许多国家采用服务成本方法核算城市供水价格，如美国、加拿大、德国、荷兰等。

（二）按用水户承受能力核算水价

按用水户承受能力核算方法是考虑社会收入再分配的一种核算方法，它强调供水对象的经济负担能力和心理承受能力。根据供水对象的承受能力决定水价，即用水户所承认并愿意为之负担的供水价格，这种核算方法深受用水户的推崇。

对农业用水水价，国内研究表明：农业水费占农业生产成本的比例以20%~30%为宜；占产值的比例以5%~15%较合理；占灌溉增产效益的比例以30%~40%较合理,占净收益的比例以10%~20%较适宜。对居民水费支出，世界银行或其他国际贷款机构采用水费支出占家庭收入的比例以3%~5%作为现实可行的指标。1995年在建设部《城市缺水问题研究》报告中根据国外一些资料分析：水费支出占家庭收入1%时，对用水户的心理影响不大；水费支出占家庭收入的2%时，有一定影响，用水户开始关心用水量；水费支出占家庭收入5%时，对心理影响较大，并认真节水；当水费支出占家庭收入10%时，影响很大，并考虑水的重复利用。

该核算方法充分考虑了用水户的承受能力，供水常带有福利色彩，有利于社会稳定和经济发展，但是不利于供水工程投资和运行成本的回收，当供水经营者的亏损有补偿渠道时可采用这种方法。

目前，各国在核算低收入居民或农业灌溉水价时，常用这种方法，如美国、加拿大、泰国等。

（三）按投资机会成本核算水价

机会成本是指在经济决策过程中，因选取某一方案而放弃另一方案所付出的代价或丧失的潜在利益。按照这种方法核算，供水价格是为了回收投资的全部机会成本。

该方法考虑了水资源的机会成本，它通过将水费界定为回收投资的真实成本，使水资源得到更有效的配置。但该方法仅强调投资回报最大化，而没有考虑水价的完整构成和用水户承受能力。目前，采用这一方法的还不多，仅有美国等少数市场经济比较发达的国家。

（四）按边际成本核算水价

边际成本定价是一种理想的、受大家推崇的方法。边际成本是指增加一个单位供水量所引起的总供水成本的增值。按这种方法核算，水价等于生产最后一单位供水量的成本。这种水价核算方法将供水需求增加造成的负担施加于那些引起供水需求增加的用户身上，因而有利于节约用水，实现帕累托资源配置效率。但这种方法应用于边际成本低于年平均成本的自然垄断行业时，容易造成企业亏损运营。供水工程运行初期，供水能力尚未充分发挥，当蓄水量增加时，供水成本只增加变动运行费（固定运行费保持不变）。在此情况下，增加单位水量的费用低于平均成本。当供水工程满负荷运行后，如再增加用水量，则需增加供水系统的投资，边际成本转变成递增，因此应选择边际成本最低值作为水厂的供水量。边际成本水价较其他水价公正，但测算复杂些，一般只是在规划设计阶段作为确定工业或城市供水水价时参考。法国城市供水水价考虑了边际成本的变化。

（五）按完全市场定价模式核算水价

这种方法要求水权法构建在水权持有者只拥有水资源使用权而没有所有权的基础上。采用完全市场定价模式核算方法，实际用水户能够将其用水价值与其他人的潜在用水价值相平衡，供水价格完全取决于水市场的供求关系，价格可以随市场供求上下波动。该方法反映了水的市场供求关系和水资源的紧缺程度，有利于工程投资、成本和运行费用的回收，有利于供水工程的正常运行。但该方法没有考虑用水户的承受能力，不利于社会稳定。该方法仅适用于水权立法较为完善、水市场较为成熟的国家，如美国、英国等市场经济发达国家采用这种方法。

（六）按全成本定价核算水价

完整的水价应由资源成本、工程成本和环境成本构成。按照这种方法核算的水价，能充分体现水资源的稀缺价值、供水服务成本以及水环境的恢复补偿费用，是一种较为完善的核算方法。

该方法考虑了水价的完整构成，有利于节约用水、保护水资源和保护环境；有利于供水工程投资、成本及费用的收回；也有利于工程的良性运行。该方法适用于多种供水工程水价的制定，已被许多国家认识和接受。不足之处是没有考虑用水户的承受能力，目前还没有成熟的确定资源成本和环境成本的理论和实践。

从上述核算方法来看，水价确定模式的选择与国家经济发展水平和水资源赋存状况以及社会制度关系密切。从我国目前的经济状况、水资源条件、水利工程特点出发,在水价核算时建议采用"按供水服务成本核算水价的方法"以及"按用水户承受能力核算水价的方法"。对其他四种方法,可视具体情况而定。

第三节 供水量价格核算与相关规定

改革开放以来,国家出台了一系列推进水价改革的政策措施,水价改革取得明显进展。但是,直到 2007 年 11 月 20 日之前,我国水利工程供水价格核算仍没有统一的核算规范,给水价核算工作带来很大困难。因此,在深化水价改革、建立合理水价形成机制过程中,需要对水利工程供水价格核算方法进行研究,改变目前政策不配套、方法不统一、核算不规范的现状。本章将从供水量、供水价格两个方面来论述核算方法。

一、供水量的确定

在水价核算中,水利工程供水量的大小对供水价格水平的高低影响很大,因此,科学、合理地确定供水量对正确核算供水价格十分重要。

(一)国家现行政策关于水利工程供水量确定方法的规定

国家发展和改革委员会、水利部于 2005 年 2 月 1 日颁发的《成本监审办法》规定:"水利工程供水一般按产权分界点作为供水和水费结算(收费)计量点;实际水费结算(收费)点与产权分界点不一致的,也可以按照水费结算(收费)点作为供水计量点,但应合理界定不同产权单位的供水成本。水利工程供水的单位定价成本应按年平均供水量计算,其中非农业用水年平均供水量一般按照最近三年平均实际供水量核定，农业用水年平均供水量一般按照最近五年平均实际供水量确定。如果最近几年连续出现较严重干旱或洪涝灾害，或者用水结构发生重大变化，年平均供水量的计算期可以适当延长。新建水利工程，采用供水计量点的年设计供水量并适当考虑3～5年内预计实际供水量计算。"

（二）供水量确定分析

1.非农业供水年平均供水量一般按照最近3年平均实际供水量确定

随着城市化水平的提高，供水需求日益加大，但经过一段时期发展后，随着节水措施到位，用水量趋于稳定，这几乎是一条规律。因此，非农业供水以近3年平均实际供水量来确定，能较好地反映目前非农业用水供需状况。

2.农业供水量的确定

建议分供水工程只为农业供水和供水结构多元化两种情况区别对待。供水结构多元化的水利工程的农业供水量，采用5年实际平均供水量；只为农业供水的水利工程，农业供水量的确定一般采用不应少于10年的实际平均供水量。实践中，还可根据引水条件、水库调节性能等情况区别对待。例如，对于主要由降水补给的雨型河流引水灌区和以融雪补给为主的河流引水灌区，前者农业供水量计算年限的长度可比后者更长一些。

（1）供水结构多元化的水利工程，其农业供水量的确定采用5年实际平均供水量。一些水利工程不仅为农业而且为城市生活和工业供水。一般来讲，供水的原则为先城市生活和工业，后农业。随着城市工业的快速发展，用水量增幅加快，但由于可供水量的不确定性，农业可供水量随着城市的发展而减少，农业需水量受丰、枯水期影响较大。若取较长供水序列确定供水量，在城市发展之前的农业供水量肯定较大，将此作为基数进行统计计算，反而难以真实反映近期农业供水情况；而且，随着近些年农业种植结构的调整，农业节水灌溉工程与非工程措施的实施，农业需水量也在逐渐减少。鉴于这两方面的原因，建议供水结构多元化的水利工程，农业供水量的确定采用近5年实际平均供水量。

（2）只为农业供水的水利工程农业供水量可适当延长，采用不少于10年的实际平均供水量。水利工程供水量确定的方法较多，但是按定价政策要求，必须是实际商品销售数量。水利工程不同年份的供水量是不一样的，供水量受自然条件、供求关系变化等诸多因素的影响。对供水对象来说，供水经营者并不能保证每年都给予充分供水，通常是以一定的保证率来设定供水能力。但一般来讲，设计保证率对应的供水能力是年调节最大供水量，因为来水小于设计保证率的枯水年份，实际可能的供水量少于设计供水能力；而对于来水量较多的丰水年份，工程可供水量虽然超过了设计供水能力，但也超过了供水对象的需水量，最终导致水多了卖不出去。根据一个水文周期（一般为10～12年）丰、平、枯年份的交替变化，按不少于10年实际平均供水量来确定年供水量，这样才能够科学、准确地反映出丰、平、枯年份对来水、供水量的影响。由此看来，只为农业供水的供水工程，供水量变化的影响因素主要是水文周期的变化，因此，统计年限不应少于10年是比较合理的，也是符合水文周期变化规律的。

二、供水价格的核算

（一）水利工程供水价格核算分类

水利工程供水价格核算按供水用途、计价方式、投资来源和涉电关系有多种分类。

1. 按供水用途分类

按供水用途可分为农业供水和非农业供水水价的核算。农业供水包括粮食作物和非粮食作物供水。非农业供水包括供城市自来水厂或直接供厂矿和居民生活用水。

2. 按计价方式分类

按计价方式分类，也就是按供水经营者向用水户计收水费的不同方式分为单一制水价、两部制水价、超定额累进加价、阶梯水价、丰枯季节水价、季节浮动水价。

3. 按投资来源方式分类

（1）以国家财政投入为主的工程水价。它是指以国家财政投入为主，又有一定比例的当地群众投劳集资兴建的供水工程的水价。

（2）利用贷款、债券建设的工程水价。它是指利用银行贷款和依法定程序发行并约定在一定期限内还本付息的有价证券兴建的供水工程的水价。贷款、债券是投资的一部分，另一部分按国家规定为资本金（自筹资金）。

4. 按涉电关系分类

（1）结合发电用水和专用发电用水水价。有发电效益的综合利用水利工程，通常都是结合工、农业供水发电的，这时的水价称为结合发电用水水价。若发电用水不能与其他用水相结合，这时的水价则称为专用发电用水水价。

（2）抽水蓄能电站发电用水水价。抽水蓄能电站是以一定水量作为能量载体，通过能量转换向电力系统提供电能的一种特殊形式的水电站。它在电力负荷低谷或丰水时期时，利用电力系统提供的富余电能将水从下水库抽到上水库储存起来，然后在负荷高峰或枯水季节时，将水放出发电，这时，用以发电的水体又回到下水库。从上水库放水驱动抽水蓄能机组发电，其水价就是抽水蓄能电站发电用水水价。

（3）贯流水水价。贯流水是指用水户使用水利工程供水后，水体流入下一级供水系统，水质、水量不变，仅损失一定水头，并能结合用于农业灌溉或其他兴利用水，这时的水价称为贯流水水价。

（4）循环水水价。循环用水量是一种不直接消耗水，但使用了水利工程供水并使水温有所上升的冷却用水（用后返回原水体，水质符合原水体标准）。例如，火力发电及化工冷却用水，其价格即为循环水水价。

（5）高扬程多级泵站供水水价。水源地和受益地天然高差超过一般水泵的扬程后，需以多级泵站串联的形式向高处受益地供水，此时的水价称为高扬程多级泵站供水水价。

除上述多种供水价格外，水利工程供水价格还有动用死库容供水水价、排水水价、跨流域调水水价等形式。

（1）动用死库容供水水价。水库死水位以下，死库容中的蓄水原则上是不能再泄放用于兴利的，只有在特殊情况下（如特殊干旱年），经批准才能动用，此时的供水水价即为动用死库容供水水价，其水平要高于正常情况下的供水水价。

（2）排水水价。它是指利用水利工程的排水设施，排除受益范围内的涝水、渍水及城市污水，受益单位（除农民受益的农田排涝）向水利工程管理单位缴纳的单方排水量的价格。

（3）跨流域调水水价。跨流域调水水价是指将水资源丰富的某流域的水通过长距离输送，调入到另一个水资源紧缺流域的单方水价格。

下面对各类水价的核算逐一论述。

（二）单一制水价核算

单一制水价是水价核算中最常用、最基本的水价制度，所称单一制是相对两部制水价而言的。单一制水价是指按照国家政策规定来核定供水生产成本、费用、利润和税金，根据不同用水对象的价格构成要素而计算出供水水价的一种计价形式。

1. 农业供水价格核算

（1）农业供水价格一般核算形式。我国是农业大国，农业是用水大户，农业水价对于促进农业的发展和社会安定都有着举足轻重的作用。根据国情特点制定的农业水价形成机制，能有效地兼顾水利工程供水的商品属性和社会公益性。一方面，将水利工程供水价格纳入商品价格范围进行管理；另一方面，考虑到农业是我国的经济基础，同时农业又属弱质产业，明确在核定农业水价时不计税收和利润，以减轻农民负担。这些政策的制定，使水价在体现工程供水的商品价值，促进全社会节约用水的同时，较好地兼顾了供水的社会公益性。

《水价办法》规定：农业供水价格按补偿供水生产成本、费用的原则核定，不计利润和税金。因此，一般农业供水的单位成本即为水价。核算公式如下：

$$农业供水价格 = \frac{年农业供水生产成本费用}{多年平均(或年设计调整)农业供水量}$$

（2）农业供水价格其他核算形式。

①供农业用水水源工程与灌区统一管理的供水价格应统一核算，水价标准应以灌区向用水户供水处（一般为斗渠进口）为计量点统一核算。核算公式如下：

$$农业供水价格 = \frac{水源工程成本费用 + 灌区工程成本费用}{多年平均(或年设计调整)农业供水量}$$

②水源工程与灌区分开管理的供水价格应分别核算。首先，计算出水源工程向灌区供水的价格；其次，灌区以水源工程供水水价乘以多年

平均购水量计算出原水费，将原水费列入直接材料；最后，算出灌区向农业用水户的供水价格。

水源工程以工程出水口为计量点核算水价，核算公式如下：

$$水源工程供水价格 = \frac{水源工程成本费用}{多年平均（或年设计调整）农业供水量}$$

接受水源工程供水的灌区水价核算公式：

$$灌区农业供水价格 = \frac{灌区生产成本费用（含原水费）}{多年平均(或年设计调整)农业供水量}$$

注：灌区工程年供水生产成本中包括应向水源工程支付的原水费，其反映的是灌区供水发生的成本总和。

2. 非农业供水价格的核算

《水价办法》规定："非农业供水是指由水利工程直接供应的工业、自来水厂、水力发电和其他用水""非农业供水价格在补偿供水生产成本、费用和依法计税的基础上，按供水净资产计提利润，利润率按国内商业银行长期贷款利率加2至3个百分点确定。"非农业供水水价核算形式有以下几种：

（1）非农业供水成本水价核算形式。非农业供水成本由生产成本、费用组成。计入供水价格的生产成本、生产费用必须是合理、正常的供水成本。非农业供水成本水价核算形式如下：

$$非农业供水成本价格 = \frac{非农业供水年生产成本费用}{非农业多年平均（或年设计调整）供水量}$$

（2）非农业供水含利未计税水价核算形式。非农业供水含利未计税价格是指在非农业供水价格中只计利润未计税金的价格核算形式。其公式如下：

$$\text{非农业供水含利未计税价格} = \frac{\text{非农业供水年成本费用} + \text{非农业供水计价利润}}{\text{非农业多年平均(或设计调整)供水量}}$$

（3）非农业供水含利计营业税及附加的价格核定形式。其公式如下：

非农业供水价格（含利计营业税及附加）=

$$\frac{\text{非农业用水含利未计税价格}}{1-\text{营业税税率} \times (1+\text{城市维护建设税税率} + \text{教育费附加费率})}$$

（4）非农业用水（含流转税、所得税）核定价格形式。其公式如下：

非农业供水价格（含流转税、所得税）=

$$\frac{\left[(\text{非农业供水年成本费用})+\frac{\text{非农业供水计价净利润}}{(1-\text{应征所得税税率})}\div\text{非农业用水量}\right]}{1-\text{营业税税率} \times (1+\text{城市维护建设税税率} + \text{教育费附加费率})}$$

（三）"两部制"水价核算

"两部制"水价实质就是将由供水生产成本、费用、利润和税金构成的供水价格分成两部分，分别由基本（容量）水价和计量水价补偿的一种科学计价方式。在某一用水量以下，收费为一固定值，不随用水量的变化而变化，超过这一用水量，超过部分将采用按水量计费。

1."两部制"水价的基本模式及计算方法

微观经济学认为，两部制定价是成本分摊定价的一种形式，它包含两个部分：第一部分是与使用量（购买量）无关的、定期（按月、半年或年）支付的"基本费"，不论消费者的消费量如何，都要缴纳这笔固定费用；第二部分是按使用量支付的"从量费"，给每一单位产品定一个价格，按使用量收费。因此，两部制定价实际上是固定收费与从量收费的合一。

我国部分地区和供水企业实行的两部制水价制度，有两种内涵：第一种是容量水价和计量水价相结合的两部制水价，成本补偿的原则参照

《城市供水价格管理办法》，容量水价补偿供水的固定资产成本，按容量基价和容量基数计算，容量基价按年固定资产折旧额、年固定资产投资利息和年制水能力计算。计量水价补偿供水的运营成本，按实际用水量和计量基价计算，计量基价按扣除年固定资产折旧及年固定资产投资贷款利息外的成本费用和年实际售水量计算。从这种内涵出发形成的模式多用于城市供水部门。大型调水工程如南水北调工程，由于投资大、调水量大等原因，今后也可实行。第二种是基本水价和计量水价相结合的两部制水价，按《水利工程供水价格管理办法》的规定进行核定，基本水价和计量水价都分别含有一部分固定成本和变动成本。这种形式的两部制水价多用于水利供水工程，这是因为我国目前水利工程供水生产成本费用中固定成本费用占的比例大，如果完全按照基本水费补偿固定成本费用，计量水费补偿变动成本，则基本水价水平要远高于计量水价的水平，这样既不易被用水户接受，节约用水效果也不明显。从国内实行两部制水价制度的现状来看，基本水价和计量水价相结合的"两部制"水价通用模式为：基本水费与基本水量挂钩。所谓"挂钩"，就是供水经营者向用水户收取基本水费，需向用水户提供相应的基本水量，当实际用水超过基本水量后，用水户再按超过的水量和计量水价缴纳计量水费。下面介绍这两种内涵下两部制水价的计算方法。

（1）容量水价和计量水价相结合的两部制水价通用模式的计算方法。参照《城市供水价格管理办法》的规定，水利供水工程中的大型调水工程如南水北调工程，采取容量水价和计量水价相结合的两部制水价模式时，其容量水价用于补偿供水工程的固定成本，计量水价用于补偿供水工程的正常运营成本，用水户不论是否用水都应缴纳容量水费。此种情况下两部制水价和实际供水年计费的基本公式如下：

容量水费 = 年固定资产折旧额 + 年固定资产投资贷款利息

定价公式：

$$容量水价（或容量基价）= 容量水费 / 年分配水量$$

$$计量水价（或计量基价）= \frac{成本 + 费用 + 税金 + 利润 - 容量水费}{年取水量}$$

当供水能力与售水需求平衡，即年分配水量（设计规模）等于年取水量（供水能力）时，"两部制"水价 = 容量水价 + 计量水价。

计费公式：

$$计量水费 = 计量水价 \times 年实际供水量$$

$$"两部制"水价计费 = 容量水费 + 计量水费$$

式中，年分配水量和年取水量按供水工程设计供水量考虑；年实际供水量是供水工程在运行中当年的实际发生数。

（2）基本水价和计量水价相结合的"两部制"水价通用模式的计算方法。鉴于《水价办法》中的具体规定和目前的实行现状，我国提出了基本水价和计量水价相结合的两部制水价的通用模式，即指供水经营者每年向用水户提供一定数量的基本水量，用水户缴纳相应的基本水费，用水超出基本水量后，再按超过的水量和计量水价缴纳计量水费。制定公式的基本思路：对已经运行多年的水利供水工程，取运行后的多年平均供水量为年供水量；调阅、对比供水经营者（或供水区域）3~5年的各年实际成本、费用、利润和税金，若均属正常发生数，定价时可取定价前一年发生数或近三年的平均数作为计算用的年成本、费用、利润、税金，据此计算出总水费，再按《水价办法》将其分解为基本水费和计量水费；基本水量可根据不同的供水对象及来水情况确定；最后，再根据年实际供水量情况，计算供水经营者实际供水水费收入。新工程可用设计供水量和设计年供水成本、费用、利润、税金代替。通用模式的公式主要包括定价和当年的实际计费公式。

$$总水费 = 成本 + 费用 + 利润 + 税金$$

$$基本水费 = 直接工资 + 管理费 + 0.5 \times (折旧费 + 修理费)$$

定价公式：

$$基本水价 = 基本水费 \div 基本水量$$

$$计量水价 = (总水费 - 基本水费) \div (年供水量 - 基本水量)$$

计费公式：

$$计量水费 = 计量水价 \times (年实际供水量 - 基本水量)$$

$$两部制水价计费 = 基本水费 + 计量水费 = 基本水价 \times 基本水量 +$$

$$计量水价 \times (年实际供水量 - 基本水量)$$

此组公式适用于年实际供水量大于基本水量的正常情况。

在正常情况下，实供水量应大于基本水量，在遇到特殊情况时，如用水户自身原因不需供水，或者年实际需水量大于零，但小于基本水量时，则两部制水价计费等于基本水费。

在两部制水价实行过程中，还存在一种特例，即基本水量为零，此时，用水户缴纳一定的基本水费后，再依年实际用水量与计量水价缴纳计量水费。

$$总水费 = 成本 + 费用 + 利润 + 税金$$

$$基本水费 = 直接工资 + 管理费用 + 0.5 \times (折旧费 + 修理费)$$

定价公式：

$$计量水价 = (总水费 - 基本水费) \div 年供水量$$

计费公式：

$$计量水费 = 计量水价 \times 年实际供水量$$

$$两部制水价计费 = 基本水费 + 计量水费 = 基本水费 + 计量水价 \times 年实际供水量$$

2."两部制"水价核算程序

由于水利工程大多具有综合利用功能，再加上"两部制"水价要素较多，因此计算比较复杂。首先，要核算水利工程运行的总成本费用，在此基础上合理划分供水生产成本、费用，再在各类用水对象之间进行分摊，对非农业用水还要计入相应的税金和利润。然后，计算出各类供水的基本水费和计量水费，确定年供水量和基本水量，求算出基本水价和计量水价，并对其进行优化，推出合理的"两部制"水价方案。最后，提出分步实施方案。具体步骤如下：

第一步，核算水利工程经营者的总成本费用。已建成的综合利用水利工程，尤其是水库工程，经营者除承担供水生产任务外，还承担防洪和多种经营等任务。按照《水利工程管理单位财务会计制度》和《水利工程供水生产成本、费用管理规定》，可以核算出水利工程全部的成本费用，根据两部制水价计算的需要，将其分为直接工资（含社会保障支出）、直接材料费（含原水费）、其他直接支出、折旧费、修理费、水资源费、部分制造费用（指不含折旧费、修理费和水资源费的制造费用）、管理费用、营业费用和财务费用10个分项，并求出每个分项的数值。

第二步，合理划分供水经营者的成本费用。在第一步核算出的全部生产成本费用及10个分项的数值中，都包括了由供水生产形成的成本费用。为合理确定基本水费和计量水费，需将水利工程的总成本费用划分为供水成本费用、社会公益耗费、多种经营成本费用3部分。划分的方法，应根据水利工程的类型，选择库容比例法或工作量比例法、人员工资比例法等方法，计算相关的分摊比例。

第三步，按分摊比例计算供水生产成本、费用的10个分项。若水利工程为纯供水工程，不存在分摊问题，工作量可大大减少。

第四步，按《水价办法》第十三条规定，将供水生产成本费用划分为两部分，即基本水费和计量水费成本部分。其中，

基本水费 = 直接工资 + 管理费用 + 0.5 × （折旧费 + 修理费）

计量水费成本部分 = 0.5 × （折旧费 + 修理费）+ 直接材料 + 其他直接支出 + 部分制造费用（不含折旧费、修理费、水资源费）+ 营业费用 + 财务费用

第五步，确定水利工程各类供水的年供水量。关于年供水量，对于已经投入运行多年的供水工程，建议采用多年平均年供水量；对于新建供水工程，建议采用设计年供水量。

第六步，按不同供水对象的年用水量和当地水资源费标准，计算农业供水和非农业供水的水资源费。

第七步，计算非农业供水的利润、税金。

第八步，计算各类供水的基本水费、计量水费。供水经营者的供水对象分为农业用水、非农业用水，非农业用水又分为工业、自来水厂、水力发电和其他用水。将其供水生产成本费用合理划分为农业供水、非农业供水两部分，计算不同供水对象的成本费用分配系数，并按分配系数将基本水费、计量水费成本部分分别划分为农业供水、非农业供水两部分。农业供水、非农业供水的基本水费和计量水费计算公式如下：

农业供水基本水费 = 供水基本水费 × 农业供水成本费用分配系数

非农业供水基本水费 = 供水基本水费 × 非农业供水成本费用分配系数

农业供水计量水费 = 计量水费成本部分 × 农业供水成本

费用分配系数 + 农业水资源费

非农业供水计量水费 = 计量水费成本部分 × 非农业供水成本费用

分配系数 + 非农业水资源费 + 利润 + 税金

第九步，确定"两部制"水价。

各类用水基本水费按第八步计算，基本水量参考《水利工程供水"两部制"水价制度研究》确定，基本水价、计量水价公式如下：

基本水价 = 基本水费 ÷ 基本水量

计量水价 = 计量水费 ÷（年供水量 – 基本水量）

第十步，优化两部制水价方案。相对于单一制水价核定，设计两部制定价方案要复杂得多，而且对初步核算确定的两部制水价方案，需要结合工程实际情况和用水户的承受能力，并充分考虑供水工程实行两部制水价所要达到的预期目的，经综合比较，设计优化方案。优化设计主要包含模式选择和各基本要素的合理比例等方面的内容。

第十一步，拟定分步实施方案。由于当前水利工程水价到位程度不同，对于已运行工程，参照现执行价格水平制定分步实施方案；对于新建工程，参照所在地的区域价格或同类型水利工程价格水平制定分步实施方案。

3. 推行两部制水价应具备的条件

实行"两部制"水价制度同其他按水量计收方式一样，所要求的条件基本上是相同的。首先，要有比较完善的计量设施。两部制计价收费，无论对基本水量还是对计量水量，都需要有准确的计量设施按规范测流计量，供用水双方共同认可，这是收费最可靠的依据，也是基础工作。其次，要有合理的收费机制。以经济、法律手段约束供、用水双方在供、用水管理和水费计收方面的行为，防止加价收费和搭车收费，避免截留、挪用水费现象的发生。

从实施"两部制"水价的现状来看，两部制水价适用面很广，适用于不同的地区，无论是我国北方地区还是南方地区；适用于不同的水资源禀赋条件，无论是水资源丰富地区，还是水资源紧缺的地区；适用于不同的工程，既可是大型供水工程也可是中、小型供水工程，既可是新工程也可是老工程；实施对象可以是工、农业供水，也可是城镇居民供水；供水经营者供水可以是受水区的唯一水源，也可以是多种水源之一。根据实行"两部制"水价预期要达到的主要目的（如节约用水），应设计不同的最佳模式。推行"两部制"水价的适宜条件如下：

（1）有可靠的水源保证。无论是我国南方地区还是北方地区，已实行两部制水价的供水经营者，在正常年份下，提供的供水量基本上能够满足用水户的用水需求。两部制水价作为水商品价格的一种计价方式，代表着商品买卖中的一种承诺，必须履行合同规定的买卖双方的义务。

无论采取何种模式,在正常年份下,供水经营者首先要供足承诺的基本水量,并尽量满足计量水量的需求。关于基本水量,可根据不同的供、用水特点分别比较确定,并取得供用水双方的共同认可。

(2)受水区有多个供水工程和多种水源可供选择。当出现这种情况时,无论是对工业供水还是对农业供水,均是实行两部制水价的较理想条件。当受水区既有当地地表水,又有外来水和地下水等多种水源和相应的供水工程,供、用水双方往往会从自身利益出发作出选择,在丰水年和枯水年供水经营者就会面临不同的供、用水形势。再加上目前地下水资源费标准普遍偏低,用水户争用地下水,致使用水秩序混乱,加剧了供、用水双方相互之间的矛盾。在这种情况下,实行两部制水价就显得更加迫切。不论采用基本水量与基本水费挂钩模式还是不挂钩模式的两部制水价,由于用水户都要缴纳相当数量的基本水费,一般情况下,用水户不会轻易牺牲自身利益,放弃原供水经营者提供的水源,而改用其他水源,从而达到了优化配置水资源和维护供、用水双方经济利益的目的。在这方面引黄济青工程是一个很好的实例。

(3)受水区和供水水源区处于同一雨区,丰、枯同步。这时用水户每年的需水量,随着受水区水资源丰枯形势而变化,差别较大。遇丰水年,供水经营者有水可供,但无供水市场;遇枯水年,有供水市场,但又无水可供。在这种情况下,更能促使供水工程实行两部制水价,收取基本水费来维持供水工程的简单运行。

(4)受水区用水户的节水意识和水商品意识较好。我国水利工程供水长期以来受传统用水观念的影响,被赋予了福利色彩,水价低于供水成本,通常认为,水事行为是一种兴利除害之举,修堤兴渠为天下之利,浇田灌地不缴水费或少缴水费。由于水价低廉,城市居民生活节水的意识淡薄,用水浪费现象严重,工业用水也缺乏节水机制和动力。两部制水价是一种科学的计价方式，它通过设立基本水价和计量水价实现供水经营者和用水户的双赢。但由于基本水价的存在，不论用水与否都得缴纳水费，这与传统的用水观念将发生激烈冲突。因此，要实行两部制水价的地区，人们的用水观念应该改变，能够接受水价改革的思想，充分理解供水经营者为保障工程的良性运行制定基本水价，预收基本水费是一种正常的价格行为，这样才能顺利地推行新的水价制度。

（四）超定额累进加价水价核算

超定额累进加价是指对用水户的合理用水、基本用水（也就是用水定额内用水）实行正常价格，超过合理水平也就是超过用水定额的用水实行较高的水价，超用水量越多，水价越高。实行超定额累进加价水价制度的根本原因是我国水资源贫乏，水资源短缺问题已成为我国经济社会发展的重要制约因素。然而，在水资源短缺的同时，水资源浪费现象又十分严重，这进一步加剧了水资源供需矛盾。而这种现象出现的一个重要原因就是水价形成机制不合理。因此，实行超定额累进加价的目的是促进节约用水，以水资源的可持续利用支持经济社会的可持续发展。

1. 实行超定额累进加价制度的法律依据

《中华人民共和国水法》（以下简称《水法》）第四十七条规定：国家对用水实行总量控制和定额管理相结合的制度……县级以上地方人民政府发展计划主管部门会同同级水行政主管部门，根据用水定额、经济技术条件以及水量分配方案确定的可供本行政区域使用的水量，制定年度用水计划，对本行政区域内的年度用水实行总量控制。第四十九条规定：用水应当计量，并按照批准的用水计划用水。用水实行计量收费和超定额累进加价制度。《水法》从法律层面上明确规定用水可以实行超定额累进加价制度。

2. 超定额累进加价制度实行情况

实行超定额累进加价的基础是制定用水定额标准。当前，全国各地按照水利部的要求正在编制用水定额，有的省已正式颁布本省各行业用水定额标准；部分城市用水已实行超定额累进加价制度；部分水利工程供农业用水也实行了超定额累进加价，效果很好。这些实践，对各地推进实施超定额累进加价水价制度起到了很好的借鉴作用。下面分别就这些实践情况具体展开说明。

（1）用水定额编制情况。目前，各省（自治区、直辖市）正在按照水利部《关于加强用水定额和管理的通知》（水资源〔1995〕519号）和《关于抓紧完成用水定额编制工作的通知》（资源管〔2001〕8号）文件的要求，抓紧编制本地用水定额，部分省份已基本完成编制工作，各地用水定额标准将陆续发布。黑龙江省是我国第一个编制全省各行业用水定额的省份。2000年7月11日，黑龙江省水利厅以黑水政字〔2000〕256号发布了《黑龙江省行业用水定额（试行）》，要求省内各地在编制用水计划、考核节约用水时遵照执行。之后，相继有不少省（自治区、直辖市）也发布了行业用水定额。

（2）超定额累进加价制度实行情况。当前，有的省根据本省实际情况，积极实行超定额累进加价制度。例如，山西省政府规定，农业用水超过定额的水量按原价2倍收费；工业和生活用水超过计划的10%、20%、30%、40%、50%以内的，超过部分的水量分别按原价的2、4、6、8、10倍收费，对超过50%以上的严重浪费水资源的单位则限量供水直至停止供水。

3. 超定额累进加价的用水等级加价幅度应遵循的原则

（1）要保障基本用水，用水分级要根据当地当前社会经济条件下较为先进的用水水平制定。

（2）要充分反映当地水资源状况，水资源紧缺的，应制定较高的加价幅度。

（3）要适当考虑用水户的承受能力，非农业用水的加价幅度应高于农业用水的加价幅度。

（4）当地还没有颁布用水定额的，可以用计划用水定额为基数，实行超计划累进加价。

4.超定额累进加价的核算方法

（1）定额内用水水费：按政府批准的定额内水价标准和定额水量计收定额内水费。

（2）超定额部分水费：按照超用水量的分级和定额外水价及加价幅度计收水费。

5.超定额累进加价收费的管理和使用

实施超定额累进加价要坚持公正、公平、公开的原则。在执行中要做好以下几项工作：

（1）要积极做好宣传工作。供水经营者要充分利用电视、广播和互联网络等新闻媒体开展形式多样的宣传工作，使用水户了解实施超定额累进加价用水等级、加价幅度和水费计算方法，明白浪费水要多花钱。

（2）要签订供、用水合同。供水经营者与用水户签订供、用水合同，在供、用水合同中明确相应的水价标准、定额供水量、超用水量分级、加价幅度等。

（3）要做好供水计量工作。实施超定额累进加价计价方式的基础是供水经营者有完善的计量设施，能够准确计量供水量。

（4）供水经营者要建立健全配水收费制度，加强管理，防止配水人员、群众管水组织执行水价时发生偏离。

（5）价格、水行政主管部门要加强水价制度执行情况的检查、监督，及时发现问题，认真加以解决。

（6）超定额累进加价后多收的水费，不能当作供水经营者的收入，应上缴同级财政或建立专项基金用于节水专项的支出。

（五）阶梯式水价核算

所谓阶梯式水价是指每户每月有一个基本水量，在这个范围内按普通水价计算（或收总水费，如香港住宅用水），而水量超过这个额度（基本水量）水价分几个梯级上浮，超用水越多，水价越高。它是超定额用水累进加价的一种具体形式，也是节水型价格体系的组成部分。阶梯式水价一般多用于居民家庭生活用水。这是一个既操作简单又不容易引起社会矛盾的好方法。因为，从实际情况看，居民生活用水出现浪费问题主要发生在生活条件较好的家庭，生活条件一般的家庭还是比较注重节约用水的。因此，实行"阶梯式水价"不会加重经济条件一般家庭的负担。而对于经济条件较好的家庭，由于过度用水，需要付出较大的经济代价，从而节约用水。更重要的是，通过实行"阶梯式水价"，还可以帮助居民养成节约用水的习惯，增加居民节约的自觉性，并把这种习惯逐步扩大到其他方面，从而在全社会形成节约用水的风尚。

1. 阶梯式水价各级水量基数的确定

实践证明，阶梯设置是否合理是决定阶梯式水价能否有效遏制需求和促进节约用水的关键。因此，水量阶梯和水价要充分考虑城市经济发展水平、水资源状况、居民承受能力、保证居民基本生活用水等因素再确定。一般而言，第一级水量不宜过大。第一级以满足基本用水需求为原则；第二级用抑制超额消费的价格政策与之对应；第三级将遏制奢侈浪费，水价将成倍增加，以多用多付费的价格杠杆调节用水行为。

《城市供水价格管理办法》规定：居民生活用水阶梯式水价的第一级水量基数，根据确保居民基本生活用水的原则制定；第二级水量基数，根据改善和提高居民生活质量的原则制定；第三级水量基数，按市场价格满足特殊需要的原则制定。具体各级水量基数由所在城市人民政府价格主管部门结合本地实际情况确定。

2.阶梯式水价级次及比价的确定

按照《城市供水价格管理办法》规定，阶梯式计量水价可分为3级，级差为1：1.5：2，也可执行价格主管部门批准的级次与比价。

阶梯式计量水价计费公式如下：

阶梯式计量水价收费 = 第一级水价 × 第一级水量基数 + 第二级水价 × 第二级水量基数 + 第三级水价 × 第三级水量基数

居民生活用水计量水价第一级水量基数 = 每户平均人口 × 每人每月计划平均消费量

3.阶梯式水价适用的对象和基本条件

阶梯式水价适用的对象主要是城市居民生活用水。阶梯式水价应用的基本条件：

（1）城市供水应实行装表到户、抄表到户、计量收费。

（2）应以地方政府制定的用水定额标准为依据，合理确定居民生活基本用水量。

实行阶梯式水价最大的困难是：非一户一表家庭如何计算用水量，家庭人口是按照户口登记的人数计算，还是按实际人数计算。通常主张按照户口登记的人数计算。

第四节　水利工程排水价格存在的问题及解决方式

水利工程排水价格是指水利工程管理单位将排水受益区域内降雨和

区域外来水形成的地面涝、渍、洪以及生产、生活废（污）水通过泵站、涵闸、渠道等水利工程设施排到区域外的服务价格。

本节在分析当前水利工程排水价格核算存在问题的基础上，论证水利工程排水的性质、价格核算的原则和方法。

一、水利工程排水服务属性界定存在的问题

从现状看，人们对水利工程排水服务收费界定还存在着不同的看法，究其原因，主要是认识不统一、基础理论研究滞后及内外部环境不理想等。

（一）认识不统一

长期以来，由于多数水利排水工程是依靠国家财政拨款投资兴建的，因此不少人误以为水利排水工程是国家为社会、人民除害兴利的特殊公益事业，其运行成本、费用应全部由政府财政负担。在这种观念的影响下，长期以来，只重视水利排水工程的社会效益，而忽略了它的直接经济效益，最终影响到水利排水工程排水价格核算和研究工作的开展。

（二）基础理论研究滞后

由于历史和社会原因，水利工程排水服务价格理论研究一直没有引起有关方面的重视。对排水价格理论的研究探索甚少，国家有关部门的重视和支持也不够。

（三）内外部环境不理想

内外部环境包括技术、社会、政府支持、公众意识等。排水服务纳入价格管理的前提是地区经济发展水平较高，排水户有一定的承受能力和排水单位有良好的排水设施。农业生产是排水大户，但当前农业排水工程老化失修严重，工程效益发挥差，这给水利工程排水服务纳入价格

管理带来很大困难。

尽管在水利工程排水服务属性界定上还存在上述诸多问题，但是随着市场经济的发展和水价改革的不断深化，在《水价办法》颁布后，有一些省区（如内蒙古自治区、湖北省、湖南省等）在已出台的本省区水利工程供水价格管理办法中，规定以排水价格来补偿排水经营服务行为的耗费。其排水价格构成同供水价格，这为将排水服务纳入价格管理起到了积极作用。

二、水利工程排水性质的界定

排水经营者为了排水修建了工程设施，为受益范围内生产用户、居民及时排除涝、渍、洪水和生产、生活废（污）水，在建造水利工程过程中，消耗了人力、物力、财力；在投入运行中，排水经营者需要对工程维修养护、观测试验、定期大修和更新改造，还需支付管理机构经费及其他管理费用。毫无疑问，这些费用的来源就应从排水服务的收费中予以回收，以对劳动消耗进行补偿，使排水生产持续运行。由此可见，排水是经营者对水资源进行时空重新配置的过程，也是满足社会发展需要的过程，在全部过程中，每一步都需要消耗物化劳动和活劳动，这些足以表明排水服务具有价值。

水利工程排水服务具有明显的社会效益、环境效益。受益区范围内的地面涝、渍、洪水以及生产、生活废（污）水原本是大自然和人类活动给有关区域民众和生产设施带来的"压力"，现由排水经营者采用一定的工程设施和非工程设施接纳处理，为社会分忧，为民除害。通过排水价格来补偿排水工程服务耗费是合理的。

因此，作者认为水利工程排水应界定为经营性服务，水利工程排水经营性服务应纳入国家价格管理范畴。

三、水利工程排水的分类

（1）水利工程排水按其功能的多少可分为两类：一类是只具有单独功能的，其服务对象可以是排涝或洪水或污水等3种情况；另一类是具有综合功能的，其服务对象组合情况可以是既排涝又承担供水任务，既排涝又排洪水，既排涝又排污水，同时承担排涝、排洪、供水以及排涝、排洪、排污相结合等多种情况。

（2）按不同排水对象可分为农业排涝、排洪和非农业排涝、排洪、排污。

（3）按排水方式可分为涵闸自排和泵站提排。

四、水利工程排水价格核算原则

参照《水价办法》的规定，水利工程排水价格也应按照补偿成本、合理收益、公平负担和略低于供水价格的原则核算。

（1）补偿成本原则。补偿成本就是按水利工程排水的社会平均成本，补偿到位并计入排水价格。这是排水价格核定总体原则中的首要原则。由于水资源的时空分布、地理环境和水资源条件差异很大，水利工程排水成本难以社会平均化，这就要求计入排水价格的生产成本费用要合理。所谓合理是指排水经营者在持续、正常的生产经营活动过程中发生的生产成本、费用要符合国家有关法律、法规和财务会计制度的规定。例如，《定价成本监审办法》第四条规定："凡是本期成本应负担的费用，不论款项是否支付，均应计入本期成本；凡是不属于本期成本应负担的费用，即使款项已经支出，也不能计入本期成本。"因此，计算合理的定价成本就要剔除不合理因素，应该计入而未计入的成本则应计入，如应提未提的折旧费、应支未支的修理费、应计入而未计入的职工工资等。

（2）合理收益原则。《水价办法》对供水的合理收益做出了明确规定，并明确了相应的计算方法。非农业用水中的合理收益是参照一般基础设施项目的投资回报率确定的，按高于国内商业银行长期贷款利率的2~3个百分点确定。排水费中的利润可以按略低于供水价格的利润率计提。国家税法目前尚未规定计提排水费的税金，可暂不计入，具体按国家税法规定办理。

（3）公平负担原则。公平负担原则主要体现在以下3个方面：一是具有综合利用功能的排水工程的运行成本要在不同功能（如供水、排水、防洪）之间分摊。二是排水成本在不同排水户之间合理分摊。制定排水价格时，要充分考虑农业、生活、工业排水的性质，充分考虑排水户的承受能力，体现排水户之间的公平负担。供、排兼用的水利工程，排水价格应单独核定标准，与供水水费分别计收。三是通过排水价格的核定做到补偿成本、合理收益，体现受益者与投资者之间的合理负担。

（4）略低于供水价格的原则。《水价办法》第二十七条规定："除农民受益的农田排涝工程外，受益范围明确的水利排涝工程，管理单位可向受益的单位和个人收取排水费，标准由有管理权限的价格主管部门按略低于供水价格的原则核定。""略低于"3个字的内涵有3个方面：一是必须按供水价格的成本、费用核定的办法来核定排水生产成本、费用，确保排水工程的耗费补偿；二是非农业排水价格的利润按略低于供水价格的利润核算；三是非农业排水费是否计入税金，具体要求按国家税法规定办理。

五、水利工程排水价格各组成部分的核算

排水价格组成与供水价格组成相同，包括生产成本、费用、利润及税金。

（一）排水生产成本的核算

（1）按不同会计制度整理、收集、汇总生产总成本。由于全国各地方水利工程管理单位管理模式不同，因而所使用的财务会计制度也有所不同。一是使用《水利工程管理单位会计制度》的排水单位，其排水生产成本实际发生额核算比较清晰。该制度规定在成本类会计科目中设置"供排水生产"一级科目，下设"供水生产""排水生产"两个明细科目，排水生产成本实际发生额只属"排水生产"明细科目，成本项目明朗清晰。二是如果排水单位使用《事业单位会计制度》《企业会计制度》，那么就要重新组织、整理、汇集排水生产成本。

（2）合理确定生产成本项目。在核算出的全部生产成本的基础上，按照《水价办法》等有关规定的要求，将排水生产成本总额划分为"直接工资""直接材料费""其他直接支出""制造费用"四类成本项目。

（3）生产成本的核定。对排水单位发生的生产成本按《定价成本监审办法》进行认真审查、合理选定，对不合理、不正常的予以剔除，对未计入的按规定进行计算后再计入成本。

（二）排水生产费用的核算

（1）"销售费用"与"营业费用"核算内容的界定。《水价办法》在"生产费用"设置"销售费用"科目，《水利工程管理单位会计制度》在"生产费用"设置"营业费用"科目，其核算内容是相同的，在水价核算中"销售费用"科目等同"营业费用"科目。

（2）生产费用核算。生产费用包括销售费用、管理费用和财务费用。

（三）排水利润、税金的核算

对于非农业排水价格如需按规定应计入利润和税金。

六、特征值的确定

在核算排水价格时,涉及保护范围内的排水量、保护面积、产值(或固定资产原值)等特征值,可按以下方法确定。

1. 排水量的确定

排水量包括排涝、排洪和排污水量。对于已经运行多年的排水工程,其排涝、排洪水量可按照多年实际发生的平均值确定。但由于排涝、排洪与供水不一样,并非每年都会发生,因此建议计算多年平均值的连续年限应不少于10年。对于刚投入运行的排水工程,其排涝、排洪水量可按设计资料提供的数据确定。

至于排污水量,由于各排污口分散等原因,很难统一测量,可根据排水工程管理单位每年向排污的工矿企、事业单位收取排污费的计费水量为依据,也可采用当地统计年鉴提供的数据。

2. 保护面积的确定

保护范围内的排水面积一般分农业排水面积和非农业排水面积。农业排水面积包括排水设计保护范围内的作物、林果种植面积和水产养殖等农业生产用地面积。

非农业排水面积包括排水设计保护范围内的城、镇占地面积和农村范围内的公路、铁路及生产企业占地面积。此项数据根据设计有关资料由设计部门提供。

3. 保护范围内的产值或固定资产原值的确定

当排水费按设计保护范围内的受益对象的总产值或固定资产原值计收时,可按产值或固定资产原值核算非农业排水价格。保护范围内的产值或固定资产原值可用当地统计年鉴的资料并结合实地调查加以分析确定。

第五章

水利工程的招标与投标

水利工程建设项目类型较多，施工复杂，工期长。为了有效控制使用国家的建设资金，国内外广泛采用工程建设项目招标投标作为科学合理的工程承发包方式。本章主要探讨了水利工程招标与投标的界定、分类，水利工程招标的一般程序、编制、决策和技巧。

第一节 水利工程招标与投标概述

一、工程招标与投标的概念

招标与投标是市场经济中用于采购大宗商品的一种交易方式，也是国内外广泛采用的分派建设任务主要的交易方式。工程招标是指招标人（业主或建设单位）为发包方，根据拟建工程的内容、工期、质量和投资额等技术经济要求，公开或非公开邀请有资格和能力的投标人报出工程价格，从中择优选取可承担可行性研究、勘察、设计、施工等任务的承包单位。工程项目投标是指经招标人审查获得投标资格的投标人，按照招标条件和自己的能力，在规定的期限内向招标人填报投标书，并争取中标，达成协议的过程。

二、工程招标与投标的发展

为了规范招标投标活动，保护国家、社会的公共利益，保证项目质量，我国自1984年起推行工程建设项目招标投标制，这对控制工期、保证工程质量、降低工程造价、提高经济效益、健全建筑市场竞争机制起到了重要的作用。

1999年8月30日，第九届全国人大常委会第十一次会议通过了《中华人民共和国招标投标法》（以下简称《招标投标法》），自2000年1月1日起施行。

2001年10月29日水利部以第14号部令发布了《水利工程建设项目招标投标管理规定》，自2002年1月1日起施行。

《中华人民共和国标准施工招标资格预审文件》（以下简称《标准施工招标资格预审文件》）和《中华人民共和国标准施工招标文件》（以下简称《标准施工招标文件》）自2008年5月1日起施行。

在《标准施工招标资格预审文件》和《标准施工招标文件》的基础上，结合水利水电工程特点和行业管理的需要，水利部组织编制了《水利水电工程标准施工招标资格预审文件》和《水利水电工程标准施工招标文件》（以下简称《水利水电工程标准文件》），自2010年2月1日起施行。凡列入国家或地方投资计划的大中型水利水电工程使用《水利水电工程标准文件》，小型水利水电工程可参照使用。《中华人民共和国招标投标法实施条例》自2012年2月1日起施行。这些法律、法规、条例、示范文本等使招标投标有法可依、有规可循。

三、工程项目招标的分类

1. 按招标的性质分类

（1）项目开发招标。项目开发招标是指建设单位（业主）邀请工程咨询单位对建设项目进行可行性研究，其"标的物"是可行性研究报告。中标的工程咨询单位必须对自己提供的研究成果认真负责，可行性研究报告应得到业主的认可。

（2）监理招标。监理招标是通过竞争方式选择工程监理单位的一种方法。监理招标的"标的物"为监理工程师提供的服务。

（3）勘察设计招标。勘察设计招标根据通过的可行性研究报告所提出的项目设计任务书，择优选择承包工程项目勘察设计工作的承包商。其"标的物"是勘察和设计成果。

（4）工程施工招标。在工程项目的初步设计或施工图设计完成以后，用招标的方式选择施工承包商，其"标的物"是向建设单位（业主）交付按设计规定的建筑产品。

（5）材料、设备招标。工程建设中，材料、设备费占工程总投资的比重很大，招标人通过招标的方式选择承包材料、设备的供应商，其"标的物"是所需要的建筑材料、建筑构件和设备等。

2. 按工程承包的范围分类

（1）建设项目总承包招标。从项目的可行性研究、勘察设计、材料和设备采购、工程施工、生产准备，直到竣工投产交付使用而进行的一次性招标。

（2）专项工程承包招标。专项工程承包招标指在工程承包招标中，对其中某些比较复杂或专业性强，或施工和制作要求特殊的单项工程，单独进行招标。

四、工程项目招标的方式

国际上,常采用的招标方式有以下三种形式。

1. 公开招标

公开招标也称无限竞争性招标。招标人依据《招标投标法》的有关规定,在国内外主要报纸、招标网、电视台等公开的媒介上发布招标广告,凡对此招标工程项目有兴趣的承包商均有同等的机会购买资格预审文件,并参加资格预审,预审合格后均可购买招标文件进行投标。

这种方式可以为一切符合条件并有能力的承包商提供一个平等的竞争机会,促使承包商加强管理、提高工程质量和降低工程成本,使招标人在众多的投标人中选择一个比较理想的承包商,从而有利于降低工程造价、保证工程质量和缩短工期。但由于参与竞争的承包商可能有很多,资格预审和评标的工作量可能会增加。

2. 邀请招标

邀请招标也称有限竞争性选择招标。这种方式不发布广告,而是业主根据自己的经验和所掌握的有关承包商的各种信息资料,向那些被认为有能力且信誉好的承包商发出邀请,请他们来参加投标。一般邀请5～10家(但不能少于3家)前来投标。

这种招标方式花费的精力少,省时。但由于经验和信息资料有一定的局限性,有可能漏掉一些在技术上、报价上有竞争力的后起之秀。

3. 议标

议标也称非竞争性招标或指定性招标。这种方式是招标人邀请一家,最多不超过两家承包商来直接协商谈判。实际上这是一种合同谈判的形式。这种方式适用于工程造价较低、工期紧、专业性强或军事保密的工程。其优点是可以节省时间,容易达成协议,迅速开展工作。

但在我国招标投标法中规定，我国的招标方式只有公开招标和邀请招标两种形式。

第二节 水利工程招标一般程序与编制

一、水利工程招标的一般程序

从招标人的角度看，水利工程招标的一般程序主要有以下几个环节。

（一）设立招标组织或者委托招标代理人

应当招标的工程建设项目，办理报建登记手续后，凡已满足招标条件的，均可组织招标，办理招标事宜。招标组织者组织招标必须具有相应的组织招标的资质。

（二）办理招标备案手续，申报招标的有关文件

招标人在依法设立招标组织并取得相应的招标组织资质证书，或者书面委托具有相应资质的招标代理人后，就可开始组织招标、办理招标事宜。招标人自己组织招标、自行办理招标事宜或者委托招标代理人代理组织招标、代为办理招标事宜的，应当向有关行政监督部门备案。

（三）发布招标公告或者发出投标邀请书

公开招标应采用招标公告的形式。招标公告应在指定媒介发布，国家指定的媒介有《中国日报》《中国建设报》《中国采购与招标网》等。

邀请招标采用投标邀请函的形式。邀请招标时，不需要发布招标公告，

由招标人自行邀请不少于3家的符合资质要求的企业投标。

（四）对投标资格进行审查

成立资格预审小组，对投标企业的资质进行审查，符合招标要求资质的企业方可领取标书。

（五）分发招标文件和有关资料，收取投标保证金

招标人向经审查合格的投标人分发招标文件及有关资料，并向投标人收取投标保证金。公开招标实行资格后审的，直接向所有投标报名者分发招标文件和有关资料，收取投标保证金。

招标文件发出后，招标人不得擅自变更其内容。确需进行必要的澄清、修改或补充的，应当在招标文件要求的提交投标文件截止时间至少15天前，书面通知所有获得招标文件的投标人。该澄清、修改或补充的内容是招标文件的组成部分，对招标人和投标人都有约束力。

投标保证金是为防止投标人不经审慎考虑进行投标活动而设定的一种担保形式，是投标人向招标人缴纳的一定数额的金钱。招标人发售招标文件后，不希望投标人不递交投标文件或递交毫无意义或未经充分、慎重考虑的投标文件，更不希望投标人中标后撤回投标文件或不签署合同。因此，为了约束投标人的投标行为，保护招标人的利益，维护招标投标活动的正常秩序，特设立投标保证金制度，这也是国际上的一种习惯做法。投标保证金的收取和缴纳办法，应在招标文件中说明，并按招标文件的要求进行。

投标保证金的直接目的虽是保证投标人对投标活动负责，但其一旦缴纳和接受，对双方都有约束力。对投标人而言，缴纳投标保证金后，如果投标人按规定的时间要求递交投标文件；在投标有效期内未撤回投标文件；经开标、评标获得中标后与招标人订立合同的，就不会丧失投

标保证金。投标人未中标的,在定标发出中标通知书后,招标人原额退还其投标保证金;投标人中标的,在依中标通知书签订合同时,招标人原额退还其投标保证金。如果投标人未按规定的时间要求递交投标文件,或在投标有效期内撤回投标文件,或经开标、评标获得中标后不与招标人订立合同的,就会丧失投标保证金。而且,丧失投标保证金并不能免除投标人因此而应承担的赔偿和其他责任,招标人有权就此向投标人或投标保函出具者索赔或要求其承担其他相应的责任。

就招标人而言,收取投标保证金后,如果不按规定的时间要求接受投标文件,在投标有效期内拒绝投标文件,或中标人确定后不与中标人订立合同的,则要双倍返还投标保证金。而且,双倍返还投标保证金并不能免除招标人因此而应承担的赔偿和其他责任,投标人有权就此向招标人索赔或要求其承担其他相应的责任。如果招标人收取投标保证金后,按规定的时间要求接受投标文件;在投标有效期内未拒绝投标文件;中标人确定后与中标人订立合同的,仅需原额退还投标保证金。

投标保证金可采用现金、支票、银行汇票,也可以是银行出具的银行保函。银行保函的格式应符合招标文件提出的格式要求。投标保证金的额度,根据工程投资大小由业主在招标文件中确定。在国际上,投标保证金的数额较高,一般设定在占投资总额的1%~5%。而我国的投标保证金数额,则普遍较低。如有的规定最高不超过1 000元,有的规定一般不超过5 000元,有的规定一般不超过投标总价的2%,还有的规定一般占工程造价的0.5%~1%等。投标保证金有效期为直到签订合同或提供履约保函为止,通常为3~6个月,一般不应超过投标有效期的28天。

(六)组织投标人踏勘现场,对招标文件进行答疑

招标文件分发后,招标人要在招标文件规定的时间内,组织投标人踏勘现场,并对招标文件进行答疑。招标人组织投标人进行踏勘现场,

主要目的是为了让投标人了解工程现场和周围的环境情况，获取必要的信息。现场踏勘的主要内容包括：现场是否达到招标文件规定的条件；现场的地理位置和地形、地貌；现场的地质、土质、地下水位、水文等情况；现场气温、湿度、风力、年雨雪量等气候条件；现场交通、饮水、污水排放、生活用电、通信等环境情况；工程在现场中的位置与布置；临时用地、临时设施搭建等。

（七）召开开标会议

投标预备会结束后，招标人就要为接受投标文件、开标做准备。接受投标工作结束后，招标人要按招标文件的规定准时开标、评标。具体开标过程如下：

（1）开标会时间。开标应当在招标文件确定的提交投标文件截止时间的同一时间公开进行。

（2）开标会地点。开标地点应当为招标文件中预先确定的地点。按照国家的有关规定和各地的实践情况，招标文件中预先确定的开标地点，一般均应为建设工程交易中心。

（3）开标会人员。参加开标会议的人员，包括招标人或其代表人、招标代理人、投标人法定代表人或其委托代理人、招标投标管理机构的监管人员和招标人自愿邀请的公证机构的人员等。评标组织成员不参加开标会议。开标会议由招标人或招标代理人组织，由招标人或招标人代表主持，并在招标投标管理机构的监督下进行。

（4）开标会程序。开标会议的程序一般包括：

①参加开标会议的人员签名报到，表明与会人员已到会。

②主持人宣布开标会议开始，宣读招标人法定代表人资格证明或招标人代表的授权委托书，介绍参加会议的单位和人员名单，宣布唱标人员、

记录人员名单。唱标人员一般由招标人的工作人员担任，也可以由招标投标管理机构的人员担任。记录人员一般由招标人或其代理人的工作人员担任。

③介绍工程项目有关情况，请投标人或其推选的代表检查投标文件的密封情况，并签字予以确认。也可以请招标人自愿委托的公证机构检查并公证。

④由招标人代表当众宣布评标定标办法。

⑤由招标人或招标投标管理机构的人员核查投标人提交的投标文件和有关证件、资料，检视其密封、标志、签署等情况。经确认无误后，当众启封投标文件，宣布核查检视结果。

⑥由唱标人员进行唱标。唱标是指公布投标文件的主要内容，当众宣读投标文件的投标人名称、投标报价、工期、质量、主要材料用量、投标保证金、优惠条件等主要内容。唱标顺序按各投标人报送的投标文件时间先后的逆顺序进行。

⑦由招标投标管理机构当众宣布审定后的标底。

⑧由投标人的法定代表人或其委托代理人核对开标会议记录，并签字确认开标结果。

开标会议的记录人员应现场制作开标会议记录，将开标会议的全过程和主要情况，特别是投标人参加会议的情况、对投标文件的核查检视结果、开启并宣读的投标文件和标底的主要内容等，当场记录在案，并请投标人的法定代表人或其委托代理人核对无误后签字确认。开标会议记录应存档备查。投标人在开标会议记录上签字后，即退出会场。至此，开标会议结束，转入评标阶段。

以下情况视为投标文件无效：

未按招标文件的要求标志、密封的；无投标人公章和投标人的法定代表人或其委托代理人的印鉴或签字的；投标文件标明的投标人在名称和法律地位上与通过资格审查时不一致，且这种不一致明显不利于招标人或为招标文件所不允许的；未按招标文件规定的格式、要求填写，内容不全或字迹潦草、模糊、辨认不清的；投标人在一份投标文件中对同一招标项目报有两个或多个报价，且未书面声明以哪个报价为准的；逾期送达的；投标人未参加开标会议的；提交合格的撤回通知的。

有上述情形，如果涉及投标文件实质性内容的，应当留待评标时由评标组织评审、确认投标文件是否有效。实践中，对在开标时就被确认无效的投标文件，也有不启封或不宣读的做法。如投标文件在启封前被确认为无效的，不予启封；在启封后唱标前被确认为无效的，不予宣读。在开标时确认投标文件是否无效，一般应由参加开标会议的招标人或其代表进行，确认的结果投标当事人无异议的，经招标投标管理机构认可后方可宣布。如果投标当事人有异议的，则应留待评标时由评标组织评审确认。

（八）组建评标组织进行评标

开标会议结束后，招标人要接着组织评标。评标必须在招标投标管理机构的监督下，由招标人依法组建的评标组织进行。组建评标组织是评标前的一项重要工作。

评标组织由招标人的代表和有关经济、技术等方面的专家组成。其具体形式为评标委员会，实践中也有是评标小组的。评标组织成员的名单在中标结果确定前应当保密。

评标一般采用评标会的形式进行。参加评标会的人员为招标人或其代表人、招标代理人、评标组织成员、招标投标管理机构的监管人员等。投标人不能参加评标会。评标会由招标人或其委托的代理人召集，由评标组织负责人主持。评标会的程序主要有：

（1）开标会议结束后，投标人退出会场，参加评标会的人员进入会场，由评标组织负责人宣布评标会开始。

（2）评标组织成员审阅各个投标文件，主要检查确认投标文件是否实质上响应招标文件的要求；投标文件正副本之间的内容是否一致；投标文件是否有重大漏项、缺项；是否提出了招标人不能接受的保留条件等。

（3）评标组织成员根据评标定标办法的规定，只对未被宣布无效的投标文件进行评议，并对评标结果签字确认。

（4）如有必要，评标期间，评标组织可以要求投标人对投标文件中不清楚的问题作必要的澄清或者说明，但是，澄清或者说明不得超出投标文件的范围或改变投标文件的实质性内容。所澄清和确认的问题，应当采取书面形式，经招标人和投标人双方签字后，作为投标文件的组成部分，列入评标依据范围。在澄清会谈中，不允许招标人和投标人变更或寻求变更价格、工期、质量等级等实质性内容。开标后，投标人对价格、工期、质量等级等实质性内容提出的任何修正声明或者附加优惠条件，一律不得作为评标组织评标的依据。

（5）评标组织负责人对评标结果进行校核，按照优劣或得分高低排出投标人顺序，并形成评标报告，经招标投标管理机构审查确认无误后，即可根据评标报告确定出中标人。至此，评标工作结束。

从评标组织评议的内容来看，通常可以将评标的程序分为两段三审。两段即初审阶段和终审阶段。初审即对投标文件进行符合性评审、技术性评审和商务性评审，从未被宣布为无效或作废的投标文件中筛选出若干具备评标资格的投标人。终审是指对投标文件进行综合评价与比较分析，对初审筛选出的若干具备评标资格的投标人进行进一步澄清、答辩，择优确定出中标候选人。三审就是指对投标文件进行的符合性评审、技术性评审和商务性评审。应当说明的是，终审并不是每一项评标都必须有的，如未采用单项评议法的，一般就可不进行终审。

评标组织对投标文件审查、评议的主要内容包括：

（1）对投标文件进行符合性鉴定。包括商务符合性和技术符合性鉴定。投标文件应实质上响应招标文件的要求。所谓实质上响应招标文件的要求，就是指投标文件应该与招标文件的所有条款、条件和规定相符，无显著差异或保留。如果投标文件实质上不响应招标文件的要求，招标人应予以拒绝，并不允许投标人通过修正或撤销其不符合要求的差异或保留，使之成为具有响应性的投标文件。

（2）对投标文件进行技术性评估。主要包括对投标人所报的方案或组织设计、关键工序、进度计划，人员和机械设备的配备，技术能力，质量控制措施，临时设施的布置和临时用地情况，以及施工现场周围环境污染的保护措施等进行评估。

（3）对投标文件进行商务性评估。指对确定为实质上响应招标文件要求的投标文件进行投标报价评估，包括对投标报价进行校核，审查全部报价数据是否有计算上或累计上的算术错误，分析报价构成的合理性。发现报价数据上有算术错误，修改的原则是：如果用数字表示的数额与用文字表示的数额不一致时，以文字数额为准；当单价与工程量的乘积与合价之间不一致时，通常以标出的单价为准，除非评标组织认为有明显的小数点错位，此时应以标出的合价为准，并修改单价。按上述原则调整投标书中的投标报价，经投标人确认同意后，对投标人起约束作用。如果投标人不接受修正后的投标报价，则其投标将被拒绝。

（4）对投标文件进行综合评价与比较。评标应当按照招标文件确定的评标标准和方法，按照平等竞争、公正合理的原则，对投标人的报价、工期、质量、主要材料用量、施工方案或组织设计、以往业绩和履行合同的情况、社会信誉、优惠条件等方面进行综合评价和比较，并与标底进行对比分析，通过进一步澄清、答辩和评审，公正合理地择优选定中标候选人。

评标组织的评标定标方法，主要有单项评议法、综合评议法、两阶段评议法等。这些评标定标方法的具体内容和要求，将在以下单元论述。

（九）择优定标，发出中标通知书

评标结束后应当产生出定标结果。招标人在根据评标组织提出的书面评标报告和推荐的中标候选人确定中标人，也可以授权评标组织直接确定中标人。定标应当择优，经评标能当场定标的，应当场宣布中标人；不能当场定标的，中小型项目应在开标之后7天内定标，大型项目应在开标之后14天内定标；特殊情况需要延长定标期限的，应经招标投标管理机构同意。招标人应当自定标之日起15天内向招标投标管理机构提交招标投标情况的书面报告。

中标人的投标应符合下列条件之一：

（1）能够最大限度地满足招标文件中规定的各项综合评价标准。

（2）能够满足招标文件的实质性要求，并且经评审投标价格最低，但投标价格低于成本的除外。

（十）签订合同

中标人收到中标通知书后，招标人、中标人双方应具体协商谈判签订合同事宜，形成合同草案。在各地的实践中，合同草案一般需要先报招标投标管理机构审查。招标投标管理机构对合同草案的审查，主要是看其是否按中标的条件和价格拟订。经审查后，招标人与中标人应当自中标通知书发出之日起30天内，按照招标文件和中标人的投标文件正式签订书面合同。招标人和中标人不得再订立背离合同实质性内容的其他协议。同时，双方要按照招标文件的约定相互提交履约保证金或者履约保函，招标人还要退还中标人的投标保证金。招标人如拒绝与中标人签订合同除双倍返还投标保证金外，还需赔偿有关损失。履约保证金或履约保函是为约束招标人和中标人履行各自的合同义务而设立的一种合同担保形式。其有效期通常为2年，一般直至履行了义务（如提供了服务、交付了货物或工程已通过了验收等）为止。招标人和中标人在订立合同，相互提交履约保证金或者履约保函时，应注意指明履约保证金或履约保函到期的具体日期，如果不能具体指明到期日期的，也应在合同中明确履约保证金或履约保函的失效时间。如果合同规定的项目在履约保证金或履约保函到期日未能完成的，则可以对履约保证金或履约保函展期，即延长履约保证金或履约保函的有效期。履约保证金或履约保函的金额，通常为合同标的额的5%~10%，也有的规定不超过合同金额的5%。合同订立后，应将合同副本分送各有关部门备案，以便接受保护和监督。至此，招标工作全部结束。招标工作结束后，应将有关文件资料整理归档，以备查考。

二、水利工程招标文件的编制

（一）水利工程招标文件概述

1. 水利工程招标文件的概念

水利工程招标文件，是水利工程招标人单方面阐述自己的招标条件和具体要求的意思表示，是招标人确定、修改和解释有关招标事项的各种书面表达形式的统称。

2. 招标文件的编审规则

水利工程招标文件由招标人或招标人委托的招标代理人负责编制，

由水利工程招标投标管理机构负责审定。未经建设工程招标投标管理机构的审定，建设工程招标人或招标代理人不得将招标文件分送给投标人。

从实践来看，编制和审定建设工程招标文件应当遵循以下规则：

（1）遵守法律、法规、规章和有关方针、政策的规定，符合有关贷款组织的合法性要求。保证招标文件的合法性，是编制和审定招标文件必须遵循的一个根本原则。不合法的招标文件是无效的，不受法律保护。

（2）真实可靠、完整统一、具体明确、诚实信用。招标文件反映的情况和要求，必须真实可靠、讲求信用，不能欺骗或误导投标人。招标人或招标代理人对招标文件的真实性负责。招标文件的内容应当全面系统、完整统一，各部分之间必须力求一致，避免相互矛盾或冲突。招标文件确定的目标和提出的要求，必须具体明确，不能发生歧义，模棱两可。

（3）适当分标。工程分标是指就工程建设项目全过程（总承包）中的勘察、设计、施工等阶段招标，分别编制招标文件，或者就工程建设项目全过程招标或勘察、设计、施工等阶段招标中的单位工程、特殊专业工程，分别编制招标文件。工程分标必须保证工程的完整性、专业性，正确选择分标方案，编制分标工程招标文件，不允许任意肢解工程，一般不能对单位工程再分部、分项招标，编制分部、分项招标文件。属于对单位工程分部、分项单独编制的招标文件，建设工程招标投标管理机构不予审定和认可。

（4）兼顾招标人和投标人双方的利益。招标文件的规定要公平合理，不能不恰当地将招标人的风险转移给投标人。

3.工程招标文件的意义

工程招标文件具有十分重要的意义。具体主要体现在以下三个方面。

（1）工程招标文件是投标的主要依据和信息源。招标文件是提供给投标人的投标依据，是投标人获取招标人意图和工程招标各方面信息的主要途径。投标人只有认真研读招标文件，领会其精神实质，掌握其各项具体要求和界限，才能保证投标文件对招标文件的实质性响应，顺利通过对投标文件的符合性鉴定。

（2）工程招标文件是合同签订的基础。招标文件是一种要约邀请，其目的在于引出潜在投标人的要约（即投标文件），并据以对要约进行比较、评价（即评标），作出承诺（即定标）。因此，招标文件是工程招标中要约和承诺的基础。在招标投标过程中，无论是招标人还是投标人，都可能对招标文件提出这样那样的修改和补充意见或建议，但不管怎样修改和补充，其基本的内容和要求通常是不会变的，也是不能变的，所以，招标文件的绝大部分内容，事实上都将会变成合同的内容。招标文件是招标人与中标人签订合同的基础。

（3）工程招标文件是政府监督的对象。招标文件既是招标投标管理机构的审查对象，同时也是招标投标管理机构对招标投标活动进行监管的一个重要依据。换句话说，政府招标投标管理机构对招标投标活动的监督，在很大程度上就是监督招标投标活动是否符合经审定的招标文件的相关规定。

（二）水利工程招标文件编制前的准备工作

编制招标文件前的准备工作有很多，如收集资料、熟悉情况、确定招标发包承包方式、划分标段与选择分标方案等。其中，选定招标发包承包方式和分标方案，是编制招标文件前最重要的两项准备工作。

1. 确定工程承发包方式

招标发包承包方式，是指招标人（发包人）与投标人（承包人）双方之间的经济关系形式。从发包承包的范围、承包人所处的地位和合同计价方式等不同的角度，可以对工程招标发包承包方式进行不同的分类。

在编制招标文件前，招标人必须根据并综合考虑招标项目的性质、类型和发包策略，招标发包的范围，招标工作的条件、具体环境和准备程度，项目的设计深度、计价方式和管理模式，以及对发包人、承包人的便利程度等因素，适当地选择拟在招标文件中采用的招标发包承包方式。实践中，比较常见的建设工程招标发包承包的方式主要有以下几种。

（1）建设全过程发包承包、阶段发包承包和专项发包承包。按照发包承包的范围，可以将建设工程招标发包承包方式分为建设全过程发包承包、阶段发包承包和专项发包承包。

①建设全过程发包承包，也叫统包、一揽子承包、交钥匙合同。它是指发包人（建设单位）一般只要提出使用要求、竣工期限或对其他重大决策性问题作出决定，承包人就可对项目筹划、可行性研究、勘察、设计、材料订货、设备询价与选购、建造安装、装饰装修、职工培训、竣工验收，直到投产使用和建设后评估等全过程，实行全面总承包，并负责对各项分包任务和必要时被吸收参与工程建设有关工作的发包人的部分力量，进行统一组织、协调和管理。

建设全过程承包，一般主要适用于各种大中型建设项目，通常只有经验丰富、实力雄厚的工程总承包公司（集团）才能承担得起。在实践中，工程总承包公司（集团）主要是某些大的施工承包商和勘察、设计单位组成的一体化承包公司，或者更进一步扩大到若干专业承包商和材料设备的生产供应厂商，形成横向的经济联合体。采用建设全过程发包承包方式，对充分利用承包商来弥补发包人建设经验的不足，节约工程投资和保证工程质量，具有积极的意义。

②阶段发包承包。是指发包人、承包人就建设过程中某一阶段或某些阶段的工作，如勘察、设计或施工、材料设备供应等，进行发包承包。必须注意，阶段承包不是就建设全过程的全部工作进行发包承包，而只

是就其中的一个或几个阶段的全部或部分工程任务进行发包承包。这是阶段发包承包和建设全过程发包承包的主要区别。

阶段发包承包，可以进一步划分为可研阶段发包承包、勘察阶段发包承包、设计阶段发包承包、施工阶段发包承包等。其中，施工阶段发包承包，还可依发包承包的具体内容，再细分为以下三种方式：

a. 包工包料，即工程施工所用的全部人工和材料由承包人负责。

b. 包工部分包料，即承包人只负责提供施工的全部人工和一部分材料，其余部分材料由发包人或总承包人负责供应。

c. 包工不包料，又称包清工，实质上是劳务承包，即承包人（实践中大多是分包人）仅提供劳务而不承担任何材料供应的义务。

上述三种方式中的所谓包工，均是指承包国家有关工程建设定额规定中的人工定额部分或由双方根据具体情况估算、约定的人工。

③专项发包承包，也称作专业发包承包。实践中，专项发包承包主要用于可研阶段的辅助研究项目；勘察设计阶段的工程地质勘察、供水水源勘察、基础或结构工程设计、工艺设计，供电系统、空调系统及防灾系统的设计；施工阶段的深基础施工、金属结构制作和安装、通风设备和电梯安装；建设准备阶段的设备选购和生产技术人员培训等专门项目。由于专门项目专业性强，实践中常常是由有关专业分包人承包，所以，专项发包承包也称专业发包承包。

（2）总承包、分承包、独立承包、联合承包和直接承包。按照承包人所处的地位，可以将建设工程招标发包承包方式分为总承包、分承包、独立承包、联合承包和直接承包。

①总承包。简称总包，是指发包人将一个建设项目建设全过程或其中某个或某几个阶段的全部工作，发包给一个承包人承包，该承包人可以将自己承包范围内的若干专业性工作，再分包给不同的专业承包人去

完成，并统一协调和监督他们的工作，各专业承包人只同这个承包人发生直接关系，不与发包人（建设单位）发生直接关系。在实践中，总承包主要有两种情况：a. 建设全过程总承包；b. 建设阶段总承包。

其中建设阶段总承包主要包括下列情形：勘察、设计、施工、设备采购总承包；施工总承包；勘察、设计总承包；勘察、设计、施工总承包；施工、设备采购总承包；投资、设计、施工总承包，即建设项目由承包商贷款垫资，并负责规划设计、施工，建成后再转让给发包人（建设单位）；投资、设计、施工、经营一体化总承包，即发包人（建设单位）和承包人共同投资，承包人不仅负责项目的可行性研究、规划设计、施工，而且建成后还负责经营几年或几十年，然后再转让给发包人（建设单位）。

采用总承包方式时，可以根据工程具体情况，将工程总承包任务发包给有实力且具有相应资质的咨询公司、勘察设计单位、土建公司以及设计施工一体化的大建筑公司等来承担。

在国外，承包商垫资承包工程是很平常的，我国在过去的实践中也有垫资承包的情况，目前则禁止承包商垫资承包工程。作者认为，这一禁令乃是我国现阶段投资体制改革不到位、市场机制发育不健全的产物，从长远来看，这是一个权宜之计，具有明显的阶段性。

②分承包。简称分包，是相对于总承包而言的，指从总承包人承包范围内分包某一分项工程，如土方、模板、钢筋等工程，或某种专业工程，如钢结构制作和安装、电梯安装、卫生设备安装等工程，分承包人不与发包人（建设单位）发生直接关系，而只对总承包人负责，在现场上由总承包人统筹安排其活动。

分承包人承包的工程，不能是总承包范围内的主体结构工程或主要部分（关键性部分），主体结构工程或主要部分必须由总承包人自行完成。在实践中，分承包人通常为专业工程公司，如设备安装公司、工业炉窑公司、装饰工程公司等。

分承包主要有两种情形：a.总承包合同约定的分包，总承包人可以直接选择分包人与之订立分包合同；b.总承包合同未约定的分包，须经发包人（建设单位、招标人）认可后总承包人方可选择分包人，与之订立分包合同。可见，分包事实上都要经过总发包人（建设单位、招标人）同意后才能进行。

在国际上，分包很流行，分包方式也多种多样。例如，除了由总承包人自行选择分包人签订分包合同的方式外，还存在一种允许由发包人（建设单位、招标人）直接指定分包人的方式。在我国，一般不允许这种指定分包。对发包人直接指定分包的，总承包人有权拒绝。如果总承包人不拒绝并选用了这家分包人的，则视同总承包人自行选择分包人。

③独立承包。独立承包是指承包人依靠自身力量自行完成承包任务等的发包承包方式。通常主要适用于技术要求比较简单、规模不大的工程和修缮工程等。

④联合承包。是相对于独立承包而言的，指发包人将一项工程任务发包给两个以上承包人，由这些承包人联合共同承包。参加联合的各方，通常是采用成立工程项目合营公司、合资公司、联合集团等联营体的形式，推选承包代表人，协调承包人之间的关系，统一与发包人（建设单位）签订合同，共同对发包人承担连带责任。一般来讲，合营公司、联合集团属于松散型联合，合资公司则属于紧密型联合。

采用联合承包的方式，在市场竞争日趋激烈的形势下，优越性十分明显。它可以有效地减弱多家承包商之间的竞争，化解和防范风险，促进他们在报价及投标策略上互相交流经验，在情报、信息、资金、劳力、技术和管理上互相取长补短，有助于充分发挥各自的优势，增强共同承包大型或结构复杂的工程的能力，增加可中标、中好标，共同获取更丰厚利润回报的机会。

⑤直接承包。是指不同的承包人在同一工程项目上，分别与发包人（建设单位）签订承包合同，各自直接对发包人负责的发包承包方式。各承包商之间不存在总承包、分承包的关系，现场的协调工作由发包人自己去做，或由发包人委托一个承包商牵头去做，也可聘请专门的项目经理去做。

（3）总价合同、计量估价合同、单价合同、成本加酬金合同、按投资总额或承包工程量计取酬金的合同。按照合同计价方法的不同，可以将建设工程招标发包承包的方式分为总价合同、计量估价合同、单价合同、成本加酬金合同、按投资总额或承包工程量计取酬金的合同。

①总价合同。又称总价固定合同，是指发包人在招标文件中要求承包人按商定的总价承包工程。通常适用于规模较小、风险不大、技术不太复杂、工期不太长的工程。总价合同通常以图纸和工程说明书为依据，明确承包内容和计算包价，总价一次包定，一般不予变更。此做法承包人比较好估算工程造价，发包人也容易筛选出最低报价，对发包人和承包人来说操作比较简便。但会对承包商有一定的风险，因为如果设计图纸和说明书不太详细，未知数比较多，或者遇到材料突然涨价、地质条件和气候条件恶劣等意外情况，承包人就难以据此比较精确地估算造价，承担的风险就会增大。另外，风险费加大不利于降低工程造价，最终对发包人（建设单位）也不利。

总价合同一般可以分为以下四种：

a. 固定总价合同。其特点主要是，若图纸及工程要求不变则总价不变；若图纸及工程要求有变，则总价也变。风险全由承包商承担。

b. 调值总价合同。其特点主要是，若没有发生通货膨胀，则总价不变；若因通货膨胀引起工料成本增加并达到一定限度尺寸，则总价作相应调整。发包人（业主）承担通货膨胀风险，承包商承担其他风险。

c. 固定工程量总价合同。其主要特点是，若未改变设计或未增加新项目，则总价不变；若改变设计或增加新项目，则总价也变，具体做法是通过合同中已确定的单价来计算新增的工程量和调整总价。

d. 管理费总价合同。其主要特点是，由业主聘请管理专家并支付一笔总的管理费。

②计量估价合同。是指以工程量清单和单价表为计算包价依据的发包承包方式。计量估价合同由发包人（建设单位）委托设计单位或专业估算师提出工程量清单，列出分部、分项工程量，由承包商根据统一计算出来的工程量，经过复核并填上适当的单价再算出总造价，发包人只要审核单价是否合理即可。这种承包方式，承包人承担的风险较小，对承包人、发包人也都比较方便。

③单价合同。是指以工程单价结算工程价款的发包承包方式。工程量实量实算，以实际完成的数量乘单价结算。

一般有以下三种类型：

a. 按分部分项工程单价承包。即由发包人开列分部分项工程名称和计量单位，由承包人投标时逐项填报单价，或由发包人先提出单价，再由承包人认可或提出修改意见后作为正式报价，经双方磋商确定承包单价，然后签订合同，并根据实际完成的工程数量，按此单价结算工程价款。这种承包方式，主要适用于没有施工图、工程量不明就要开工的工程。

b. 按最终产品单价承包。即按每一平方米住宅、每一平方米道路等最终产品的单价承包。其报价方式与按分部分项工程单价承包相同。这种承包方式，通常适用于采用标准设计的住宅、校舍和通用厂房等房屋建筑工程。但对其中因条件不同而造价变化较大的基础工程，则大多采用按计量估价承包或分部分项工程单价承包的方式。投标人自报的单价可按国家预算定额或加调价系数，根据自身的情况作出，报价一次包定；也可商定允许随工资和材料价格指数的变化而调整，具体调整办法在合同中约定。

c.按总价投标和定标，按单价结算工程价款。这种承包方式适用于能比较精确地根据设计文件估算出分部分项工程数量的近似值，但仍可能因某些情况不完全清楚而在实际工作中出现较大变化的工程。例如，在水电或铁路建设中的隧洞开挖，就可能因反常的地质条件而使土石方数量产生较大的变化。为使发包人、承包人双方都能避免由此带来的风险，承包人可以按估算的工程量和一定的单价提出总报价，发包人（建设单位）也以总价和单价作为评标、定标的主要依据，并签订单价承包合同。随后，双方即按实际完成的工程量和合同单价结算工程价款。

④成本加酬金（费用）合同。又称成本补偿合同，是按工程实际发生的成本，加上商定的总管理费和利润来确定工程总价。工程实际发生的成本，主要包括人工费、材料费、施工机械使用费、其他直接费和施工管理费以及各项独立费，但不包括承包企业的总管理费和应缴的所得税。实践中成本费用按实报销，或由发包人与承包人事先估算、商定出一个工程成本，在此基础上，发包人向承包人支付一定的酬金。

成本加酬金合同适用于建设全过程合同（统包合同），对工程内容尚不十分清楚的工程，如遭受自然灾害、战争等破坏后需修复的工程，边设计边施工的紧急工程等。成本加酬金合同简便易行，但发包人不易控制工程总价，承包人不关心降低成本。因为按成本的一定比例提取管理费和利润，成本越大便意味着提取的管理费和利润也越高，这样承包人不仅不会注意对成本的精打细算，反而会希望成本增大。

⑤按投资总额或承包工程量计取酬金的合同。这种方式主要适用于可行性研究、勘察设计和材料设备采购供应等单项承包业务。承包可行

性研究的计费方法通常是：根据委托方的要求和所提供的资料情况，拟定工作项目，估计完成任务所需的各种专业人员数目和工作时间，据以计算工资、差旅费以及其他各项开支，再加上企业总管理费，汇总即可得出承包费用总额。勘察费的计费方法，是按完成的工作量和相应的费用定额计取。工业建设项目的设计费控制在概算投资的2%以内；民用建设项目的设计费控制在概算投资的1.5%以内；采用标准设计的项目设计费率应低于0.5%。物资承包公司供应材料按材料价款的0.8%计取承包业务费，设备采购按其总价的1%计取承包业务费。

2. 分标方案的选择

工程是可以进行分标的。因为一个水利建设项目投资额很大，所涉及的各个项目技术复杂，工程量也巨大，往往一个承包商难以完成。为了加快工程进度，发挥各承包商的优势，降低工程造价，对一个水利建设项目进行合理分标是非常必要的。因此，编制招标文件前，应适当划分标段，选择分标方案。这是一项十分重要而又棘手的准备工作。确定好分标方案后，要根据分标的特点编制招标文件。下面对工程的分标原则进行介绍和说明。

（1）划分原则

分标时必须坚持不肢解工程的原则，保持工程的整体性和专业性。所谓肢解工程，是指将本应由一个承包人完成的工程任务，分解成若干个部分，分别发包给几个承包商去完成。分标时要防止和克服出现肢解工程的现象，关键是要弄清工程建设项目的一般划分和禁止肢解工程的最小单位。

在我国，工程建设项目一般被划分为五个层次：

①建设项目。通常是指批准在一个设计任务书范围内的工程任务。一个建设项目，可以是一个独立工程，也可以包括若干个单项工程。在

一个设计任务书的范围内，按规定分期进行建设的项目，仍算作一个建设项目。在水利工程中，土坝枢纽、重力坝枢纽、水电站厂房土建、水电站厂房安装、一段堤防等为一个建设项目。

②单项工程。又称工程项目，是建设项目的组成部分，是具有独立的设计文件，建成后可以独立发挥生产能力或使用效益的工程。在水利工程中，大坝、溢洪道（洞）、坝区馈电系统、办公楼、发电厂房等是单项工程。

③单位工程。是单项工程的组成部分，是可以进行独立施工的工程。通常，单项工程包含不同性质的工程内容，根据其能否独立施工的要求，将其划分为若干个单位工程。如渠道工程中的隧洞是一个单位工程，枢纽工程中的发电厂设备安装工程也是一个单位工程。民用建筑是以一幢房屋（包括其附属的水、电、卫生、暖气、通风及煤气设施安装）作为一个单位工程。独立的道路工程、采暖工程、输电工程、给水工程、排水工程等，均可作为一个单位工程。

④分部工程。是单位工程的组成部分，一般按建筑物的主要结构、主要部件以及安装工程的种类划分。如水利建筑工程划分为土石方工程、石方工程、堆砌石工程、混凝土工程、灌浆工程、模板工程等。安装工程划分为管道安装工程、设备安装工程、电气安装工程等。我们所说的肢解工程，在国际上也叫平行发包，是允许的，而在我国则是禁止的。

⑤分项工程。是分部工程的组成部分，是根据分部工程的原则划分，再进一步将分部工程划分为若干分项工程。如土石方工程可分为人工挖基土、挖沟槽、回填土等工程，堆砌石工程可分为基础浆砌石、浆砌料石、干砌石、挡土墙砌石等工程。

勘察设计招标发包的最小分标单位为单项工程；施工招标发包的最小分标单位为单位工程。对不能分标发包的工程而进行分标发包的，即构成肢解工程。

（2）标段划分原则

①按工程的特点。例如，工程建设规模大、工程量大、有特殊技术要求、管理不便的，可以考虑对工程进行分标。又如，工程建设场地比较集中、工程量不大、技术上不复杂、便于管理的，可以不进行分标。

②按对工程造价的影响。大型、复杂的工程项目，一般工期长、投资大、技术难题多，因而对承包商在能力、经验等方面的要求很高。对这类工程，如果不分标，可能会使有资格参加投标的承包商数量大为减少，竞争对手少，必然会导致投标报价抬高，招标人就不容易得到满意的报价。如果对这类工程进行分标，就会避免出现这种情况，对招标人、投标人都有利。

③按工程资金的安排情况。建设资金的安排，对工程进度有重要影响。有时，根据资金的筹措、到位情况和工程建设的次序，在不同时间进行分段招标，就十分必要。例如，对于国际工程，当外汇不足时，可以按国内承包商有资格投标的原则进行分标。

④按对工程管理上的要求。现场管理和工程各部分的衔接，也是分标时应考虑的一个因素。分标要有利于现场的管理，尽量避免各承包商之间在现场分配、生活营地、附属厂房、材料堆放场地、交通运输、弃渣场地等方面产生相互干扰，在关键线路上的项目一定要注意相互衔接，防止因一个承包商在工期、质量上的问题而影响其他承包商的工作。

（三）水利工程招标文件的编制原则

招标文件的编制必须遵守国家有关招标投标的法律、法规和部门规章的规定，遵循下列原则和要求：

（1）招标文件必须遵循公开、公平、公正的原则，不得以不合理的条件限制或者排斥潜在投标人,不得对潜在投标人实行待遇歧视。

(2)招标文件必须遵循诚实信用的原则,招标人向投标人提供的工程情况,特别是工程项目的审批、资金来源和落实等情况,都要确保真实和可靠。

(3)招标文件介绍的工程情况和提出的要求,必须与资格预审文件的内容相一致。

(4)招标文件的内容要能清楚地反映工程的规模、性质、商务和技术要求等内容,设计图纸应与技术规范或技术要求相一致,使招标文件系统、完整、准确。

(5)招标文件规定的各项技术标准应符合国家的强制性标准。

(6)招标文件不得要求或者标明具有特定的专利、商标、名称、设计、原产地或建筑材料、构配件等的生产供应者,以及含有倾向或者排斥投标申请人的其他内容。如果必须引用某一生产供应者的技术标准才能准确或清楚地说明拟招标项目的技术标准时,则应当在参照后面加上"或相当于"的字样。

(7)招标人应当在招标文件中规定实质性的要求和条件,并用醒目的方式标明。

(四)水利工程招标文件的组成

招标文件的编制质量是招标工作成功的关键。招标文件是招标采购的基石,它涵盖了招标人的采购目标及要求,同时也是投标人参与投标的主要依据。高质量的招标文件是"公开、公平、公正"原则和"招标人采购目标及要求"原则有机完美的结合,是招标人、技术专家、招标代理人三方共同的智慧结晶。在《中华人民共和国合同法》(以下简称《合同法》)中,招标是要约邀请,投标是要约,中标通知书是承诺。招标文件是指导和规范招标投标活动的纲领性文件，其中绝大部分内容都将构成合同文件的组成部分。一份理想的招标文件是一本严谨的具有法律效力的文件。下面详细介绍工程招标文件由哪些内容组成。

工程招标文件是由一系列有关招标方面的说明性文件资料组成的，包括各种旨在阐释招标人意志的书面文字、图表、电报、传真、电传等材料。一般来讲，招标文件在形式上的构成主要包括正式文本、对正式文本的解释和对正式文本的修改三个部分。

1.招标文件正式文本其形式结构通常分为卷、章和条目，格式如下：

> 第一卷　投标须知、合同条件和合同格式
> 　　第一章　投标须知
> 　　第二章　合同条件
> 　　第三章　合同协议条款
> 　　第四章　合同格式
> 第二卷　技术规范
> 　　第五章　技术规范
> 第三卷　投标文件
> 　　第六章　投标书和投标书附录
> 　　第七章　工程量清单与报价表
> 　　第八章　辅助资料表
> 第四卷　图纸
> 　　第九章　图纸

2.对正式文本的解释

其形式主要是书面答复、投标预备会记录等。投标人如果认为招标文件有问题需要澄清，应在收到招标文件后以文字、电传、传真或电报等书面形式向招标人提出，招标人将以文字、电传、传真或电报等书面

形式或以投标预备会的方式给予解答。解答包括对询问的解释，但不说明询问的来源。解答意见经招标投标管理机构核准后，由招标人送给所有获得招标文件的投标人。

3. 对正式文本的修改

对招标文件正式文本的修改，其形式主要是补充通知、修改意见等。在投标截止日前，招标人可以自己主动对招标文件进行修改，或为解答投标人要求澄清的问题而对招标文件进行修改。修改意见经招标投标管理机构核准，由招标人以文字、电传、传真或电报等书面形式发给所有获得招标文件的投标人。对招标文件的修改，也是招标文件的组成部分，对投标人起约束作用。投标人收到修改意见后应立即以书面形式（回执）通知招标人，确认已收到修改意见。为了给投标人合理的时间，使他们在编制投标文件时将修改意见考虑进去，招标人可以酌情延长递交投标文件的截止日期。

目前，有些国内工程的招标文件编制得比较粗糙，不够详尽。合同专用条款没有具体地明确，工程量清单、工程报价编制原则阐述得不够明晰，评标办法不够详细，等等，使得有些项目中标后迟迟不能签订合同，使得各投标人的报价较混乱、缺少公平竞争的条件，也使得对招标结果的质疑、投诉增多。

根据《合同法》和《招标投标法》的精神，建设工程的招投标过程就是合同谈判和订立的过程，要约和承诺是合同成立的条件，因此，招标文件必须包括主要合同条款。在实行市场形成价格的计价体系条件下，主要合同条款可理解为与合同双方责权利有关的所有条款，只有在双方责权利都具体、明确的前提下，投标人才能够准备相应、合理的报价。因此，在实际操作中，全部合同条款都应包括在招标文件中。

根据《评标委员会和评标办法暂行规定》，招标文件中必须载明详细的评标办法，明确阐明评标和定标具体、详细的程序、方法、标准等。不应仅出现原则性标准，更不应出现模糊的标准，以保证给予所有投标人一个法定的公开、公正、公平的竞争环境。评标办法宜独立成文，作为投标须知的附件，"投标人须知"正文中可仅明确评标办法的类别。

报价是招标投标的核心。目前，国内定额报价普遍被业主和投标商所接受、采用。随着我国加入WTO，我国的造价体系也在逐渐与世界接轨。国际上普遍采用的工程量清单报价在我国正逐渐地被推广、接受和采用。无论什么报价形式，在招标文件中都要载明关于造价三要素"量、价、费"的说明及具体要求，明确工程项目的划分依据、工程量单位、工程量计算规则、计价办法、费用的取定原则等。只有这样，才能给所有投标人一个相同的报价平台，真正体现"三公"原则，方便评委在评标时对报价进行比较。

（五）水利工程招标文件的内容

水利工程招标文件的内容，是水利工程招标文件内在诸要素的总和，反映招标人的基本目标、具体要求以及自愿与投标人达成什么样的关系。

一般来说，水利工程招标文件应包括投标须知，合同条件和合同协议条款，合同格式，技术规范，图纸、技术资料及附件，投标文件的参考格式等几方面内容。

1.投标须知

投标须知正文的内容，主要包括对总则、招标文件、投标文件、开标、评标等诸方面的说明和要求。

（1）总则。投标须知的总则通常包括以下内容：

①工程说明。主要说明工程的名称、位置、合同名称等情况。

②资金来源。主要说明招标项目的资金来源和支付使用的限制条件。

③资质要求与合格条件。这是指对投标人参加投标进而中标的资格要求，主要说明签订和履行合同的目的，投标人单独或联合投标时至少必须满足的资质条件。

一般来讲，投标人参加投标的资质条件在前附表中已注明。投标人参加投标进而中标必须具备前附表中所要求的资质等级。由同一专业的单位组成的联合体，按照资质等级较低的单位确定其资质等级。投标人必须具有独立法人资格（或为依法设立的其他组织）和相应的资质，非本国注册的投标人应按本国有关主管部门的规定取得相应的资质。为获得能被授予合同的机会，投标人应提供令招标人满意的资格文件，以证明其符合投标合格条件和具有履行合同的能力。

④投标费用。投标人应承担其编制、递交投标文件所涉及的一切费用。无论投标结果如何，招标人对投标人在投标过程中发生的一切费用不负任何责任。

（2）招标文件。这是投标须知中对招标文件本身的组成、格式、解释、修改等问题所作的说明。在这一部分，要特别提醒投标人仔细阅读、正确理解招标文件。投标人对招标文件所作的任何推论、解释和结论，招标人概不负责。投标人根据招标文件所进行的任何推论、对招标文件的误解以及招标人对招标项目有关问题的口头解释所编制的投标文件造成的所有后果，均由投标人自负。如果投标人的投标文件不能符合招标文件的要求，责任由投标人承担。实质上不响应招标文件要求的投标文件将被拒绝。招标人对招标文件的澄清、解释和修改，必须采取书面的形式，并送达所有获得招标文件的投标人。

（3）投标文件。这是投标须知中对投标文件各项要求的阐述，主要包括以下几个方面：

①投标文件的语言。投标文件及投标人与招标人之间和投标有关的

来往通知、函件和文件均应使用一种官方主导语言（如中文或英文）。

②投标文件的组成。投标人的投标文件应由下列文件组成：投标书；投标书附录；投标保证金；法定代表人资格证明书；授权委托书；具有标价的工程量清单与报价表；辅助资料表；资格审查表（资格预审的不采用）；按本须知规定提交的其他资料。投标人必须使用招标文件提供的表格格式，但表格可以按同样的格式扩展，投标保证金、履约保证金的方式按投标须知有关条款的规定可以选择。

③投标报价。这是投标须知中对投标价格的构成、采用方式和投标货币等问题的说明。除非合同中另有规定，具有标价的工程量清单中所报的单价和合价，以及报价汇总表中的价格，都应包括施工设备、劳务、管理、材料、安装、维护、保险、利润、税金、政策性文件规定及合同包含的所有风险、责任等各项应有费用。投标人不得以低于成本的报价竞标。投标人应按招标人提供的工程量计算工程项目的单价和合价；或者按招标人提供的施工图，计算工程量，并计算工程项目的单价和合价。工程量清单中的每一单项均需计算填写单价和合价，投标人没有填写单价和合价的项目将不予支付，并认为此项费用已包括在工程量清单的其他单价和合价中。

投标价格可设置以下两种方式以供选择：

a. 价格固定（备选条款 A）。投标人所填写的单价和合价在合同实施期间不因市场变化因素而变动，投标人在计算报价时可考虑一定的风险系数。

b. 价格调整（备选条款 B）。投标人所填写的单价和合价在合同实施期间可因市场变化因素而变动。如果采用价格固定，则删除价格调整；反之，采用价格调整，则删除价格固定。投标文件报价中的单价和合价全部采用招标文件要求的货币种类表示。

④投标有效期。投标文件在投标须知规定的投标截止日期之后的前附表所列的日历日内有效。在原定投标有效期满之前，如果出现特殊情况，经招标投标管理机构核准，招标人可以书面形式向投标人提出延长投标有效期的要求。投标人须以书面形式予以答复，投标人可以拒绝这种要求而不丧失投标保证金。同意延长投标有效期的投标人不允许修改其投标文件，但需要相应地延长投标保证金的有效期，在延长期内投标须知关于投标保证金的退还与不退还的规定仍然适用。

⑤投标保证金。投标人应提供不少于前附表规定数额的投标保证金，此投标保证金是投标文件的一个组成部分。根据投标人的选择，投标保证金可以是现金、支票、银行汇票，也可以是在中国注册的银行出具的银行保函。银行保函的格式，应符合招标文件的格式，银行保函的有效期应超出投标有效期 28 天。对于未能按要求提交投标保证金的投标，招标人将视为不响应投标而予以拒绝。未中标的投标人的投标保证金将尽快退还（无息），最迟不超过规定的投标有效期期满后的 14 天。中标人的投标保证金，按文件要求提交履约保证金并签署合同协议后，予以退还（无息）。投标人有下列情形之一的，投标保证金不予退还：a. 投标人在投标效期内撤回其投标文件的；b. 中标人未能在规定期限内提交履约保证金或签署合同协议的。

⑥投标预备会。投标人派代表于前附表所述的时间和地点出席投标预备会。投标预备会的目的是澄清、解答投标人提出的问题和组织投标人踏勘现场，了解情况。投标人可能被邀请对工程施工现场和周围环境进行踏勘，以获取须投标人自己负责编制的投标文件和签署合同所需的所有资料。踏勘现场所发生的费用由投标人自己承担。投标人提出的与投标有关的任何问题须在投标预备会召开 7 天前，以书面形式送达招标人。会议记录包括的所有问题和答复的副本，将迅速提供给所有获得招

标文件的投标人。因投标预备会而产生的对招标文件内容的修改，由招标人以补充通知等书面形式发出。

⑦投标文件的份数和签署。投标人按投标须知的规定，编制一份投标文件"正本"和前附表所述份数的"副本"，并明确标明"投标文件正本"和"投标文件副本"。投标文件正本和副本如有不一致之处，以正本为准。投标文件正本与副本均应使用不能擦除的墨水打印或书写，由投标人的法定代表人亲自签署（或加盖法定代表人印鉴），并加盖法人单位公章。全套投标文件应无涂改和行间插字，除非这些删改是根据招标人的指示进行的，或者是投标人造成的必须修改的错误。修改处应由投标文件签字人签字证明并加盖印鉴。

⑧投标文件的密封与标志。投标人应将投标文件的正本和每份副本密封在内层包封，再密封在一个外层包封中，并在内包封上正确标明"投标文件正本"和"投标文件副本"。内层和外层包封都应写明招标人的名称和地址、合同名称、工程名称、招标编号，并注明开标时间以前不得开封。在内层包封上还应写明投标人的名称与地址、邮政编码，以便投标出现逾期送达时能原封退回。如果内外层包封没有按上述规定密封并加写标志，招标人将不承担投标文件错放或提前开封的责任，由此造成的提前开封的投标文件将被拒绝，并退还给投标人。投标文件递交至前附表所述的单位和地址。

⑨投标截止期。投标人应在前附表规定的日期内将投标文件递交给招标人。招标人可以按投标须知规定的方式，酌情延长递交投标文件的截止日期。在上述情况下，招标人与投标人之前在投标截止期方面的全部权利、责任和义务，将适用于延长后的新的投标截止期。招标人在投标截止期以后收到的投标文件，将原封退给投标人。

⑩投标文件的修改与撤回。投标人可以在递交投标文件以后，在规

定的投标截止时间之前，采用书面形式向招标人递交补充、修改或撤回其投标文件的通知。在投标截止日期以后，不能更改投标文件。投标人的补充、修改或撤回通知，应按投标须知的规定编制、密封、加写标志和递交，并在内层包封标明"补充""修改"或"撤回"字样。根据投标须知的规定，在投标截止时间与招标文件中规定的投标有效期终止日之间的这段时间内，投标人不能撤回投标文件，否则其投标保证金将不予退还。

（4）开标

这是投标须知中对开标的说明。在所有投标人的法定代表人或授权代表在场的情况下，招标人将于前附表规定的时间和地点举行开标会议，参加开标的投标人的代表应签名报到，以证明其出席开标会议。开标会议在招标投标管理机构的监督下，由招标人组织并主持。招标人当众宣布对所有投标文件的核查结果，并宣读有效投标的投标人名称、投标报价、修改内容、工期、质量、主要材料和用水量、投标保证金以及招标人认为适当的其他内容。

（5）评标

这是投标须知中对评标的阐释，其内容为：评标组织将仅对按照投标须知确定为实质上响应招标文件要求的投标文件进行评价与比较。评标方法为综合评议法或单项评议法、两阶段评议法。投标价格采用价格调整的，在评标时不应考虑执行合同期间价格变化和允许调整的规定。

2.合同条件和合同协议条款

招标文件中的合同条件和合同协议条款，是招标人单方面提出的关于招标人、投标人、监理工程师等各方权利义务关系的设想和意愿，是对合同签订、履行过程中遇到的工程进度、质量、检验、支付、索赔、争议、仲裁等问题的示范性、定式性阐释。

（1）通用合同条款包括以下两部分内容：

①通用条件或称标准条款。标准条款是运用于各类建设工程项目的具有普遍适应性的标准化的条件，其中凡双方未明确提出或者声明修改、补充或取消的条款，就是双方都要遵行的。

②专用条件或称协议条款。协议条款是针对某一特定工程项目对通用条件的修改、补充或取消。通用条件和专用条件是招标文件的重要组成部分。招标人在招标文件中应说明本招标工程采用的合同条件和对合同条件的修改、补充或不予采用的意见。投标人对招标文件中的说明是否同意，对合同条件的修改、补充或不予采用的意见，也要在投标文件中一一列明。中标后，双方同意的合同条件和协商一致的合同条款，是双方统一意愿的体现，成为合同文件的组成部分。

（2）工程建设常用合同条款。我国目前在水利工程建设领域普遍推行国家住房和城乡建设部、水利部和国家工商行政管理局制定的《建设工程施工合同（示范文本）》（GF-2017-0201）、《水利工程施工监理合同（示范文本）》（GF-2007-0211）等。

①《建设工程施工合同（示范文本）》（GF-2017-0201）。由合同协议书、通用合同条款和专用合同条款三部分组成。

a. 合同协议书。合同协议书共计13条，主要包括：工程概况、合同工期、质量标准、签约合同价和合同价格形式、项目经理、合同文件构成、承诺以及合同生效条件等重要内容，集中约定了合同当事人基本的合同权利义务。

b. 通用合同条款。通用合同条款是合同当事人根据《中华人民共和国建筑法》《中华人民共和国合同法》等法律法规的规定，就工程建设的实施及相关事项，对合同当事人的权利义务作出的原则性约定。通用合同条款共计20条，具体条款分别为：一般约定、发包人、承包人、监理人、工程质量、安全文明施工与环境保护、工期和进度、材料与设备、试验与检验、变更、价格调整、合同价格、计量与支付、验收和工程试车、竣工结算、缺陷责任与保修、违约、不可抗力、保险、索赔和争议解决。前述条款安排，既考虑了现行法律法规对工程建设的有关要求，也考虑了建设工程施工管理的特殊需要。

c.专用合同条款。专用合同条款是对通用合同条款原则性约定的细化、完善、补充、修改或另行约定的条款。合同当事人可以根据不同建设工程的特点及具体情况，通过双方的谈判、协商对相应的专用合同条款进行修改补充。

②《水利工程施工监理合同（示范文本）》（GF-2007-0211）由监理合同书、通用合同条款、专用合同条款及合同附件四部分组成。GF-2007-0211中的通用条款，共45条，对词语含义及适用语言、监理依据、通知和联系、委托人的权利、监理人的权利、委托人的义务、监理人的义务、监理服务酬金、合同变更与终止、违约责任、争议解决、其他有关问题作了规定。GF-2007-0211中的专用合同条款，是针对具体工程项目特定条件对"通用合同条款"的补充和具体说明，应根据工程监理实际情况进行修改和补充。

在我国水利建设工程招标投标实践中，通常根据招标类型，分别采用上述两种合同示范文本中的合同条件。

（3）合同格式。合同格式是招标人在招标文件中拟定好的具体格式，在定标后由招标人与中标人达成一致协议后签署。投标人投标时不填写。招标文件中的合同格式，主要有合同协议书格式、银行履约保函格式、履约担保书格式、预付款银行保函格式等。

（4）技术规范。招标文件中的技术规范，反映招标人对工程项目的技术要求。通常分为工程现场条件和本工程采用的技术规范两大部分。

①工程现场条件。工程现场条件主要包括现场环境、地形、地貌、地质、水文、地震烈度、气温、雨雪量、风向、风力等自然条件,和工程范围、建设用地面积、建筑物占地面积、场地拆迁及平整情况、施工用水、用电、工地内外交通、环保、安全防护设施及有关勘探资料等施工条件。

②本工程采用的技术规范。对工程的技术规范,国家有关部门有一系列规定。招标文件要结合工程的具体环境和要求,写明已选定的适用于本工程的技术规范,列出编制规范的部门和名称。技术规范体现了设计要求,应注意对工程每一部位的材料和工艺提出明确要求,对计量要求作出明确规定。

(5)图纸、技术资料及附件。招标文件中的图纸,不仅是投标人拟定施工方案、确定施工方法、提出替代方案、计算投标报价必不可少的资料,也是工程合同的组成部分。一般来说,图纸的详细程度取决于设计的深度和发包承包方式。招标文件中的图纸越详细,越能使投标人比较准确地计算报价。图纸中所提供的地质钻孔柱状图、探坑展视图及水文气象资料等,均为投标人的参考资料。招标人应对这些资料的正确性负责,而投标人根据这些资料作出的分析与判断,招标人则不负责任。

(6)投标文件的参考格式。招标人在招标文件中,要对投标文件提出明确的要求,并拟定一套投标文件的参考格式,供投标人投标时填写。投标文件的参考格式,主要有投标书及投标书附录、工程量清单与报价表、辅助资料表等。其中,工程量清单与报价表格式,在采用综合单价和工料单价时有所不同,并同时要注意对综合单价投标报价或工料单价投标报价进行说明。

采用综合单价投标报价的说明一般如下:

①工程量清单应与投标须知、合同条件、合同协议条款、技术规范和图纸一起使用。

②工程量清单所列的工程量是招标人估算的和临时的,作为投标报价的共同基础。付款以实际完成的工程量为依据。由承包人计量,监理工程师核准实际完成的工作量。

③工程量清单中所填入的单价和合价,应包括人工费、材料费、机械费、其他直接费、间接费、有关文件规定的调价、利润、税金和现行取费中的有关费用、材料的差价,以及用固定价格的工程所测算的风险金等全部费用。

④工程量清单中的每一单项均需填写单价和合价,对没有填写单价或合价的项目的费用,应视为已包括在工程量清单的其他单价或合价之中。

⑤工程量清单不再重复或概括工程及材料的一般说明,在编制和填写工程量清单的每一项的单价和合价时应参考投标须知和合同文件的有关条款。

⑥所有报价应以人民币计价。

采用工料单价投标报价的说明,也和上述采用综合单价投标报价的说明一样有六点(排列顺序相同),除其中第三点外,其他各点都一样。采用工料单价投标报价说明中的第三点说明是:工程量清单中所填入的单价和合价,应按照现行预算定额的工、料、机消耗标准及预算价格确定,作为直接费的基础。其他直接费、间接费、利润、有关文件规定的调价、材料差价、设备价、现场因素费用、施工技术措施费,以及采用固定价格的工程所测算的风险金、税金等,按现行的计算方法计取,计入其他相应报价表中。

辅助资料表,主要包括项目经理简历表,主要施工人员表,主要施工机械设备表,项目拟分包情况表,劳动力计划表,施工方案或施工组织设计,计划开工、竣工日期和施工进度表,临时设施布置及临时用地表等。

（六）招标文件的解释与修改

投标人对招标文件或者在现场踏勘中有疑问或不清楚的问题，可以而且应当用书面的形式要求招标人予以解答。招标人收到投标人提出的疑问或不清楚的问题后，应当给予解释和答复。招标人的答疑可以根据情况采用以下方式进行：

（1）以书面形式解答，并将解答内容同时送达所有获得招标文件的投标人。书面形式包括解答书、信件、电报、电传、传真、电子数据交换和电子函件等可以有形地表现所载内容的形式。以书面形式解答招标文件中或现场踏勘中的疑问，在将解答内容送达所有获得招标文件的投标人之前，应先经招标投标管理机构审查认定。

（2）通过投标预备会进行解答，同时借此对图纸进行交底和解释，并以会议记录形式同时将解答内容送达所有获得招标文件的投标人。投标预备会也称答疑会、标前会议，是指招标人为澄清或解答招标文件或现场踏勘中的问题，以便投标人更好地编制投标文件而组织召开的会议。投标预备会一般安排在招标文件发出后的 7～28 天内举行。参加会议的人员包括招标人、投标人、代理人、招标文件编制单位的人员、招标投标管理机构的人员等。会议由招标人主持。投标预备会内容包括：

①介绍招标文件和现场情况，对招标文件进行交底和解释。

②解答投标人以书面或口头形式对招标文件和在现场踏勘中所提出的各种问题或疑问。

投标预备会程序主要分为以下几点：

①投标人和其他与会人员签到，以示出席。

②主持人宣布投标预备会开始。

③介绍出席会议人员。

④介绍解答人，宣布记录人员。

⑤解答投标人的各种问题并对招标文件进行交底。

⑥通知有关事项，如为使投标人在编制投标文件时，有足够的时间充分考虑招标人对招标文件修改或补充的内容，以及投标预备会议记录的内容，招标人可根据情况决定适当延长投标书的递交截止时间，并作通知等。

⑦整理解答内容，形成会议记录，并由招标人、投标人签字确认后宣布散会。会后，招标人将会议记录报招标投标管理机构核准，并将经核准后的会议记录送达所有获得招标文件的投标人。

三、水利工程招标标底的编制

根据我国的国情和建筑市场现状，在一定时期内，我国工程建设项目招标活动中标底的编制与确定仍是一项重要内容和任务。设置标底，仍不失为一种控制工程造价、防止以不正当手段用过低投标报价抢标的有效措施。工程建设项目标底是招标人对招标项目内部控制的预算，是在市场竞争条件下对实施工程项目所需费用的预测，是招标人进行招标所需掌握的重要价格资料，是正确判断和评价投标人投标报价合理性和可靠性的重要参考依据。

（一）水利工程招标标底的编制与确定原则

根据设置标底的目的和作用，编制与确定水利工程招标标底应遵循"遵守规则、科学公正、因地制宜、优胜劣汰"的原则。

（1）遵守规则。编制与确定水利工程招标标底首先应遵守招标文件的规定，因为招标文件是编制与确定标底的法律基础，招标文件中规定投标人需考虑的问题，标底中均应体现。其次，应遵守国家有关造价管理的规定，标底编制不得突破批准的设计概算或招标人编制的执行概算。最后，应遵守主管部门颁发的有关标底编制的具体规定和相关的建筑市场管理规定。

（2）科学公正。应认真分析研究、确保采用合理的人工、材料、机械定额和基础价格及工程单价，使标底编制充分体现科学性、真实性、合理性、完整性。标底编制应从全局观念出发，充分体现、兼顾国家及招标人和投标人的利益，既反映工程建设合理成本，又反映投标人的管理费用和合理利润以及国家税收、物价等政策因素。

（3）因地制宜。在社会主义市场经济中，同样的产品在不同的条件、不同的地域会有不同的价格，而编制标底应结合工程建设项目施工现场的客观实际和工程等级、特点、类型等具体情况，认真了解和研究施工现场的工程建设内容、施工组织设计、地质条件、交通运输条件、材料及水电供应相关情况、地方政策法规及物价水平等各种制约因素。充分研究招标文件相关技术和商务条款、设计图纸以及有关技术规范。使编制的标底能实事求是地反映具体建设项目、具体施工环境、具体市场价格等相关特定情况，力求切合实际。

（4）优胜劣汰。标底编制应遵循和贯彻"控制量、指导价、竞争费"的造价管理改革指导思想。编制标底所采用的人工、材料、机械使用定额以及有关费率标准、费用、价格等应体现社会平均水平，反映社会必要劳动量，也就是标底是一项建筑产品的社会平均价格或称建筑市场平均价格，而只有低于社会必要劳动量的投标报价才能被社会（建筑市场）或招标人接受。编制标底还应充分把握市场脉搏、掌握市场信息、适应市场行情，在确保工程质量的前提下，努力创造良性公平竞争、优胜劣汰的招投标环境。

（二）水利工程招标标底的编制依据

（1）国家的有关法律、法规以及国务院和省、自治区、直辖市人民政府建设行政主管部门制定的有关工程造价的文件、规定。

（2）工程招标文件中确定的计价依据和计价办法，招标文件的商务条款，包括合同条件中规定由工程承包方应承担义务而可能发生的费用，以及招标文件的澄清、答疑等补充文件和资料。在标底价格计算时，计算口径和取费内容必须与招标文件中有关取费等的要求一致。

（3）工程设计文件、图纸、技术说明及招标时的设计交底，按设计图纸确定的或招标人提供的工程量清单等相关基础资料。

（4）国家、行业、地方的工程建设标准，包括建设工程施工必须执行的建设技术标准、规范和规程。

（5）采用的施工组织设计、施工方案、施工技术措施等。

（6）工程施工现场地质、水文勘探资料，现场环境和条件及反映相应情况的有关资料。

（7）招标时的人工、材料、设备及施工机械台班等的要素市场价格信息，以及国家或地方有关政策性调价文件的规定。

（三）水利工程招标标底的编制方法

水利工程建设项目招标标底的编制方法应采用以定额法为主、实物量法和其他方法为辅、多种方法并用的综合分析方法。标底编制应充分发挥各方法的优点和长处，以达到提高标底编制质量的目的。

1. 定额法

定额法是参照水利部、省（自治区、直辖市）现行的定额和取费标准（规定），确定完成单位产品的工效和材料消耗量，计算工程单价，以工程单价乘以工程量计算总价的编制方法。定额法的主要优点是计算简单、操作方便,因此目前水利工程的标底编制主要考虑采用定额法。采用定额法编制初设概算时选用的定额是按全国水利行业平均工效水平制定的,而标底需要考虑具体工程的技术复杂程度、施工工艺方法、工程量大小、施工条件优劣、市场竞争情况等因素,因此在采用定额法编制标底时,可以根据工程具体情况适当调整现行的定额和取费标准。

一个合理的标底要有一个比较先进、切合实际的施工组织设计,包括合理的施工方案、施工方法、施工进度安排、施工总平面布置和施工资源估算,在分析国内的施工水平和可能前来投标的施工企业的实际水平基础上,认真分析现行的各种定额,从而选用比较合理的标底编制定额和取费标准。

(1)基础价格编制

基础价格的编制方法一般参照水利行业现行的初设概算编制方法。基础资料准备得是否充分,基础单价的编制是否准确合理,对标底编制的准确程度和质量高低起着极其重要的作用。基础价格主要指人工、混凝土骨料、主要材料、施工用水、施工用电等的价格。必须保证选取的各种资源的数量和质量均能符合规定并满足招标人的要求。

若招标文件规定招标人供应主要材料、设备,提供大部分临时房屋,供应砂石料和混凝土等,在编制标底时,应考虑这些项目中无获利机会的因素,其余工程项目的单价及费率可相对提高。工程项目单价的确定主要包括以下方面:

①人工预算单价。如招标文件没有特别的要求,人工预算单价一般可参照现行水利行业初设概算人工预算单价的编制方法。由于初步设计与招标的设计深度不同,初设概算涵盖一个完整的工程项目(如水利枢纽、水闸、河道堤防工程等),而招标项目一般只是一个二级项目或三级项目,因此标底的人工预算单价可以根据招标项目的工程特点适当调整。以人

力施工为主或人工费比例较高的项目如浆砌石、干砌石、砂石料（反滤料）铺筑、钢筋制安、钢管制安及各种圬工拆除项目等，人工预算单价相对可降低；而对工人技术熟练程度要求较高的项目，人工预算单价相对可提高。

②主要材料预算价格。主要材料的品种应结合招标工程项目确定。凡是本招标项目中用量多或总价值高的材料，均应作为主要材料逐一落实价格，如钢材、水泥、木材、柴油、炸药、粉煤灰、砂、石子、块石、土工布、土工膜、止水、混凝土联锁板等。材料预算价格准确与否，对标底的影响很大。工程标底编制人员必须列出工程需用材料计划表，然后要调查有能力供应符合技术条件和数量要求的材料供货商，并获取各种材料的报价、各种运输方式的运输费标准。

首先，确定主要材料的来源地，调查材料的批发价或出厂价；其次，确定运输方式、运输线路和运距，准确计算运杂费；最后，合理选用采购保管费费率。采购保管费要考虑损耗、损坏、被盗及供货差错等影响，对于某些材料，这些因素的影响可能会达到较高的比例，同时还须考虑用于卸料和储料的附加费用以及其他附加费。材料的采购保管费费率可根据实际情况适当调整，如在材料价格较高、采购地点离工地较近、采购条件较好时，采购保管费率应相对较低，反之相对较高。

块石在河道整治、堤防加固工程中，用量较大，一般是自采和外购两种，大多数是外购，一般运距较远，运输费用较高。在编制块石价格时，应重点调查运距及运价。在用量大、运输集中时，运价可以适当调整；同时应尽量采用水运和火车运输，以降低运杂费。

③施工用电价格。在招标文件中，一般都明确规定了投标人的接线起点和计量电表的位置，并提供了基本电价，因此编制标底时应按照招标文件的规定，确定电能损耗范围、损耗率及供电设施维护摊销费。如

供电范围没有高压线路，就不应计高压线路损耗；在变配电线路较短、用电负荷较集中时，变配电设备及输配电损耗率及供电设施摊销费均可降低，反之应提高。

④施工用水价格。招标文件中常见的施工供水方式有两种：a.招标人指定水源点，由投标人自行供水；b.招标人按指定价格在指定接水口向投标人供水。

第一种供水方式，应根据施工组织设计所配置的供水系统、设备组时总费用和设备组时总有效供水量计算施工供水价格，计算方法与初设概算相同。在编制标底时，可根据具体供水范围、扬程高低、几级供水及供水设备、设施质量的优劣等，适当选定供水损耗率和供水设施维修摊销费。第二种供水方式，应以招标人供应的价格为原价，根据供水的具体情况，再计入水量损耗和供水设施维护摊销费，不应简单照搬初设概算中的水量损耗和设施维修摊销费参数。

⑤施工机械台时费。施工机械台时费的计算方法可参照初设概算的编制方法。在编制标底时，如果招标人免费提供某些大型施工机械（如缆机、拌和楼等）则不应计算折旧费，但应根据提供的施工机械新旧程度和施工工期决定修理费的高低。养路费、牌照税、车船使用税及保险费等费用，不宜按年工作台时计入施工机械台时费中，可在间接费中考虑或摊销在工程单价中。在工程规模大、工期长的工程中使用的大型机械如大型汽车、挖掘机、推土机、装载机、钻机等的折旧费、修理费、安拆费均可适当调整。

（2）建筑工程单价编制

工程单价一般由直接工程费、间接费、企业利润、税金和临时设施摊销费等组成。水利工程招标项目一般工程量大、项目繁多，工程量清单可能多达百余个单价，在编制标底工程单价时可根据工程的具体情况，集中精力研究主要工程单价。应与施工组织设计人员共同研究施工方案，确定适当的施工方法、运距、辅助人员配备及施工机械的效率等。在编制标底单价时应根据工程量的大小、施工条件的优劣等因素调整定额中人工、材料及施工机械消耗量。当工程规模大、施工条件较好、市场竞争激烈时，人工、机械效率均可适当提高，反之可适当降低。

建筑工程单价主要包括以下几种：

①土方工程单价。土方工程主要分土方开挖和土方填筑两大类。影响土方工程单价的因素主要有土的级别、取（运）土的距离、施工方法、施工条件、质量要求等。根据工程所在地的气候条件、施工工期的长短、是否夜间施工等情况可适当调整其他直接费费率；根据工程量大小、场地集中程度、机械化程度高低等情况可适当调整现场经费费率、间接费费率及利润率。

运输是土方工程的主要工序之一，它包括集料、装土、运土、卸土及卸土场整理等子工序。影响工程单价的因素主要有：

a. 运输距离。运输距离越长，平均车速越快，折合每公里运费越低。如在道路等级及车型相同的情况下，在一定范围内远距离运输比近距离运输机械效率高，在编制标底时应考虑此项因素。

b. 施工条件。装卸车的条件、道路状况、卸土场的条件等都影响运土的工效。在运输道路级别较高，装卸车地点的场地较宽阔的条件下，运输效率较高，可以调整定额中自卸汽车的台时数量。

土方填筑包括取土和压实两大工序：

a. 计算取土工序单价时要注意：料场覆盖层清理应按相应比例摊入土料填筑单价内。对不符合含水量标准的土料，要采取挖排水沟、扩大取土面积、分层取土、翻晒、分区集中堆存、加水处理等措施，在单价中应计入土料处理的费用。考虑土料损耗和体积变化，包括：开采、运输、雨后清理、削坡、沉陷等的损耗，以及超填和施工附加量。对于有开挖利用料的工程，要注意不得在开挖和填筑单价中重复计算土方运输工序费用。在确定利用料数量时应充分考虑开挖和填筑在施工进度安排上的时差，一般不可能完全衔接，二次转运是经常发生的，二次转运的费用应计入土方工程单价中。

b. 土方压实。直接影响压实工效的主要因素有：土类级别、设计要求、碾压工作面、铺土厚度、碾压次数等。现行的压实定额通常是按坝体拟定的，而堤身压实与坝体有所不同，可根据堤防等级、堤身高度等适当调整人工、机械效率，使压实单价符合实际。

②砌筑工程单价。砌筑工程主要指浆砌石、干砌石、反滤料填筑、过渡料填筑和堆石体填筑等。反滤料填筑、过渡料填筑、堆石体填筑单价主要由砂石料采备、运输及压实三道工序组成。

应重点研究砂石料的直接上坝（堤）与二次转运的比例，尽可能直接上坝（堤），对于堆石工程应多利用开挖料，以便降低堆石填筑单价。砌筑工程受气候影响小，填筑效率高，对定额的人工、机械消耗量可进行调整；由于材料费用较多，现场经费和间接费的现行取费标准也可根据工程的实际情况适当调整。砌石工程包括浆砌石、干砌石、抛石等，是以人力施工为主的项目，施工方法简单，技术含量相对较低，主要用于护坡、护脚、护基等工程。编制标底单价时，可重点考虑两点：一是尽量利用拆除料和从开挖料中拣集石料；二是应考虑人工用量较多、材料原价高等因素，在选定各项取费费率和人工数量时可适当调整。

③混凝土工程单价。混凝土材料单价在混凝土工程单价中占有较大比重，在编制其单价时，要按照招标文件提供的配合比计算。混凝土材料消耗量是指完成每方成品混凝土计价工程的材料量。概算定额中的混凝土材料量包括结构断面工程量、场内施工操作、运输损耗量、超填量

和施工附加量，而预算定额中不含超填量和施工附加量。在编制标底时，可根据工地混凝土运距、道路状况及生产管理水平适当调整施工操作、运输损耗率及超填和施工附加的混凝土量。

编制拦河坝等大体积混凝土标底单价时，混凝土配合比应按招标文件提供的配合比数据。如果招标文件没有提供参考数据，应考虑掺加适量的粉煤灰或外加剂以节约水泥用量，其掺量比例应根据设计对混凝土的温度控制要求或试验资料进行选取。对现浇混凝土标号的选取，应根据设计对水工建筑物的不同要求，尽可能利用混凝土的后期强度（60天、90天、180天及360天）以节省水泥用量。

④钢筋制作安装工程单价。钢筋制作安装包括钢筋加工、绑扎、焊接及场内运输等工序。定额中一般包括切断及焊接损耗、截余短头废料损耗以及搭接帮条、架立筋、垫筋等附加量。在钢筋制安工作量较大时，钢筋材料的利用率高，损耗率相对较低，在编制标底钢筋制安装工程单价时，根据工程部位的不同，可适当调整钢筋材料的附加量及人工数量。

（3）设备价格编制

设备通常是生产厂家的产品，需要通过各种运输方式（铁路、公路、水路等）运至工地。设备费包括设备出厂价、运杂费、运输保险费、采购及保管费及其他费用。在编制设备的标底价格时要注意以下问题：

①向多家设备生产厂商询价，确定有竞争力的设备出厂价格。

②对于进口设备要计算到岸价、进口征收的税金、手续费、商检费及港口费等加上国内段的运杂费、保险费、采保费等各项费用。

③搜集有关设备重量、体积大小及运距等资料，确定合理的设备运输线路和运输方式。

④搜集有关设备在运输途中发生的调车费、装卸费、运输保险费、包装绑扎费、变压器充氮费及其他可能发生的杂费标准。

⑤合理计算运杂费用，要注意价格高的设备运杂费率相对较低。

⑥采保费的费率也可根据设备价格高低、运距远近、周转次数的多少适当调整。

（4）设备安装工程单价编制

用以实物消耗量形式表现的定额计算工程单价时，量价分离，计算较准确，但相对烦琐。编制标底的主要设备安装单价时一般套用此类定额，同时可以适当调整人工和机械效率。对于投资不大的辅助设备和次要设备，编制标底时可以采用安装费率形式计算安装工程单价。金属结构设备有外购与自制两种方式。对于自制的设备价格需要套定额计算，根据设计提出的重量，计算金属结构的设备费。

闸门及埋件单价通常要划分为主材（钢材、铸件、锻件）、辅材、制造费、防腐、水封、利润、税金等项目。要注意将闸门的水封、压板、压板螺栓、锁定梁、拉杆的价值计入设备费，闸门喷锌、喷铝防腐不要漏项。启闭机单价通常要划分为结构件、外购件、电气部分、机械零部件及其他等项目。注意负荷试验用的荷重物的制作和运输不要漏项。

设备安装费一般占设备费的5%~10%左右，对标底影响不大，可参考现行定额编制。但投标项目以机电和金属结构设备为主的，可适当调整人工数量、现场经费和间接费率。

（5）临时设施费编制

临时设施费编制包括以下方面：

①单独招标的临时工程项目。单独招标的工程项目包括导流工程、道路、桥梁、供电线路、缆机平台、大型砂石料系统、混凝土拌和系统、供水系统等，按工程量清单的数量乘标底工程单价计算。

对于砂石料系统、混凝土拌和系统和供水系统等临时工程，标底的编制通常只计算土建费和安装费，不包括设备费。设备费按折旧摊销计入相应的砂石料单价、混凝土拌和单价和施工用水单价中。

②应摊销的临时设施费用。凡未单独列项招标的临时工程项目及未包括在现场经费中的临时设施，而在施工中又必然发生的临时设施均包括在应摊销的临时设施费用中。主要包括承包商的生活用房、办公用房、仓库等房屋建筑及场地平整，大型机械安拆、施工排水、施工临时支护及其他临时设施等项目。在编制标底时，可根据工程的具体情况，适当调整施工人员的生活、文化福利建筑费用和施工仓库面积等。

（6）风险附加费的计取与分摊

根据施工承包合同种类的不同，计算和分摊风险附加费的方法也不同。对不调价合同标底，应充分考虑风险因素，而可调价合同的标底可不计或少计风险附加费。

2.实物量法

实物量法，是把项目分成若干施工工序，按完成该项目所需的时间，配备劳动力和施工设备，根据分析计算的基础价格计算直接费单价，最后分摊间接费的工程造价计算方法。实物量法针对每个工程的具体情况来计算工程造价，计算准确、合理，但相对复杂，且要求标底编制人员有较高的业务水平和较丰富的经验，还要掌握翔实的基础资料和经验数据，在编制时间相对紧张的标底编制阶段，不具备全面推广应用的条件。但是针对工程量清单中对标底影响较大的主要工程单价，在设计深度满足需求，施工方法详细具体、符合实际，资料较齐全的条件下，应采用实物量法进行编制，提高标底的准确性，保证标底的质量。

（1）实物量法的工作程序和步骤

①实物量法的工作程序：制定施工组织设计或施工规划；确定各个工序需要的人员及设备的规格、数量、时间；计算人工费、施工设备费、材料费；计算直接费单价；计算并分摊间接费。

②实物量法的工作步骤：

a.项目研究。项目研究的工作主要是由造价人员和施工组织设计人员完成的。为完成这项工作，必须充分了解项目的工程内容，对招标文件、图纸、工程量表和其他招标补充文件进行认真的分析、研究。经过现场调查、进行多种施工方法比选，选定一种最有效且最经济的施工方法，根据这一施工方法制定施工组织设计或施工规划，并以此作为编制标底工程单价的基础。

b.计算人工预算单价和机械台时费单价。如招标文件没有特别的要求，人工预算单价可参照现行水利行业初设概算人工预算单价的编制规定计算。机械设备的使用可分为两类：自购和租赁。对于租赁的机械设备的台时费可以通过询价获得；对于自购的机械设备可在获取设备出厂价格并掌握设备的基本资料后，采用一定的分析方法计算台时费。

c.计算直接费。所谓直接费是指人工、材料、机械的费用合计，不包括工地管理费、公司管理费和利润等附加费。确定一个直接费单价需要按一项或一组工程项目来选择合适的人工、机械和材料资源，然后按照作业类型先确定人工和机械资源的使用时间，再将这些数据与收集到的费用资料相结合，然后得到直接费及其单价。

d.间接费的计算与分摊。在计算施工总费用时，必须把所有与工程有关的间接费分摊到直接费中去。间接费通常包括工地管理费、公司管理费（总部管理费）、利润和不可预见费等。

e.按照招标文件要求，计算其他项目与费用。

f.标底总价汇总、分析与调整。汇总人工、机械及材料总费用和数量，并将这些资源的需要总量与施工组织设计的资源总量进行比较，如果两者之间有较大分歧，就必须进行慎重的分析与调整。

（2）施工机械台时费的计算

施工机械台时费的计算可分为两大类：一类是租赁设备的台时费；另一类是自购设备的台时费。

①租赁的机械设备。对于租赁的机械设备，其基本费用是付给设备租赁公司的租金，然后加上各种附加运行费。这些运行费一般包括：燃料动力费、润滑油脂费和其他消耗性材料费。

大多数租赁公司的机械设备都提供一名操作手，尽管在机械租金中包括了操作手工资，但仍需考虑一笔附加费，以便将操作手工资提高到工地的标准。如果没有配备操作手，就要在工程直接费中加上机械操作手的全部费用。燃料动力费用通常是按照各种机械的每小时耗量来计算的。因此，标底编制人员需使用以往的记录和标准机械手册中的数据。润滑油脂费用可以按台时费的附加费或燃料动力费的某一百分比来计算。其他消耗性材料则可以增加一定的附加百分数来计算。具体的编制方法可参照自购的机械设备台时费计算。

②自购的机械设备。自购的施工机械台时费包括固定成本和运行成本（可变成本）两项。不包括操作人员的工资、设备进退场费、管理费和利润等。

台时费计算主要参数包括：a. 设备预算价格。主要包括设备出厂价格以及运至工地发生的运杂保管费用，进口设备还包括关税、增值税、销售税等，出厂价格可以向厂家询价，其他费用可以根据国家和地方的规定计算。b. 设备残值。设备残值的多少会影响设备的台时费，在某种程度上，也是竞争能力的体现。c. 设备的经济寿命。指设备在平均条件下的经济生产寿命，它是决定设备折旧费、修理费和替换部件费高低的重要因素之一，对设备台时费的计算影响很大。依据工作的地区、工作的条件等的不同，设备的经济寿命也不同。

（3）直接费的计算

①直接费计算方法。实物量工程直接费计算方法主要有两种：单价法和作业法。

单价法是通过对各类资源（劳动力、施工设备和材料）的选择和对这些资源的生产率和使用率的选择来实现的。生产率是每小时完成的工程量，使用率是完成一定工程量所需要的时间或资源数量。用这种方法计算出来的直接费摊入间接费后就是可以直接填入工程量清单中的工程单价，这是普遍采用的方法。

作业法是以计算一项作业的总工程量和完成该项作业所需的时间为依据的。造价人员把在上述时间内完成工程所需的各类资源确定下来，并计算出其费用。对于土方开挖和浇筑混凝土等以施工设备为主的工程，多使用这种方法。这种同编制施工组织设计或施工规划密切相关的计算方法，能够根据作业时间和闲置时间较准确地计算施工设备的资源配置量，从而准确计算出作业直接费。

②直接费及单价的计算步骤。根据工程量清单细化工程项目，确定基本施工工序。主要包括以下步骤：

a. 根据施工总进度计划的要求确定各工序的生产强度。

b. 确定施工方法并选择合适的施工设备，同时确定施工设备的生产率。

c. 根据施工强度和设备效率，确定设备数量、劳动力组合、设备和材料消耗量。

d. 根据需要，修改施工方法、设备型号和容量。

e. 依据计算的基础价格和半成品单价（人工预算单价、机械台时费、材料预算价格等）和相应的数量计算总直接费用。

f. 总直接费用除以该工程项目的工程量即得出直接费单价。

③土石方工程单价的编制。土石方开挖工程基本工序包括：钻孔和爆破、出渣运输。具体计算步骤如下所示：

a. 根据施工进度、地质及地形条件、岩石破碎程度等要求选择爆破型式、爆破参数，根据设备生产率确定设备台数，根据经验资料确定材料消耗量。

b. 根据弃料场和开挖地点间的运输距离、坡度、路面条件确定汽车的运行速度，求得每小时的循环次数，按挖掘设备的生产率配备运输设备的台数。

c. 根据设备数量确定劳动力组合及数量之后，即可进行单价计算。

土石方工程通常在整个合同价格中占有很大比重。其施工方法以及可达到的工效定额取决于：a. 土石方类别。仔细研究地质资料，确定土石方类别。b. 土石方体积。常用的体积有三种：天然体积（自然方）、松散体积（松方）和压实体积（实方）。c. 材料的来源。用于填方的材料有多种料源，如开挖料、取土料场等，而每种料源都有不同的机械使用限制，因而有不同的施工效率。d. 施工机械。必须认真研究适用于工程的各种机械与人工组合并预算出这些组合的费用，从中选出最佳的人工、机械配置。选用设备时可以考虑两种选择：一般承包商拥有的机械设备；向专业设备租赁公司租用的设备。

在计算大体积土石方工程时，必须详细了解挖运材料的性质、工程量和运距。应当确定整个工程项目的性质，即是否挖填平衡，或者自采材料、借料填方，或是从现成料场购买填方料。料场的表土必须挖除，根据需要确定是否还耕。为了寻求土石方的最佳调运方案，必须研究土石方量及其所在地点，在整个工程范围内进行土石方调运计算。

④混凝土工程单价的编制。

a. 根据混凝土工程分项施工进度，确定各种混凝土施工设备的生产率和数量，从而计算各种混凝土施工设备的工作时间。

b.根据工作总时间和应摊销的混凝土设备购置费计算施工机械的固定费用。根据工作总时间，计算各种混凝土施工设备的运转费用。

c.根据统计资料或经验数据计算混凝土养护和冷却水管路费。

上述各项费用合计，再除以混凝土工程量即得混凝土直接费单价。

⑤基础处理工程单价的编制。主要分为岩基灌浆、砂砾地基灌浆、防渗墙和桩基工程等。

用实物量法编制基础处理工程的总价和单价时应注意以下问题：

a.仔细研究工程地质资料，确定地基岩土的类型和级别，根据试验资料确定平均透水率及其他灌浆参数。水工建筑物的地层组成通常不是单一的，而是多达十几层或几十层，各层的岩土级别、透水率各不相同，在计算中为了简化通常取一个或几个值，这种值应按钻孔灌浆范围内的平均值取定。岩土类型和级别是确定钻孔施工工艺和施工工效的重要参数，而平均透水率是确定灌浆施工方法和浆液配置的重要参数。

b.钻孔单价要根据孔的类别分别计算，钻孔通常可分为钻灌浆试验孔、钻压水试验孔、混凝土内钻灌浆孔、岩石内钻灌浆孔、土层内钻灌浆孔、砂砾石层内钻灌浆孔、钻检查孔等，各类钻孔施工的钻机不同，施工效率也存在差异，钻头钻杆的消耗量也不同，因此工程单价存在一定的差别。

c.根据施工工艺，充分考虑每一道工序的单价。特别要注意压水试验、灌浆试验、检查孔的钻灌等工序。压水试验的主要目的是确定地层的渗透特性，为岩基处理的设计和施工提供基本技术资料。灌浆试验可以确定灌浆压力和浆液稠度。

（4）间接费的计算

①间接费的组成内容。间接费主要包括：工资、交通费、办公费及其他运行费、利润和不可预见费，以及其他费用。

②间接费的计算步骤如下：

a. 确定施工组织机构。

b. 确定人员种类、数量和工作时间，按当地各类人员工资标准计算工资费用。

c. 根据工期长短、工程规模大小、气候条件及施工地形条件等确定办公室、生活及文化福利建筑面积，按当地的单位造价指标计算房屋总费用。

d. 计算车间、仓库、场院的面积及费用，按当地的单位造价指标计算费用。

e. 确定辅助设备数量，按当地价格计算设备费。设备一般包括电焊机、检修车、加油车、叉车、起重机等。

f. 根据生产管理人员数量及实际需要确定交通设备数量，按当地价格水平计算交通费。计算办公费用。通常可根据同类工程的统计资料计算。

g. 按当地各级政府的有关政策和规定，计算保险费用及税金。

h. 根据当地银行的有关规定和施工合同额，计算保证金手续费及贷款利息。计取利润和不可预见费（风险附加费）。利润和不可预见费要根据建筑市场的竞争状况和工程的具体条件来确定。当工程中不确定因素较多、物价上涨趋势较明显时，加进一笔风险附加费是很有必要的。

风险的估计首先要找出施工中各种有形的不确定性因素。对于各种可供选择的施工方法或者施工中各种问题可能带来的影响，均应把有关的费用估算出来，然后评估这些不确定因素在商务方面的重要性。

通常把风险划分为两类：可定量的风险和不可定量的风险。对可定量的风险可以进行一系列的计算，以得出在施工中出现这类问题时可能发生的费用。然后，计算用来保证避免发生这类问题所需要的各项费用，并在标底总价中加上一笔适当的补偿费用。对于不可定量的风险，可以选择进行适当的保险，并把保险费加到总价中。

除有形的风险外，尚有需要考虑的其他风险因素。对于商务方面的风险因素，例如支付条款、合同条件、通货膨胀、汇率的波动以及银行基本利率变化等，也应予以考虑。通常的做法是按照估定下来的一个直接费的比率，计算出一笔总金额，作为风险补偿费用。然后，把这笔补偿费用计入标底总价中去。利润一般取8%左右，在工程条件较好，工程款支付无困难，施工难度小，而竞争又较激烈时，可适当调整取费费率。

③间接费的分摊。间接费的分摊基本有两种方法，即根据工程类别将间接费分别按不同的比例摊入工程单价中或按相同的比例摊入工程单价中。

3.其他辅助方法

在采用定额法或实物量法编制标底时，对工程量清单中对标底影响不大的次要工程项目和工程量较小的项目，可采取较为简便的计算分析方法，加快标底编制进度。主要方法有：

（1）分类抽样方法。这是用于次要项目的计价方法，做法是把费用项目划分为几类，把各类的成本价格估算出来。价格估算可用几种方式，其中包括：利用可能划分开来的大致工程量和各种单价，为每类项目计算出一笔总费用；把各类项目分成施工作业班组，估算每个班组的费用，然后，利用以上计算的费用，根据经验，计算项目的总费用。

（2）内含方法。一些次要、零星的项目或费用在认为没有必要单独列项计价时，可以包含到其他价格中去。

（3）项目总额方法。在工程量表中有些项目没有表明数量时，通常需要估算出一笔总金额。这种方法是用来估算合同中所安排和规定的一般性项目的费用。

（4）经验方法。根据已完工程的相关资料，借用所需数据。

（5）概算价格调整方法。根据招标设计与初步设计的不同，对概算的价格进行调整，作为标底价格。

（6）类比分析方法。根据已计算的主要工程单价，类比分析得出次要工程项目单价。

（7）百分率方法。在已计算的主要工程项目的造价的基础上，乘一个经验百分率，得到次要工程项目造价。

第三节　水利工程投标的决策与技巧

在算标人员算出初步的报价之后，投标企业应当对这个报价进行多方面的分析和评估，其目的是分析报价的经济合理性，以便作出最终报价决策。报价的分析与评估应从以下几个方面进行。

一、投标项目选择决策

标价的宏观审核是依据在长期的工程实践中积累的大量经验数据，用类比的方法，从宏观上判断计算标价水平的高低和合理性。可采用下列宏观指标和评审方法。

（1）首先分项统计并计算书中的汇总数据，并计算其比例指标。以一般房屋建筑工程为例，其内容包括：

①统计建筑总面积与各单项建筑物面积。

②统计材料费总价及各主要材料数量和分类总价，计算单位面积的总材料费用指标和各主要材料消耗指标及费用指标；计算材料费占标价的比重。

③统计总劳务费及主要生产工人、辅助工人和管理人员的数量；算出单位建筑面积的用工数和劳务费；算出按规定工期完成工程时，生产工人和全员的平均人月产值和人年产值；计算劳务费占总标价的比重。

④统计临时工程费用、机械设备使用费及模板脚手架和工具等费用，计算它们占总标价的比重。

⑤统计各类管理费用，计算它们占总标价的比重，特别是计划利润、贷款利息的总数和所占比例。

（2）分析各类指标及其比例关系，从宏观上分析标价结构的合理性。例如，分析总直接费和总管理费的比例关系，劳务费和材料费的比例关系，临时设施及机具设备费与总的直接费用的比例关系，利润、流动资金及其利息与总标价的比例关系等。承包过类似工程的有经验的承包人不难从这些比例关系判断标价的构成是否基本合理。如果发现有不合理的部分，应当初步探讨其原因。首先研究本工程与其他类似工程是否存在某些不可比因素，如果考虑了不可比因素的影响后，仍存在不合理的情况，就应当深入探索其原因，并考虑调整某些基价、定额或分摊系数的合理性。

（3）探讨上述平均人月产值和人年产值的合理性和实现的可能性。如果从本公司的实践经验角度判断这些指标过高或过低，就应当考虑所采用定额的合理性。

（4）参照同类工程的经验，扣除不可比因素后，分析单位工程价格及用工、用料量的合理性。

（5）从上述宏观分析得出初步印象后，对明显不合理的标价构成部分进行微观方面的分析检查。重点是在提高工效、改变施工方案、降低材料设备价格和节约管理费用等方面提出可行措施，并修正初步计算标价。

二、投标项目报价决策

标价的动态分析是假定某些因素发生变化，测算标价的变化幅度，特别是这些变化对工程计划利润的影响。

（一）工期延误的影响

由于承包人自身的原因，如材料设备交货拖延、管理不善造成工程延误、质量问题造成返工等，承包人可能会增大管理费、劳务费、机械使用费以及占用的资金及利息，这些费用的增加不可能通过索赔得到补偿，而且还会导致误期罚款。一般情况下，可以测算因工期延长而造成某一段车间上述各种费用增大的数额及其占总标价的比率。这种增大的开支部分只能用风险费和计划利润来弥补。因此，可以通过多次测算，得知工期拖延多久，利润将全部丧失。

（二）物价和工资上涨的影响

通过调整标价计算中材料设备和工资的上涨系数，测算其对工程计划利润的影响。同时切实调查工程物资和工资的升降趋势和幅度，以便作出恰当判断。通过这一分析，可以得知投标计划利润对物价和工资上涨因素的承受能力。

（三）其他可变因素的影响

影响标价的可变因素很多，而有些是投标人无法控制的，如贷款利率的变化、政策法规的变化等。通过分析这些可变因素的变化，可以了解投标项目计划利润的受影响程度。初步计算标价经过宏观审核与进一步的分析检查，可能会对某些分项的单价做必要的调整，然后形成基础标价，再经盈亏分析，提出可能的低标价和高标价，供投标报标决策时选择。盈亏分析包括盈余分析和亏损分析两个方面。

1. 盈余分析

盈余分析是从标价组成的各个方面挖掘潜力、节约开支，计算出基础标价可能降低的数额，即所谓的"挖潜盈余"，进而算出低标价。盈余分析主要从下列几个方面进行：

（1）定额和效率。即对工料、机械台班消耗定额以及人工、机械效率进行分析。

（2）价格分析。即对劳务、材料设备、施工机械台班（时）价格三方面进行分析。

（3）费用分析。即对管理费、临时设施费等方面逐项分析。

（4）其他方面。如对流动资金与贷款利息，保险费、维修费等方面逐项复核，找出有可挖潜之处。考虑到挖潜不可能百分之百实现，尚需乘一定的修正系数（一般取 0.5 ~ 0.7），据此求出可能的低标价，即：

$$低标价 = 基础标价 - 挖潜盈余 \times 修正系数$$

2. 亏损分析

亏损分析是分析在算标时由于对未来施工过程中可能出现的因不利因素考虑不周和估计不足，而产生的费用增加或损失。主要从以下几个方面分析：①人工、材料、机械设备价格；②自然条件；③管理不善造成的质量、工作效率等问题；④建设单位、监理工程师方面的问题；⑤管理费失控。

经上述分析估计出的亏损额，同样乘修正系数（0.5 ~ 0.7），并据此求出可能的高标价，即：

$$高标价 = 基础标价 + 估计亏损 \times 修正系数$$

三、投标报价技巧

报价决策是投标人招集算标人员和本公司有关领导或高级咨询人员共同研究，就上述标价的计算结果，标价宏观审核、动态分析及盈亏分析进行讨论，作出有关投标报价的最后决定。

为了在竞争中取胜，决策者应当对报价计算的准确度、期望利润是否合适，报价风险及本公司的承受能力、当地的报价水平，以及对竞争对手优势的分析评估等进行综合考虑，才能决定最后的报价金额。在报价决策中应注意以下问题：

（1）作为决策的主要资料依据应当是本公司算标人员的计算书和分析指标。报价决策不是干预算标人员的具体计算，而是由决策人员同算标人员一起，对各种影响报价的因素进行分析，并作出果断和正确的决策。

（2）各公司算标人员获得的基础价格资料是相近的。因此从理论上分析，各投标人报价同标底价格都应当相差不远，之所以出现差异，主要是由于以下原因：①各公司的期望盈余（计划利润和风险费）不同；②各自拥有不同的优势；③选择的施工方案不同；④管理费用有差别等。鉴于上述情况，在进行投标决策研讨时，应当正确分析本公司和竞争对手的情况，并进行实事求是地对比评估。

（3）报价决策也应考虑招标项目的特点，一般来说对于下列情况报价可高一点：①施工条件差、工程量小的工程；②专业水平要求高的技术密集型工程，且本公司在这方面有专长、声望高；③支付条件不理想的工程等。如果与上述情况相反且投标对手多的工程，报价应低一些。

（4）寻求一个好报价的技巧。报价的技巧研究，其实是在保证工程质量与工期的条件下，为了中标并获得期望的效益，投标程序全过程几乎都要研究的投标报价技巧问题。在投标报价中常采用以下各种报价技巧。

①不平衡报价。不平衡报价，指在总价基本确定的前提下，如何调整内部各个子项的报价，以期既不影响总报价，又在中标后投标人可尽早收回垫支于工程中的资金和获取较好的经济效益。但要注意避免高低现象，避免失去中标机会。通常采用的不平衡报价有下列几种情况：

a.对能早期结账收回工程款的项目（如土方、基础等）的单价可报以较高价，以利于资金周转；对后期项目（如装饰、电气设备安装等）单价可适当降低。

b.估计今后工程量可能增加的项目，其单价可提高；而工程量可能减少的项目，其单价可降低。

c.图纸内容不明确或有错误，估计修改后工程量要增加的，其单价可提高；而工程内容不明确的，其单价可降低。

d.没有工程量只填报单价的项目（如疏浚工程中的开挖淤泥工作等），其单价宜高。这样，既不影响总的投标报价，又可多获利。

e.对于暂定项目，其实施的可能性大的项目，价格可定高价；估计该工程不一定实施的可定低价。

注意：a 和 b 两点要统筹考虑。对于工程量数量有错误的早期工程，若不可能完成工程量表中的数量，则不能盲目抬高单价，需要具体分析后再确定。

②零星用工（计日工）一般可稍高于工程单价表中的工资单价。采用此种办法是因为零星用工不属于承包有效合同总价的范围，发生时实报实销，也可多获利。

③多方案报价法。多方案报价法是利用工程说明书或合同条款不够明确之处，以争取达到修改工程说明书和合同为目的的一种报价方法。当工程说明书或合同条款有不够明确之处时，往往使投标人承担较大风险。为了减少风险就必须扩大工程单价，增加"不可预见费"，但这样

做又会因报价过高而增加被淘汰的可能性。多方案报价法就是为对付这种两难局面而出现的。

其具体做法是在标书上报两个价目单价，一是按原工程说明书合同条款报一个价；二是加以注解，例如，"工程说明书或合同条款可作某些改变时"，则可降低多少费用，使报价成为最低，以吸引业主修改说明书和合同条款。还有一种方法是对工程中一部分没有把握的工作，注明按成本加若干酬金结算的办法。但是，若有规定，政府工程合同的方案是不容许改动的，这个方法就不能使用。

④增加建议方案。有时招标文件中规定，可以提一个建议方案，即是可以修改原设计方案，提出投标者的方案。投标人这时应抓住机会，组织一批有经验的设计和施工工程师，对原招标文件的设计和施工方案仔细研究，提出更合理的方案以吸引业主，促成自己的方案中标。这种新的建议方案可以降低总造价或提前竣工或使工程运用更合理，但要注意的是对原招标方案一定也要报价，以供业主比较。

增加建议方案时，不要将方案写得太具体，保留方案的技术关键，防止业主将此方案交给其他承包商，同时要强调的是，建议方案一定要比较成熟，或过去有实践经验，因为投标时间不长，如果仅为中标而匆忙提出一些没有把握的方案，可能引起后患。

⑤突然降价法。报价是一件保密的工作，但是对手往往通过各种渠道、手段来刺探情况，因此在报价时可以采取迷惑对方的手法。即先按一般情况报价或表现出自己对该工程兴趣不大，到快投标截止时，再突然降价。例如，鲁布革水电站引水系统工程招标时，日本大成公司知道他的主要竞争对手是前田公司，因而在临近开标前把总报价突然降低8.04%，取得最低标，为以后中标打下基础。采用这种方法时，一定要在准备投标报价的过程中考虑好降价的幅度，在临近投标截止日期前，

根据情报信息与分析判断，再做最后决策。如果由于采用突然降价法而中标，因为开标只降总价，在签订合同后可采用不平衡报价的思想调整工程量表内的各项单价或价格，以期取得更高的效益。

⑥先亏后盈法。有的承包商，为了打进某一地区，依靠国家、某财团或自身的雄厚资本实力，而采取一种不惜代价，只求中标的低价投标方案。应用这种手法的承包商必须有较好的资信条件，并且提出的施工方案也要先进可行，同时要加强对公司情况的宣传，否则即使低标价，也不一定被业主选中。

⑦开口升级法。将工程中的一些风险大、花钱多的分项工程或工作抛开，仅在报价单中注明，由双方再度商讨决定。这样大大降低了报价，用最低价吸引业主，取得与业主商谈的机会，而在议价谈判和合同谈判中逐渐提高报价。

⑧无利润算标。缺乏竞争优势的承包商，在不得已的情况下，只好在算标中根本不考虑利润去夺标。这种办法一般是处于以下条件时采用：

a. 有可能在得标后，将大部分工程分包给索价较低的一些分包商。

b. 对于分期建设的项目，先以低价获得首期工程，而后赢得机会创造第二期工程中的竞争优势，并在以后的实施中赚得利润。

c. 较长时间内，承包商没有在建的工程项目，如果再不得标，就难以维持生存。因此，虽然本工程无利可图，只要能有一定的管理费维持公司的日常运转，就可设法渡过暂时困难，以图将来东山再起。

投标报价的技巧还可以再举出一些。聪明的承包商在多次投标和施工中还会摸索总结出应对各种情况的经验，并不断丰富完善。国际上知名的大牌工程公司都有自己的投标策略和编标技巧，但这些策略与技巧属于其商业机密，一般不会见诸公开刊物。承包商只有通过自己的实践，积累总结，才能不断提高自己的编标报价水平。

第四节　水利工程开标、评标与定标

一、水利工程开标、评标与定标的概述

（一）开标、评标的内容

1. 开标的内容

在所有投标人的法定代表人或授权代表在场的情况下，招标人将于前附表规定的时间和地点举行开标会议，参加开标的投标人的代表应签名报到，以证明其出席开标会议。开标会议在招标投标管理机构监督下，由招标人组织并主持。开标时，对在招标文件要求的提交投标文件截止时间前收到的所有投标文件，都当众予以拆封、宣读。但对按规定提交合格撤回通知的投标文件，不予开封。投标人的法定代表人或其授权代表未参加开标会议的，视为自动放弃投标。未按招标文件的规定标志、密封的投标文件，或者在投标截止时间以后送达的投标文件将被视为无效的投标文件。招标人当众宣布对所有投标文件的核查检视结果，并宣读有效举标的投标人名称、投标报价、修改内容、工期、质量、主要材料用水量、投标保证金以及招标人认为适当的其他内容。

2. 评标的内容

（1）评标内容的保密。公开开标后，直到宣布授予中标人合同为止，凡属于审查、澄清、评价和比较投标的有关资料，和有关授予合同的信息，以及评标组织成员的名单都不应向投标人或与该过程无关的其他人泄露。招标人采取必要的措施，保证评标在严格保密的情况下进行。在投标文

件的审查、澄清、评价和比较以及授予合同的过程中，投标人对招标人和评标组织其他成员施加影响的任何行为，都将导致取消投标资格。

（2）投标文件的澄清。为了有助于投标文件的审查、评价和比较，评标组织在保密其成员名单的情况下，可以个别要求投标人澄清其投标文件。有关澄清的要求与答复，应以书面形式进行，但不允许更改投标报价或投标的其他实质性内容。但是按照投标须知规定校核时发现的算术错误不在此列。

（3）投标文件的符合性鉴定。在详细评标之前，评标组织将首先审定每份投标文件是否在实质上响应了招标文件的要求。评标组织在对投标文件进行符合性鉴定过程中，遇到投标文件有下列情形之一的，应确认并宣布其无效。

①无投标人公章和设标人法定代表人或其委托代理人的印鉴或签字的；

②投标文件标明的投标人在名称上和法律上与通过资格审查时的不一致，且不一致处明显不利于招标人或为招标文件所不允许的；

③投标人在一份投标文件中对同一招标项目报有两个或多个报价，且未书面声明以哪个报价为准的；

④未按招标文件规定的格式、要求填写，内容不全或字迹潦草、模糊，辨认不清的。对无效的投标文件，招标人将予以拒绝。

（4）错误的修正。评标组织将对确定为实质上响应招标文件要求的投标文件进行校核，看其是否有计算上或累计上的算术错误。修正错误的原则如下：

①如果用数字表示的数额与用文字表示的数额不一致时，以大写数额为准；

②当单价与工程量的乘积与合价之间不一致时，通常以标出的单价为准，除非评标组织认为有明显的小数点错位，此时应以标出的合价为准，

并修改单价。

按上述修改错误的方法，调整投标书中的投标报价。经投标人确认同意后，调整后的报价对投标人起约束作用。如果投标人不接受修正后的投标报价，其投标将被拒绝，其投标保证金亦将不予退还。

（5）投标文件的评价与比较。评标组织将仅对按照投标须知确定为实质上响应招标文件要求的投标文件进行评价与比较。评标方法为综合评议法（或单项评议法、两阶段评议法）。投标价格采用价格调整的，在评标时不应考虑执行合同期间价格变化和允许调整的规定。

（6）合同的授予。这是投标须知中对授予合同问题的阐释。主要有以下几点：

①合同授予标准。招标人将把合同授予其投标文件在实质上响应招标文件要求和按投标须知规定评选出的投标人，确定为中标的投标人必须具有实施合同的能力和资源。

②中标通知书。确定出中标人后，在投标有效期截止前，招标人将在招标投标管理机构的认同下，以书面形式通知中标的投标人其投标被接受。在中标通知书中给出中标人按合同实施、完成和维护工程的中标标价（合同条件中称为"合同价格"），以及工期、质量和有关合同签订的日期、地点。中标通知书将成为合同的组成部分。在中标人按投标须知的规定提供了履约担保后，招标人将及时将未中标的结果通知其他投标人。

③合同的签署。中标人按中标通知书中规定的时间和地点，由法定代表人或其授权代表前往与招标人代表进行合同签订。

④履约担保。中标人应按规定向招标人提交履约担保。履约担保可由在中国注册的银行出具银行保函，银行保函为合同价格的5%；也可由具有独立法人资格的经济实体出具履约担保书，履约担保书为合同价格的10%。（投标人可任选一种）投标人应使用招标文件中提供的履约担

保格式。如果中标人不按投标须知的规定执行，招标人将有充分的理由废除授标，并不退还其投标保证金。

（7）合同格式。合同格式是招标人在招标文件中拟定好的具体格式，在定标后由招标人与中标人达成一致协议后签署。投标人投标时不填写。招标文件中的合同格式，主要有合同协议书格式、银行履约保函格式、履约担保书格式、预付款银行保函格式等。

（8）技术规范。招标文件中的技术规范，反映招标人对工程项目的技术要求。通常分为工程现场条件和本工程采用的技术规范两大部分。

①工程现场条件。主要包括现场环境、地形、地貌、地质、水文、地震烈度、气温、雨雪量、风向、风力等自然条件，和工程范围、建设用地面积、建筑物占地面积、场地拆迁及平整情况、施工用水、用电、工地内外交通、环保、安全防护设施及有关勘探资料等施工条件。

②本工程采用的技术规范。对工程的技术规范，国家有关部门有一系列规定。招标文件要结合工程的具体环境和要求，写明已选定的适用于本工程的技术规范，列出编制规范的部门和名称。技术规范体现了设计要求，应注意对工程每一部位的材料和工艺提出明确要求，对计量要求作出明确规定。

（9）图纸、技术资料及附件。招标文件中的图纸，不仅是投标人拟定施工方案、确定施工方法、提出替代方案、计算投标报价必不可少的资料，也是工程合同的组成部分。一般来讲，图纸的详细程度取决于设计的深度和发包承包方式。招标文件中的图纸越详细，越能使投标人比较准确地计算报价。图纸中所提供的地质钻孔柱状图、探坑展视图及水文气象资料等，均为投标人的参考资料。招标人应对这些资料的正确性负责，而投标人根据这些资料作出的分析与判断，招标人则不负责任。

（10）投标文件。招标人在招标文件中，要对投标文件提出明确的要求，并拟定一套投标文件的参考格式，供投标人投标时填写。投标文件的参考格式，主要有投标书及投标书附录、工程量清单与报价表、辅助资料表等。其中，工程量清单与报价表格式，在采用综合单价和工料单价时有所不同，并同时要注意对综合单价投标报价或工料单价投标报价进行说明。采用综合单价投标报价的说明一般如下：

①工程量清单应与投标须知、合同条件、合同协议条款、技术规范和图纸一起使用。

②工程量清单所列的工程量是招标人估算的和临时的，作为投标报价的共同基础。付款以实际完成的工程量为依据。由承包人计量、监理工程师核准实际完成的工作量。

③工程量清单中所填入的单价和合价，应包括人工费、材料费、机械费、其他直接费、间接费、有关文件规定的调价、利润、税金和现行取费中的有关费用、材料的差价，以及用固定价格的工程所测算的风险金等全部费用。

④工程量清单中的每一单项均需填写单价和合价，对没有填写单价或合价的项目的费用，应视为已包括在工程量清单的其他单价或合价之中。

⑤工程量清单不再重复或概括工程及材料的一般说明，在编制和填写工程量清单的每一项的单价和合价时应参考投标须知和合同文件的有关条款。

⑥所有报价应以人民币计价。

采用工料单价投标报价的说明，也和上述采用综合单价投标报价的说明一样有6点（排列顺序相同），除其中第3点外，其他各点都一样。采用工料单价投标报价说明中的第3点说明是：工程量清单中所填入的单价和合价，应按照现行预算定额的工、料、机消耗标准及预算价格确定，作为直接费的基础。其他直接费、间接费、利润、有关文件规定的调价、材料差价、设备价、现场因素费用、施工技术措施费，以及采用固定价格的工程所测算的风险金、税金等，按现行的计算方法计取，计入其他相应报价表中。

辅助资料表，主要包括项目经理简历表，主要施工人员表，主要施工机械设备表，项目拟分包情况表，劳动力计划表，施工方案或施工组织设计，计划开工、竣工日期和施工进度表，临时设施布置及临时用地表等。

工程投标文件的评审及定标是一项原则性很强的工作，需要招标人严格按照法规政策组建评标组织，并依法进行评标、定标。所采用的评标定标方法必须是招标文件所规定的，而且也必须经过政府主管部门的严格审定，做到公正性、平等性、科学性、合理性、择优性、可操作性。

具体做到：评标定标办法是否符合有关法律、法规和政策，体现公开、公正、平等竞争和择优的原则；评标定标组织的组成人员要符合条件和要求；评标定标方法应适当、浮标因素设置应合理、分值分配应恰当、打分标准科学合理、打分规则应清楚等；评标定标的程序和日程安排应当妥当等。

（二）工程投标文件评审及定标的程序

工程投标文件评审及定标的程序一般如下：

（1）组建评标组织进行评标。

（2）进行初步评审。从未被宣布为无效或作废的投标文件中筛选出若干具备评标资格的投标人，并评审下列内容：

①对投标文件进行符合性评审；②技术性评审；③商务性评审。

（3）进行终审。终审是指对投标文件进行综合评价与比较分析，对初审筛选出的若干具备评标资格的投标人进行进一步的澄清、答辩，择优确定出中标候选人。应当说明的是，终审并不是每一项评标都必须有的，如未采用单项评议法的，一般就可不进行终审。

（4）编制评标报告及授予合同推荐意见。

(5) 决标，即确定中标单位。

二、评标的原则与方法

（一）评标原则

原国家六部委于 2001 年 7 月 5 日发布施行的《评标委员会和评标方法暂行规定》指出：评标活动应遵循公平、公正、科学、择优的原则。评标活动依法进行，任何单位和个人不得非法干预或者影响评标过程和结果。实际操作中应做到平等竞争，机会均等，在评标定标过程中，对任何投标者均应采用招标文件中规定的评标定标办法，统一用一个标准衡量，保证投标人能平等地参加竞争。对投标人来说，评标定标办法都是客观的，不存在带有倾向性的、对某一方有利或不利的条款，中标的机会均等。

1. 客观公正，科学合理

对投标文件的评价、比较和分析，要客观公正，不以主观好恶为标准，不带成见，真正在投标文件的响应性、技术性、经济性等方面评比出客观的差别和优劣。采用的评标定标方法，对评审指标的设置和评分标准的具体划分，都要在充分考虑招标项目的具体特征和招标人的合理意愿的基础上，尽量避免和减少人为的因素，做到科学合理。

2. 实事求是，择优定标

对投标文件的评审，要从实际出发，尊重现实，实事求是。评标定标活动既要全面，也要有重点，不能泛泛进行。任何一个招标项目都有自己的具体内容和特点，招标人作为合同一方的主体，对合同的签订和履行负有其他任何单位和个人都无法替代的责任，在其他条件同等的情况下，应该允许招标人选择更符合过工程特点和自己招标意愿的投标人中标。招标评标办法可根据具体情况，侧重于工期或价格、质量、信誉等一两个重点，在全面评审的基础上作合理取舍。

施工评标定标的主要原则包括：标价合理，工期适当，施工方案科学合理，施工技术先进，质量、工期、安全保证措施切实可行，有良好的施工业绩和社会信誉。

（二）评标组织的形式及评标形式

1. 评标组织的形式

评标组织由招标人的代表和有关经济、技术等方面的专家组成。其具体形式为评标委员会，实践中也有是评标小组的。《中华人民共和国招标投标法》明确规定：评标委员会由招标人负责组建，评标委员会成员名单一般应于开标前确定。评标委员会成员名单在中标结果确定前应当保密。《评标委员会和评标方法暂行规定》中规定：依法必须进行施工招标的工程，其评标委员会由招标人或其委托的招标代理机构熟悉相关业务的代表和有关技术、经济等方面的专家组成，成员人数为五人以上单数，其中招标人、招标代理机构以外的技术、经济等方面专家不得少于成员总数的三分之二。评标委员会的专家成员，应当由招标人从建设行政主管部门及其他有关政府部门确定的专家名册或者工程招标代理机构的专家库内相关专业的专家名单中确定。确定专家成员一般应当采取随机抽取的方式。与投标人有利害关系的人不得进入相关工程的评标委员会。

由国家发展计划委员会制定的自2003年4月1日起实施的《评标专家和评标专家库管理暂行办法》作出了组建评标专家库的规定，指出：评标专家库由省级以上人民政府有关部门或者依法成立的招标代理机构依照《中华人民共和国招标投标法》的规定自主组建。

评标专家库的组建活动应当公开，接受公众监督。政府投资项目的评标专家，必须从政府有关部门组建的评标专家库中抽取。省级以上人民政府有关部门组建评标专家库,应当有利于打破地区封锁,实现评标专家资源共享。

入选评标专家库的专家,必须具备如下条件:

(1)从事相关专业领域工作满八年并具有高级职称或同等专业水平。

(2)熟悉有关招标投标的法律法规。

(3)能够认真、公正、诚实、廉洁地履行职责。

(4)身体健康,能够承担评标工作。

《评标委员会和评标方法暂行规定》中规定,评标委员应了解和熟悉以下内容:招标的目标;招标项目的范围和性质;招标文件中规定的主要技术要求、标准和商务条款;招标文件规定的评标标准、评标方法和在评标过程中考虑的相关因素。

2.评标的形式

评标一般采用评标会的形式进行。参加评标会的人员为招标人或其代表人、招标代理人、评标组织成员、招标投标管理机构的监管人员等。投标人不能参加评标会。评标会由招标人或其委托的代理人召集,由评标组织负责人主持。评标会的程序主要包括:

(1)开标会结束后,投标人退出会场,参加评标会的人员进入会场,由评标组织负责人宣布评标会开始。

(2)评标组织成员审阅各个投标文件,主要检查确认投标文件是否实质上响应招标文件的要求;投标文件正副本之间的内容是否一致;投标文件是否有重大漏项、缺项;是否提出了招标人不能接受的保留条件等。

(3)评标组织成员根据评标定标办法的规定,只对未被宣布无效的投标文件进行评议,并对评标结果签字确认。

(4)如有必要,评标期间评标组织可以要求投标人对投标文件中不清楚的问题作必要的澄清或者说明,但是,澄清或者说明不得超出投标文件的范围或改变投标文件的实质性内容。所澄清和确认的问题,应当采取书面形式,经招标人和投标人双方签字后,作为投标文件的组成部分,列入评标依据范围。在澄清会谈中,不允许招标人和投标人变更或寻求变更价格、工期、质量等级等实质性内容。开标后,投标人对价格、工期、质量等级等实质性内容提出的任何修正声明或者附加优惠条件,一律不得作为评标组织评标的依据。

(5) 评标组织负责人对评标结果进行校核,按照优劣或得分高低排出投标人顺序,并形成评标报告,经招标投标管理机构审查,确认无误后,即可据评标报告确定出中标人。至此,评标工作结束。

3. 评标期限的有关规定

涉及评标的有关时间问题包括投标有效期、与中标人签订合同的期限、定标的期限、退还投标保证金的期限等。

(1) 投标有效期。投标有效期是针对投标保证金或投标保函的有效期间所作的规定,投标有效期从提交投标文件截止日起计算,一般到发出中标通知书或签订承包合同为止。招标文件应当载明投标有效期。

《评标委员会和评标方法暂行规定》第四十条规定,评标和定标应当在投标有效期结束日前30个工作日完成。不能在投标有效期结束日30个工作日前完成评标和定标的,招标人应当通知所有投标人延长投标有效期。拒绝延长投标有效期的投标人有权收回投标保证金。同意延长投标有效期的投标人应当相应延长其投标担保的有效期,但不得修改投标文件的实质性内容。因延长投标有效期造成投标人损失的,招标人应当给予补偿,但因不可抗力需延长投标有效期的除外。中标人确定后,招标人应当向中标人发出中标通知书,同时通知未中标人,并与中标人在30个工作日之内签订合同。招标人与中标人签订合同后5个工作日内,应当向中标人和未中标的投标人退还投标保证金。

(2) 定标期限。评标结束应当产生出定标结果。招标人根据评标委员会提出的书面评标报告和推荐的中标候选人确定中标人,也可以授权评标委员会直接确定中标人。定标应当择优，经评标能当场定标的，应当场宣布中标人；不能当场定标的，中小型项目应在开标之后7天内定标，大型项目应在开标之后14天内定标；特殊情况需要延长定标期限的，应经招标投标管理机构同意。招标人应当自定标之日起15天内向招标投标管理机构提交招标投标情况的书面报告。

（3）签订合同的期限。中标人确定后，招标人应当向中标人发出中标通知书，同时通知未中标人，并与中标人在30个工作日之内签订合同。中标通知书对招标人和中标人具有法律约束力，其作用相当于签订合同过程中的承诺。中标通知书发出后，招标人改变中标结果或者中标人放弃中标的，应当承担法律责任。

（4）退还投标保证金的期限。投标有效期届至，招标人应当向未中标的投标人退还投标保证金或投标保函，对中标者可以将投标保证金或投标保函转为履约保证金或履约保函。

4.关于禁止串标的有关规定

《中华人民共和国建筑法》《中华人民共和国招标投标法》《评标委员会和评标方法暂行规定》《工程建设项目施工招标投标办法》都有禁止串标的有关规定。其中，《中华人民共和国招标投标法》第三十二条指出：投标人不得相互串通投标报价，不得排挤其他投标人的公平竞争，损害招标人或者其他投标人的合法权益。投标人不得与招标人串通投标，损害国家利益、社会公共利益或者他人的合法权益。禁止投标人以向招标人或者评标委员会成员行贿的手段谋取中标。第三十三条指出：投标人不得以低于成本的报价竞标，也不得以他人名义投标或者以其他方式弄虚作假，骗取中标。

《工程建设项目施工招标投标办法》第四十七条规定下列行为均属招标人与投标人串通投标：

（1）招标人在开标前开启投标文件，并将投标情况告知其他投标人，或者协助投标人撤换投标文件，更改报价。

（2）招标人向投标人泄露标底。

（3）招标人与投标人商定，投标时压低或抬高标价，中标后再给投标人或招标人额外补偿。

（4）招标人预先内定中标人。

（5）其他串通投标行为。

为了禁止串通招标投标行为，维护公平竞争，保护社会公共利益和经营者的合法权益，依据《中华人民共和国反不正当竞争法》（以下简称《反不正当竞争法》）的有关规定，于1998年1月6日制定的《关于禁止串通招标投标行为的暂行规定》第三条指出：投标者不得违反《反不正当竞争法》第十五条第一款的规定，实施下列串通投标行为：

（1）投标者之间相互约定，一致抬高或者压低投标报价。

（2）投标者之间相互约定，在招标项目中轮流以高价位或者低价位中标。

（3）投标者之间先进行内部竞价，内定中标人，然后再参加投标。

（4）投标者之间其他串通投标行为。

第四条规定，投标者和招标者不得违反《反不正当竞争法》第十五条第二款的规定，进行相互勾结，实施下列排挤竞争对手公平竞争的行为：

（1）招标者在公开开标前，开启标书，并将投标情况告知其他投标者，或者协助投标者撤换标书，更改报价。

（2）招标者向投标者泄露标底。

（3）投标者与招标者商定，在招标投标时压低或者抬高标价，中标后再给投标者或者招标者额外补偿。

（4）招标者预先内定中标者，在确定中标者时以此决定取舍。

（5）招标者和投标者之间其他串通招标投标行为。

在评标过程中，评标委员会发现投标人以他人的名义投标、串通投标、以行贿手段谋取中标或者以其他弄虚作假方式投标的，该投标人的投标应作废标处理。

三、评标过程与评审内容

（一）工程投标文件评审内容

1. 初步评审

初步评审主要是包括检验投标文件的符合性和核对投标报价，确保投标文件响应招标文件的要求，剔除法律法规所提出的废标。具体包括下列内容。

（1）有关废标的法律规定。投标文件有下述情形之一的，属重大投标偏差，或被认为没有对招标文件作出实质性响应，根据2001年7月5日国家原七部委联合颁布的《评标委员会和评标方法暂行规定》，作废标处理。

①关于投标人的报价明显低于其他投标报价等的规定。《评标委员会和评标方法暂行规定》第二十一条规定：在评标过程中，评标委员会发现投标人的报价明显低于其他投标报价或者在设有标底时明显低于标底，使得其投标报价可能低于其个别成本的，应当要求该投标人作出书面说明并提供相关证明材料。投标人不能合理说明或者不能提供相关证明材料的，由评标委员会认定该投标人以低于成本报价竞标，其投标应作废标处理。

②投标人资格条件不符合国家有关规定和招标文件要求的，或者拒不按照要求对投标文件进行澄清、说明或者补正的，评标委员会可以否决其投标。

③评标委员会应当审查每一投标文件是否对招标文件提出的所有实质性要求和条件作出响应。未能在实质上响应的投标，应作废标处理。

评标委员会应当根据招标文件，审查并逐项列出投标文件的全部投标偏差。投标文件若存在重大偏差，则按废标处理。下列情况属于重大偏差：①没有按照招标文件要求提供投标担保或者所提供的投标担保有瑕疵；②投标文件没有投标人授权代表签字和加盖公章；③投标文件载明的招标项目完成期限超过招标文件规定的期限；④明显不符合技术规格、技术标准的要求；⑤投标文件载明的货物包装方式、检验标准和方法等不符合招标文件的要求；⑥投标文件附有招标人不能接受的条件；⑦不符合招标文件中规定的其他实质性要求。招标文件对重大偏差另有规定的，从其规定。

（2）评审内容。初步评审的具体内容主要包括下列四项。

①投标书的有效性。审查投标人是否与资格预审名单一致；递交的投标保函的金额和有效期是否符合招标文件的规定；如果以标底衡量有效标，投标报价是否在规定的标底上下百分比浮动范围内。

②投标书的完整性。投标书是否包括了招标文件规定应递交的全部文件。例如，除报价单外，是否按要求提交了工作进度计划表、施工方案、合同付款计划表、主要施工设备清单等招标文件中要求的所有材料。如果缺少一项内容，则无法进行客观公正的评价。因此，该投标书只能按废标处理。

③投标书与招标文件的一致性。如果招标文件指明是反应标，则投标书必须严格地对招标文件的每一空白格作出回答，不得有任何修改或附带条件。如果投标人对任何栏目的规定有说明要求时，只能在原标书完全应答的基础上，以投标致函的方式另行提出自己的建议。对原标书私自做任何修改或用括号注明条件，都将视为与业主的招标要求不相一致或违背，也按废标对待。

④标价计算的正确性。由于只是初步评审，不用详细研究各项目报价金额是否合理、准确，而仅审核是否有计算统计错误。若出现的错误

在规定的允许范围内,则可由评标委员会予以改正,并请投标人签字确认。若投标人拒绝改正,不仅按废标处理,而且按投标人违约对待。当错误值超过允许范围时,按废标对待。修改报价统计错误的原则如下:a.如果数字表示的金额与文字表示的金额有出入时,以文字表示的金额为准。b.如果单价和数量的乘积与总价不一致,要以单价为准。若属于明显的小数点错误,则以标书的总价为准。c.副本与正本不一致,以正本为准。

经过审查,只有合格的标书才有资格进入下一轮的详评。对合格的标书再按报价由低到高重新排列名次。因为排除了一些废标和对报价错误进行了某些修正,这个名次可能和开标时的名次排列不一致。一般情况下,评标委员会将把新名单中的前几名作为初步备选的潜在中标人,并在详评阶段将他们作为重点评价的对象。

2.详细评审

详细评审的内容一般包括以下方面(如果未进行资格预审,则在评标时同时进行资格审查)。

(1)价格分析。价格分析不仅要对各标书的报价数额进行比较,还要对主要工作内容和主要工程量的单价进行分析,并对价格各组成部分比例的合理性进行评价。分析投标价的目的在于鉴定各投标价的合理性。

①报价构成分析。用标底价与标书中各单项合计价、各分项工程的单价以及总价进行比照分析,对差异比较大的地方找出其产生的原因,从而评定报价是否合理。

②计日工报价分析。分析投标报价时难以明确计量的工程量,应审查计日工报价的机械台班费和人工费单价的合理性。

③分析不平衡报价的变化幅度。虽然允许投标人为了解决前期施工中资金流通的困难采用不平衡报价法投标,但不允许有严重的不平衡报价,否则会大大地提高前期工程的付款要求。

④资金流量的比较和分析。审查其所列数据的依据,进一步复核投

标人的财务实力和资信可靠程度；审查其支付计划中预付款和滞留金的安排与招标文件是否一致；分析投标人资金流量和其施工进度之间的相互关系；分析招标人资金流量的合理性。

⑤分析投标人提出的财务或付款方面的建议和优惠条件，如延期付款、垫资承包等，并估计接受其建议的利弊，特别是接受财务方面建议后可能导致的风险。

（2）技术评审。技术评审主要对投标人的实施方案进行评定，包括以下内容：

①施工总体布置。着重评审布置的合理性。对分阶段实施还应评审各阶段之间的衔接方式是否合适，以及如何避免与其他承包商之间（如果有的话）发生作业干扰。

②施工进度计划。首先要看进度计划是否满足招标要求，进而再评价其是否科学和严谨，以及是否切实可行。业主有阶段工期要求的工程项目对里程碑工期的实现情况也要进行评价。评审时要依据施工方案中计划配置的施工设备、生产能力、材料供应、劳务安排、自然条件、工程量大小等诸因素，将重点放在审查作业循环和施工组织是否满足施工高峰月的强度要求，从而确定其总进度计划是否建立在可靠的基础上。

③施工方法和技术措施。主要评审各单项工程所采取的方法、程序技术与组织措施。包括所配备的施工设备性能是否合适，数量是否充分；采用的施工方法是否既能保证工程质量，又能加快进度并减少干扰；安全保证措施是否可靠等。

④材料和设备。现定由承包提供或采购的材料和设备，是否在质量和性能方面满足设计要求和招标文件中的标准。必要时可要求投标人进一步报送主要材料和设备的样本，技术说明书或型号、规格、地址等资料。评审人员可以从这些材料中审查和判断其技术性能是否可靠和是否达到设计要求。

⑤技术建议和替代方案。对投标书中提出的技术建议和可供选择的替代方案，评标委员会应进行认真细致的研究，评定该方案是否会影响工程的技术性能和质量。在分析技术建议或替代方案的可行性和技术经济价值后，考虑是否可以全部采纳或部分采纳。

（3）管理和技术能力的评价。管理和技术能力的评价重点放在承包商实施工程的具体组织机构和施工鼓励的保障措施方面。即对主要施工方法、施工设备以及施工进度进行评审，对所列施工设备清单进行审核，审查投标人拟投入到本工程的施工设备数是否符合施工进度要求，以及施工方法是否先进、合理，是否满足招标文件的要求，目前缺少的设备是采用购置还是租赁的方法来解决等。此外，还要对承包商拥有的施工机具在其他工程项目上的使用情况进行分析，预测能转移到本工程上的时间和数量，是否与进度计划的需求量相一致；重点审查投标人所提出的质量保证体系的方案、措施等是否能满足本工程的要求。

（4）对拟派该项目主要管理人员和技术人员的评价。要拥有一定数量有资质、有丰富工作经验的管理人员和技术人员。至于投标人的经历和财力，在资格预审时已通过，一般不作为评比条件。

（5）商务法律评审。这部分是对招标文件的响应性检查，主要包括以下内容：

①投标书与招标文件是否有重大实质性偏离。投标人是否愿意承担合同条款的规定的全部义务。

②合同文件中某些条款的修改建议的采用价值。

③审查商务优惠条件的实用价值。

在评标过程中，如果发现投标人在投标文件中存在没有阐述清楚的地方，一般可召开澄清会议，由评标委员会提出问题，要求投标人提交书面正式答复。澄清问题的书面文件不允许对原投标书作出实质上的修改，也不允许变更《招标投标法》第二十九条的规定，投标人只能在提交投标文件的截止日前才可对招标文件进行修改和补充。

《房屋建筑和市政基础设施工程施工招标投标管理办法》第四十三条规定，投标文件有下列情形之一的，评标委员会可以要求投标人作出书面说明并提供相关材料：a.设有标底的，投标报价低于标底合理幅度的。b.不设标底的，投标报价明显低于其他投标报价，有可能低于其企业成本的。经评标委员会论证，认定该投标人的报价低于其企业成本的，不能推荐为中标候选人或者中标人。

（6）评标报告的撰写和提交。根据《中华人民共和国招标投标法》第四十条和《评标委员会和评标方法暂行规定》规定，委员会完成评标后，应向招标人提出书面评标报告，并推荐合格的中标候选人，候选人数量应限定在1～3人，招标人也可以授权评委会直接确定中标人。评标报告应当如实记载以下内容：基本情况和数据表；评标委员会成员名单；开标记录；符合要求的投标人一览表；废标情况说明；评标标准、评标方法或者评标因素一览表；经评审的价格或者评分比较一览表；经评审的投标人排序；推荐的中标候选人名单与签订合同前要处理的事宜；澄清、说明事项纪要。

评标报告由评标委员会全体成员签字。对评标结论持有异议的评标委员会委员可以书面方式阐述其不同意见和理由。评标委员会成员拒绝在评标报告上签字且不陈述其不同意见和理由的，视为同意评标结论。评标委员会应当对此作出书面说明并记录在案。

（二）工程施工评标办法与选择

1.评标方法的法律规定

《评标委员会和评标方法暂行规定》第二十九条、三十条及第三十一条规定：评标方法包括经评审的最低投标价法、综合评估法或者法律、行政法规允许的其他评标方法。经评审的最低投标价法一般适用于具有通用技术、性能标准或者招标人对其技术、性能没有特殊要求的招标项目。根据经评审的最低投标价法，能够满足招标文件的实质性要求，并且经评审的最低投标价的投标，应当推荐为中标候选人。第三十四条、三十五条规定不宜采用经评审的最低投标价法的招标项目，一般应当采取综合评估法进行评审。根据综合评估法，最大限度地满足招标文件中规定的各项综合评价标准的投标，应当推荐为中标候选人。

衡量投标文件是否最大限度地满足招标文件中规定的各项评价标准，可以采取折算为货币的方法、打分的方法或者其他方法。需量化的因素及其权重应当在招标文件中明确规定。

2. 经评审的最低投标价法

经评审的最低投标价法是以评审价格作为衡量标准，选取最低评标价者作为推荐中标人。评标价并非投标价，它是将一些因素（不含投标文件的技术部分）折算为价格，然后再计算其评标价。评标价的折算因素主要包括：①工期的提前量；②标书中的优惠及其幅度；③建议导致的经济效益。

3. 综合评估法

综合评估法，是对价格、施工组织设计（或施工方案）、项目经理的资历和业绩、质量、工期、信誉和业绩等因素进行综合评价，从而确定最大限度地满足招标文件中规定的各项综合评价标准的投标者为中标人的评标定标方法。它是适用范围最广泛的评标定标方法。

（1）评估内容。综合评议法需要综合考虑投标书的各项内容是否同招标文件所要求的各项文件、资料和技术要求相一致。不仅要对价格因素进行评议，还要对其他因素进行评议。主要包括：

①标价（即投标报价）。评审投标报价预算数计算的准确性和报价的合理性。

②施工方案或施工组织设计。评审方案或施工组织设计是否齐全、

完整、科学合理，包括施工方法是否先进、合理；施工进度计划及措施是否科学、合理，能否满足招标人关于工期或竣工计划的要求；现场平面布置及文明施工措施是否合理可靠；主要施工机具及设备是否合理；提供的材料设备能否满足招标文件及设计的要求。

③投入的技术及管理力量。拟投入项目主要管理人员及工程技术人员的数量和资历及业绩等。

④质量。评审工程质量是否达到国家施工验收规范合格标准或优良标准。质量必须符合招标文件要求。质量保证措施是否切实可行；安全保证措施是否可靠。

⑤工期。指工程施工期，由工程正式开工之日到施工单位提交竣工报告之日的期间。评审工期是否满足招标文件的要求。

⑥信誉和业绩。包括投标单位及项目经理部的施工经历、近期施工承包合同履约情况（履约率）；是否承担过类似工程；近期获得的优良工程及优质以上的工程情况优良率；服务态度、经营作风和施工管理情况；近期的经济诉讼情况；企业社会整体形象等。

（2）综合评估法的分类。综合评估法按其具体分析方式的不同，又可分为定性综合评估法和定量综合评估法。

①定性综合评估法。又称评议法，通常的做法是，由评标组织对工程报价、工期、质量、施工组织设计、主要材料消耗、安全保障措施、业绩、信誉等评审指标，分项进行定性比较分析，综合考虑，经过评议后，选择其中被大多数评标组织成员认为各项条件都比较优良的投标人为中标人，也可用记名或无记名投票表决的方式确定投标人。定性综合评议法的特点，是不量化各项评审指标。它是一种定性的优选法。采用定性综合评议法，一般要按从优到劣的顺序，对各投标人排列名次，排序第一名的即为中标人。这种方法虽然能深入地听取各方面的意见，但由于没有进行量化评定和比较，评标的科学性较差。其优点是评标过程简单、

较短时间内即可完成。一般适用于小型工程或规模较小的改扩建项目。

②定量综合评议法。

a.定义。定量综合评议法，又称打分法、百分制计分评议法。通常的做法是：事先在招标文件或评标定标办法中将评标的内容进行分类，形成若干评价因素，并确定各项评价因素在评标中所占的比例和评分标准，开标后由评标组织中的每位成员按评标规则，采用无记名方式打分，最后统计投标人的得分，得分最高者（排序第一名）或次高者（排序第二名）为中标人。

b.特点。这种方法的主要特点是，量化各评审因素如工程报价、工期、质量、施工组织设计、主要材料消耗、安全保障措施、业绩、信誉等评审指标，确定科学的评分及权重分配，充分体现整体素质和综合实力，符合公平、公正的竞争法则，使质量好、信誉高、价格合理、技术强、方案优的企业能中标。

c.评标因素选择及权重确定的原则。影响标书质量的因素很多，评标体系的设计也多种多样。因此，在选择评标因素时，一般需要遵循的原则是：评标因素在评标因素体系中的地位和重要程度。显然，在所有评标因素中，重要的因素所占的分值应高些，不重要或不太重要的评标因素占的分数应低些；各评标因素对竞争性的体现程度。对竞争性体现程度高的评标因素，即不只是某一投标人的强项，而是投标人都具有较强的竞争性的因素，如价格因素等，所占分值应高些，而对竞争性体现程度不高的评标因素，即对所有投标人而言共同的竞争性不太明显的因素，如质量因素等，所占分值应低些；各评标因素对招标意图的体现程度。招标人的意图即招标人最侧重的择优方面，不同性质的工程、不同实力的投资者可能有很大差异。能明显体现出招标意图的评标因素所占的分值高些，不能体现招标意图的评标因素所占的分值可适当降低；各评标因素与资格审查内容的关系。对某些评标因素，如在资格预审时已作为审查内容，其所占分值可适当低些，如资格预审未列入审查内容或采用资格后审的，其所占分值就可适当高些。

d. 评标因素及分值界限。不同性质的工程，不同的招标意图将设定不同的评分因素和评分标准，表 5-1 为现实中常用的评标因素及其分值界限。

表 5-1 评标因素及其分值界限表

序号	评标因素	分值界限	说明
1	投标报价	30 ~ 70	
2	主要材料	0 ~ 10	
3	施工方案	5 ~ 20	
4	质量	5 ~ 25	
5	工期	0 ~ 10	
6	项目经理	5 ~ 10	
7	业绩	5 ~ 10	
8	信誉	5 ~ 10	

（三）工程投标的定标规则

1. 中标人的投标应具备的条件

我国《招标投标法》规定，中标人的投标应当符合能够最大限度满足招标文件中规定的各项综合评价标准或是能够满足招标文件的实质性要求，并且经评审的投标价格最低（但是投标价格低于成本的除外）才能中标。在确定中标人之前，招标人不得与投标人就投标价格、投标方案等实质性内容进行谈判。

评标委员会完成评标后，应当向招标人提出书面评标报告，阐明评标委员会对各投标文件的评审和比较意见，并按照招标文件中规定的评标方法，推荐不超过 3 名有排序的合格的中标候选人。招标人根据评标委员会提出的书面评标报告和推荐的中标候选人确定中标人。招标人也可以授权评标委员会直接确定中标人。

使用国有资金投资或者国家融资的项目，招标人应当确定排名第一的中标候选人为中标人。排名第一的中标候选人放弃中标、因不可抗力提出不能履行合同，或者招标文件规定应当提交履约保证金而在规定的期限内未能提交的，招标人可以确定排名第二的中标候选人为中标人。排名第二的中标候选人因前款规定的同样原因不能签订合同的，招标人可以确定排名第三的中标候选人为中标人。

2. 招标失败的处理

在评标过程中，如发现有下列情形之一不能产生定标结果的，可宣布招标失败：

（1）所有投标报价高于或低于招标文件所规定的幅度的；

（2）所有投标人的投标文件均实质上不符合招标文件的要求，被评标组织否决的。

如果发生招标失败，招标人应认真审查招标文件及标底，做出合理修改，重新招标。在重新招标时，原采用公开招标方式的，仍可继续采用公开招标方式，也可改用邀请招标方式；原采用邀请招标方式的，仍可继续采用邀请招标方式，也可改用议标方式；原采用议标方式的，应继续采用议标方式。

经评标确定中标人后，招标人应当向中标人发出中标通知书，并同时将中标结果通知所有未中标的投标人，退还未中标的投标人的投标保证金。在实践中，招标人发出中标通知书，通常是与招标投标管理机构联合发出或经招标投标管理机构核准后发出。中标通知书对招标人和中标人具有法律效力。中标通知书发出后，招标人改变中标结果的，或者中标人放弃中标项目的，应承担法律责任。

第六章
水利工程财务的信息化建设与管理

财务管理信息系统适应了社会主义市场经济体制下公共财政的发展需要，是现代信息管理的必然趋势。本章主要探讨了信息化财务管理的发展历程、水利财务的信息化建设和内部管理。

第一节　信息化财务管理的发展历程

一、信息化财务管理

信息化财务管理，也称为网络财务管理，是指以现代计算机技术和信息处理技术为手段，以财务管理模型为基本方法，以会计信息系统和其他管理系统提供的数据为主要依据，对财务信息进行实时处理、预测、分析和判断的活动。其实质是全面实现财务、业务流程数字化和网络化，通过各种信息系统网络加工生成新的财务信息资源，对物流、资金流、信息流进行一体化的管理和集成运作，以提高整体决策能力和竞争能力。

构建一个管理与技术有机融合的公开透明、服务便捷、安全可靠的财务管理信息系统，能够进一步提高财政资金使用管理的安全性、规范性和有效性，有利于保障和推动深化财政改革建立，统一、完整、规范的财政预算和支出管理体系；有利于加强财务管理，促进依法行政和依法理财；有利于审计部门依法实施监督。

其次，应用统一的计算机财务管理软件，实现财务信息与业务流程一体化，进而逐步引进、消化、开发使用先进的 ERP 系统软件，是内部信息化发展的基本方向。企业应结合实际，积极引进开发运用统一的财务与业务一体化的管理软件，逐步实现生产经营全过程的信息流、物流、资金流的集成和数据共享，保障预算、结算、监控等财务管理工作规范化、高效化。

（一）信息管理的重点

（1）财务信息管理的主体是国家综合经济管理部门和企业经营者。企业经营者负责财务信息的编报工作，并对财务信息的真实性、完整性及合法性负责。财政部门作为国家综合经济管理的重要部门，主要负责制定财务信息管理规章制度，对企业财务信息进行日常监管。

（2）财务信息管理的对象是企业财务信息。企业信息分业务信息和财务信息两大类。业务信息反映企业经营全过程各类资源流入流出的情况，财务信息则以价值量形式反映业务信息。在实际工作中，企业财务信息与会计信息常常被混淆。实质上，两者既相互联系又有区别：会计信息是"原材料"，是财务信息的主要来源；财务信息是对包括会计信息在内的信息进行"加工"后形成的反映企业业务活动价值形态的信息。

（3）财务信息管理的总目标是提高决策水平和管理效率。具体讲，作为企业的经营者主要是通过财务信息管理，提高决策能力，强化内部财务控制，提升企业价值；作为国家综合经济管理的部门主要是利用财务信息进行宏观监管。

（4）财务信息管理手段主要运用现代信息处理技术和管理手段，包括计算机技术、信息处理技术和现代企业财务管理方法等。

（二）财务信息管理的原则

为了提高财务信息质量，建立和完善科学、高效的财务信息管理机制，应遵循以下原则：

（1）合法合规原则。财务信息管理应当符合《会计法》《企业财务会计报告条例》等法律法规以及国家统一制定的企业财务、会计制度的规定。

（2）真实及时原则。企业财务信息必须真实、准确、完整，并按规定及时地向主管财政机关及有关各方提供财务信息资料，不得借口拖延。

（3）重点突出原则。财务信息管理应根据财务信息的重要程度，采用不同的管理方法，对影响财务信息真实性和可能误导财务信息使用者的重要财务信息，应当充分、准确地披露。

（4）便捷适用原则。财务信息管理必须具有方便、快捷、简单、适用等特点，并能满足有关各方的需要，增强财务信息利用效果。信息化财务管理是现代企业财务管理的发展方向，其内涵远远大于会计电算化。它要求企业优化业务流程，建立财务业务一体化信息处理系统。鉴于我国企业财务管理现状，《企业财务通则》要求企业逐步建立财务和业务一体化的信息处理系统，体现了制度的灵活性和可操作性。

（5）安全有效原则。企业对外提供财务信息，信息使用者使用财务信息，都应当依法采取切实有效的管理措施，确保财务信息安全，不得非法利用和传播企业财务信息。《企业财务通则》在重申我国现有的企业财务信息管理有关规定的同时，吸收和引进了现代企业财务管理理念，结合我国实际，首次提出企业信息化财务管理、企业资源计划系统、财务预警、财务评价和企业内部财务控制有效性评估等财务信息管理的方法和手段。我国实行的是市场经济体制，竞争是市场经济的主要特征。面对激烈竞争的市场，企业要有危机意识，建立财务预警机制，及时采取措施，化解财务危机。同时，企业资源计划系统是现代企业普遍采用的一种企业信息化管理工具，目前在我国部分企业已开始实施。因此，《企业财务通则》要求企业结合实际，逐步创造条件，实施企业资源计划系统。

（6）企业内部财务控制有效性评估原则。现代企业财务目标是实现企业价值最大化，而企业价值最大化不等于企业利润最大化。建立企业财务评价体系不仅是企业微观管理的需要，也是财政宏观管理的需要。因此，《企业财务通则》要求主管财政机关要建立科学合理的企业财务评价体系，以客观公正地反映企业经营状况和社会贡献。

内部财务控制制度是企业自主开展财务活动的保障。针对我国企业内部财务控制不健全的实际情况，《企业财务通则》要求主管财政机关对企业内部财务控制制度的合法性、健全性和实效性进行评估，并对社会公布，以引导和督促企业建立健全内部财务控制制度。

一般来讲，集成的财务管理信息系统应当具有如下五个特点：

①集成性。财务和企业的设计、生产、供应、销售等业务环节是完全集成的，业务和财务一体化运作，如财务管理模块和系统中其他模块都有相应的接口，能够相互集成，而且财务管理始终是信息系统核心的模块，从而可以实现与企业外部的相关环节的集成。

②共享性。所有的原始数据都是一次录入、多处共享，例如，生产活动、采购活动输入的信息自动计入财务模块生成总账、会计报表，取消了烦琐的凭证输入过程，几乎能够完全替代以往传统的手工操作。

③实时性。每一个作业都会实时地反映，每一项控制都会实时地得到结果，每一份报表都会实时地生成，每一个决策都被实时地作出。

④精确性。每一次作业都是准确的、可量化的，流程定了就不能随意改动，同样的数据就会产生完全一样的报表。

⑤面向流程性。强调面向业务流程的财务信息的收集、分析和控制，使财务系统能支持重组后的业务流程，并做到对业务活动的成本控制。

（三）财务信息管理的必要性

（1）转变财政的企业财务管理方式和方法。加强企业财务信息管理，是主管财政机关实现企业财务管理事前预测、事中控制、事后监督职能的需要，是对企业财务管理由直接管理转向间接管理，由微观管理转向宏观管理，由行政干预转向依法管理的有效途径。

（2）提高企业财务管理效率。加入WTO后，我国企业直接面对国际市场竞争，提高企业核心竞争力的一个重要手段是实现信息全球化。企业运用先进的信息技术手段，可以改造企业固有的、落后的业务流程和财务运作模式，充分利用和挖掘自身优势。

（3）适应市场经济的发展。经过近30年来的改革开放，我国的市场经济已经获得了长足的发展，企业及时转变财务信息管理理念和管理手段，建立灵敏的财务信息反馈机制，可以使企业在市场竞争中立于不败之地。

（4）规范财务管理行为。实施信息化财务管理，企业可以利用网络实现财务监控和远程会计处理，借助财务管理软件开展基础性财务管理工作，可以减少人为因素，逐步实现财务管理标准化、制度化和规范化。

（5）控制财务风险。在市场经济条件下，企业必须在追求高收益的同时，加强对风险的防范和规避。通过加强财务信息管理，建立风险监控机制和预警机制，及时采取相应措施，可以有效规避和化解企业财务风险。

（四）信息化财务管理的作用

（1）通过信息化流程实现财务规范管理。企业通过应用管理软件，固化财务管理流程,减少人为控制,使各岗位人员的工作更加规范和高效。规范化的财务管理模式消除了财务信息传递不规则的问题,能帮助企业提高业务处理效率和财务管理效益。

(2)通过网络化数据实现财务精确管理。对企业采购、库存、销售及相关的成本、费用、收入等提供及时、准确的信息,供有关方面查询。从资金的精确管理,到库存物料价值的准确分析,再到供应链的执行过程,进行信息化处理,实现企业财务的精确管理。

(3)通过信息化决策改善企业经营管理。企业通过运用一定的计算模型,对已信息化的原始财务数据进行科学的加工处理,从而起到对财务管理和决策的支持作用。对经营各环节的状况及时反馈和跟踪,对库存、销售、资金等关键环节进行预警,对关键业务的财务指标进行统计分析,提供企业整体运行的财务系统指标,为经营决策提供可靠的依据。

二、信息化财务管理的发展历程

(一)我国会计信息化发展历程

我国"会计信息化"起步较晚,早期会计信息化也称作"会计电算化",主要是将手工账务处理的过程进行电脑化操作,后来逐渐开发出专门的财务软件系统,模块职能化程度不断提高,有了决策与控制的支持系统,并发展到今天的集成系统。我国会计信息化大体可分为三个阶段:起步阶段、发展阶段、成熟阶段。

1. 起步阶段(20世纪50年代中后期至20世纪80年代初期)

会计信息化的发展依赖信息技术和电子计算机的发展。我国从1957—1983年这一较长时间里,电子计算机的应用和发展十分缓慢,因而制约了我国会计信息化的发展。从20世纪80年代初开始,我国逐渐引进国外计算机,并研制我国的微型计算机,这一局面才得以扭转,开启了我国会计信息化的开端。1979年财政部与原第一机械工业部联合在第一汽车制造厂进行了建立电子计算机会计信息系统的开发试点。1981年8月在财政部、原第一机械工业部、中国会计学会的支持下,中国人民大学和第一汽车制造厂联合召开了"财务、会计、成本应用电子计算机专题讨论会",会议对我国会计电算化的若干理论、政策、步骤、方法和具体技术处理等问题进行了比较深入的探讨。这次会议是我国"会计电算化"理论研究的里程碑。

2.发展阶段(20世纪80年代中期至20世纪90年代中后期)

1983年国务院成立了电子振兴领导小组,从此我国电子技术进入了一个新的发展阶段。在这一时期,全国掀起了一个应用计算机的热潮,特别是微型计算机在国民经济各个部门得到广泛的应用。由此,我国会计信息化也进入了一个新的发展时期。会计信息化的发展阶段又可以分为两个时期,即以单项实用为主的自主开发发展阶段和专门的商业软件开发阶段。前一时期发生于1983—1987年间,许多单位自主开发一些单项会计电算化软件并应用于具体工作中。这带来了低水平的重复开发问题。后一时期发生于1987—1998年间,相继出现了一批专业的会计软件公司。通用会计软件的研制得到发展,商品化的会计软件市场初步形成。1988年12月,我国第一家专业从事商品化会计软件和会计专用设备的开发与推广应用的民办高科技企业"用友软件服务有限公司"在北京海淀新技术产业开发实验区诞生。1990年4月财政部按照1989年12月该部颁布的我国第一个关于会计电算化工作的全国性制度法规《会计核算软件管理的几项规定(试行)》,组织了颁布该规定后的第一次通用会计核算软件的评审活动。此次评审中,用友公司开发的通用会计核算软件工资管理子系统、账务处理子系统和报表处理系统通过了评审。在专项评审后的几年时间里,各软件公司都以各自被评审通过的品牌登场,推出了类似这些子系统的会计核算软件,从而使我国会计软件跨入商品化发展阶段。1994年，财政部提出了会计电算化知识的初、中、高三级培训计划，已有近200万会计人员接受了会计电算化初级培训，基本缓解了会计电算化人才匮乏的问题。会计电算化法规、标准体系不断完善，从软件开发到应用的规范现已基本齐全。

3. 成熟阶段（20世纪90年代后期至今）

这一阶段会计信息化向更高阶段发展，对会计软件提出更高的要求，向多功能型、管理型、集成型的软件转化。随着国企改革的深入和现代企业制度的建立，企业的科学管理对会计工作的要求日益提高，同时在软件研制开发及其商务竞争的推动下，会计软件由核算型转向管理型势在必行。所谓管理型软件，是指对经济业务进行事前预测、决策、计划和预算，事中管理和控制，事后核算和分析的软件。财政部1998年组织会计软件评审工作时，就要求被评审的软件必须具备应收账款管理、应付账款管理和提供编制现金流量表等功能，为管理型会计软件的开发设计提供了方向性的指导。管理型会计软件的开发，应从一开始就具有规范化的总体设计与系统分析，力求克服同一内容在不同模块中的分裂、数据重复输入、缺乏勾稽关系与控制机制的问题，使软件既具有单元性、整体性、系统性，也可以集成一体化运行；既具有财务管理功能，也可对生产经营中的物流进行反映与控制。

继2006年，中共中央办公厅、国务院办公厅制定发布了《2006—2020年国家信息化发展战略》之后，财政部以国家信息化发展战略框架为依托，于2009年4月12日发布了《关于全面推进我国会计信息化工作的指导意见》，确定了未来5～10年我国会计信息化的发展目标，明确指出要建立健全会计信息化法规体系和会计信息化标准体系，全力打造会计信息化人才队伍，同时还确定了六个主要任务和六项具体措施，形成了目标明确、重点突出、措施周详的会计信息化发展战略。

（二）我国企业信息化财务管理的三个阶段

1. 会计电算化发展阶段

20世纪80年代初期，随着计算机技术在我国的发展与应用，部分单位开始考虑将计算机应用于企业管理工作中，这种尝试首先起始于易于解决的会计核算工作和工资发放管理工作。在这种背景下，部分高校和研究所的学者开始了对会计电算化理论的研究，框架性地提出了会计信息系统的定点开发工作。这一时期会计电算化的特点是：应用单位对计算机技术不熟悉，也不能全面描述自己的业务需求，软件开发只能在摸索中前进，开发出的软件功能比较简单，主要集中在账务处理、报表、工资核算等功能模块上。

2. 核算型会计管理信息系统发展阶段

进入20世纪80年代中期，定点开发实践中培养出的一大批既懂会计又懂计算机的复合型人才逐渐认识到，靠定点开发是不能解决我国会计电算化问题的，必须走通用化的道路。从20世纪80年代中期到90年代初期，是我国第一批商品化会计信息系统的开发阶段。这一期间商品化会计信息系统的特点是：以计算机代替手工会计核算和减轻会计人员的记账工作量为目标，一般人们称之为"核算型"会计信息系统，其主要功能包括账务处理、报表生成、工资核算、固定资产核算、材料核算、销售核算和库存核算。各模块可以独立运行，模块之间在结构关联上是松散的，不能称之为一个系统整体，未能解决数据重复录入和数据一致性控制机制等问题。

3. 会计信息系统功能增强阶段

20世纪90年代中期以后推出的会计信息系统，系统管理与系统设置功能明显增强，这不仅增强了软件的通用性及其对各种业务处理模式的适应性，而且系统各模块数据关联的整体化和集成化功能大大增强。例如，早期"核算型"会计信息系统，为了实现各模块的独立运行，各专项业务处理系统在录入原始资料后不能自动生成会计核算凭证进入账务处理系统，从而没有实现数据的一次录入与共享使用，这些问题在20世纪90年代中期推出的商品化会计信息系统中得到解决。系统可以由工资模块进行工资计算并自动生成工资费用分配以及由其他工资核算凭证进入账务处理模块。在往来处理模块中，增加对客户和供应商信息、信誉和应收账款和应付账款余额的管理，强化了对应收账款、应付账款与货币资金的管理功能，体现了企业强化对流动资金的管理意识。

（三）水利信息化历程

党的十六大召开以后，中央已经决定以电子政务建设作为今后一段时期我国信息化工作的重点，并将"金水工程"作为"十五"期间优先实施的重要业务系统启动建设；水利部党组也已经将水利信息化建设列入 2010 年水利工作发展的十大主要目标之一。为了更好地贯彻落实国家信息化的发展方针和水利部党组提出的新的治水思路，适应水利现代化的新要求，保障全国水利信息化建设科学有序地进行，编制《全国水利信息化规划》十分必要。

为了更好地完成《全国水利信息化规划》的编制，水利部信息化工作领导小组办公室和水利信息中心于 2002 年 9 月向社会公开征集了《全国水利信息化规划编写大纲》，得到了广泛响应。专家评审推荐的规划编制合作单位在水利部信息化工作领导小组办公室和水利信息中心的组织下，从 2002 年 9 月开始广泛对水利部门进行需求调研，并对各单位上报的规划进行认真研究与分析，特邀国家信息化办公室等单位的领导和专家作专题讲座，对规划的编制进行具体指导，在此基础上，编制了规划初稿。2003 年 1 月 11—12 日，水利部信息化工作领导小组办公室、水利信息中心联合在北京主持召开了《全国水利信息化规划》咨询会，来自国家税务总局、信息产业部、国电公司南京自动化研究院、部机关有关司局、水规总院、流域机构、水利信息中心等单位的 40 多位专家和代表出席了会议,专家和代表们就报告的内容进行了深入细致的讨论,提出了具体的修改意见和建议,并对规划进行了全面的修改,于2003年1月下旬正式下发各有关单位征求意见。在汇总各单位反馈意见的基础上,规划编制单位再次对规划进行了修改,形成送审稿初稿,并在征求水利部信息化工作领导小组各成员单位意见的基础上,形成送审稿提交审查。

2003年3月31日至4月1日,受水利部委托,水利水电规划设计总院在北京召开会议,对《全国水利信息化规划》进行了审查。参加会议的有国家发展和改革委员会、国务院信息化工作办公室、水利部有关司局、国家防汛抗旱总指挥部办公室,各流域机构,部分省(自治区、直辖市)水利(水务)厅(局)等单位的代表和中国工程院、清华大学、中国水利水电科学研究院、国电公司南京自动化研究所、国家税务总局信息中心、信息产业部电子六所、信息产业部信息中心、水利部水利信息中心的特邀专家共40多人。专家和代表们就《全国水利信息化规划》的内容进行了深入细致的讨论,提出了具体的意见和建议。会后,规划编制单位根据会议精神,对规划进行了全面的修改,形成《全国水利信息化规划》正式稿。

第二节　水利工程财务的信息化建设

一、水利工程财务业务信息化制度建设背景

水利部作为全国部门预算、国库集中支付的首批试点单位和推广部门,于2001年开始进行试点改革并开展国库支付配套业务应用系统建设,启动了国库集中支付系统。另外,在部门预算上也运用了财政部统一的

部门预算编制软件。

当前水利财务业务管理信息系统的主要业务基本上都应用计算机进行辅助管理，如部门预算、会计核算、财务决算、国库支付、政府采购、银行账户管理等，但各项软件自成体系，使用的开发平台、数据库、编程语言等有较大的差异，数据各自为战，分散使用，共享性差，各自形成了"信息孤岛"。为了满足不同业务应用的需要，经常要将同一数据重复录入不同的软件系统，这不仅增加了财会人员的工作量，而且容易造成数据理解的歧义性，同时，由于各项软件间不能有机整合，相应的财务信息分析手段落后，相关数据无法进行直观、便捷地比较、分析，使得财务管理不能满足实时监控、全方位、全过程的管理需求，政府采购、部门预算执行控制、固定资产管理、绩效评价分析等均不能适应深化财务改革的需要。这成为当前水利财务管理信息系统中普遍存在的问题。因此，需要在信息化建设中加强制度建设，以制度引导和规范水利财务信息化建设。

二、水利财务业务信息化制度建设原则

1. 应保证财务信息的安全可靠

这要求建立详细的内部控制和操作管理制度，做到进入系统的数据要有凭有据，数据进入系统后要确保其完全、可靠。要通过基层单位的数据录入、审核，上级单位的数据审核等环节保证只有正确的财务数据才能进入财务数据库。

2. 应兼顾各类财务集中管理应用模式

建立财务信息化制度时，要合理规划本单位的各项信息内容，规范本单位的管理模式，了解各种业务活动之间的联系，制定出最佳的建立方案。

3. 应该具有一定的前瞻性

水利财务信息化制度是用来规范财务管理信息化系统建设与操作的，不宜经常改变，否则，财务信息化人员将无所适从，不利于财务信息化系统建设与操作的规范性的形成。随着公共财政改革的推进，行政事业单位的财务管理模式在不断发展。而随着市场经济和水利事业单位自身的发展，财务信息化制度也会不断得到改进和完善。因此在建立财务信息化制度时，最好留有一定的升级空间，以便在必要时，可及时改进而又不必重新建立。只有这样，才能保证财务信息化制度在较长时间内的稳定，并最大限度地发挥其作用。

三、水利财务业务信息化制度建设的内容

1.建立岗位责任制

在管理工作中，体现"责、权、利相结合"的原则，明确系统内各类人员的职责，将权限与利益挂钩，切实做到事事有人管，人人有专责，这是保证组织工作顺利进行的基本要求。建立岗位责任制是财务信息化工作顺利实施的保证，建立、健全岗位责任制，一方面是为了加强内部牵制，保护资金财产的安全；另一方面能够提高工作效率，充分发挥系统的运行效益。

需要根据实际业务情况进行岗位责任制创新。例如，在会计集中监管模式下，上级财务部门负责各下属事业单位报账员的培训工作，会计部门的主管会计只负责审核各单位报账员整理的报账单据。由于各下属事业单位报账员频繁变动，会计部门可能不能及时组织培训来提高新报账员的业务素质。如果由核算部门的主管会计在审核各下属事业单位报账单据的同时，兼负责各单位报账员的业务培训，就会使主管会计能够根据具体情况，灵活组织报账员参加培训，保证各下属事业单位报账工作的顺利进行。因此，在制定岗位责任制时，可以明确由会计主管负责下属单位报账员业务知识和报账软件操作的培训工作。

2.上机操作管理

上机操作的管理是通过建立与实施各项操作管理制度，要求财务人员按规定录入原始数据、审核记账凭证、记账、结账和输出会计账簿等，严格禁止越权操作、非法操作会计软件，确保财务管理信息系统安全、有效、正常地操作运行。操作管理制度主要包括上机操作的规定、操作人员的职责、权限与操作程序等方面的规定。

上机操作人员可能分布在一个城市的多个地点，甚至处于不同的城市，因此在确定上机操作管理制度时，要加强对上机操作人员身份的认定和权限的控制，确保财务集中管理信息系统的安全和可靠。

3.会计业务处理程序的管理

要按照《会计基础工作规范》的要求处理会计业务，保证输入计算机的会计数据正确合法，会计软件处理正确，当天会计业务当天记账，期末要及时结账和打印输出会计报表，灵活运用计算机对数据进行综合分析。

水利财务业务信息化制度要明确各单位会计处理的职责。例如，有的水利事业单位规定下属单位统一审核凭证、统一记账、统一结账、统一编制会计报表；有的水利事业单位规定由下属单位统一审核凭证，记账、结账、编制会计报表工作由各单位通过网络自己完成。在确定财务集中管理会计业务处理程序制度时，要在会计基础工作规范的基础上结合本单位的实际情况，明确相关的会计业务处理程序。

4.计算机软件和硬件系统的维护和管理

软件维护是指当因单位的会计工作发生变化而进行软件修改和软件操作出现故障时进行的排除修复工作；硬件维护是指在系统运行过程中，出现硬件故障时的检查修复以及在设备更新、扩充、修复后的调试等工作。

在财务集中管理模式下，财务数据一般集中在财务主管部门，例如各水利事业单位会计人员操作时需登录数据库服务器进行会计业务处理。

从总体上看，各单位的软、硬件系统维护量较小，数据库服务器的软、硬件维护工作量较大。在确定计算机软件和硬件系统维护的管理制度时，可以明确财务主管部门的软、硬件系统维护人员需要兼顾各财务核算单位的客户端维护工作，从整体上降低、软硬件系统的维护成本，保证软、硬件系统的运转效率。

5.会计档案管理

实现会计电算化后，会计档案磁性化和不可见性的特点要求对电算化会计档案管理要做好防磁、防火、防潮和防尘工作，重要会计档案应准备双份。良好的会计档案管理是实现会计电算化后保证会计工作持续进行、保证系统内会计数据安全完整的关键环节，也是会计信息得以充分利用、更好地为管理工作服务的保证。

水利财务业务信息化环境下，财务数据一般集中在财务主管部门，电子会计档案可以集中存放在财务主管部门，纸质会计档案可以根据需要保存在核算单位或财务主管部门。例如，目前有的水利事业单位集中管理各下属单位的电子会计档案和纸质会计档案，有的水利事业单位只负责管理各下属单位的电子会计档案。

四、水利财务业务信息化制度建设措施

1.学习和培训

水利财务信息化制度建立出台后，公布日期与实施日期应有一定的时间间隔，在公布前应由制度建立部门向各相关部门人员，如财务部门人员、计算机维护员提交详细的制度内容，要求其逐条学习，必要时可以进行一定的培训，并要在规定的时间内将意见反馈至制度建立部门。制度建立部门根据意见进行修订后，再正式发布实施。

2.执行与监督

由相关监督管理部门对财务信息化制度的执行情况进行定期的检查

和抽查。在财务集中管理模式下，可能因制度覆盖面较广，或监督人员较少，或监督人员的素质问题，有可能出现监督不力的情况。针对这一情况，可考虑由财务主管部门在网上设立"制度执行不力投诉栏"，让相关单位人员有权对监督管理部门执行制度考核的情况进行监督并提出异议。相关监督管理部门应及时对投诉栏中有事实基础的意见进行分析、处理。

3. 定期完善

执行一段时间后，通过对水利财务信息化制度的执行和监督，很可能会发现现有制度方面存在的不足之处。此时，要及时进行反馈，由制度建立部门对现有制度进行修订和完善，以适应现阶段财务管理信息化系统操作的要求。

4. 业务要求

水利财务业务管理信息系统应在统一的规范要求下建设及运行。统一集中建账，执行标准的财务管理制度、核算规范和会计科目，采用规范的业务流程、表单和报表格式等。支持多账套、多管理层次、多币种、多种会计制度，实现跨年度、跨单位分析，达到财务管理事前计划、事中控制和事后分析的目标。

（1）统一集中建账。系统提供上级单位对下级单位组织机构的统一设置和统一建账，上级单位能设置下级单位使用的功能模块和启用时间。

（2）财务管理制度和核算规范。按单位性质执行标准的财务管理制度、核算规范。

（3）会计科目。由水利部统一管理会计科目和辅助核算方式，上级单位分配的科目，下级单位不能修改，可按照统一的规范标准增设下级明细科目。

（4）业务流程。由上级单位统一定义基本的业务流程和业务规范，并可以授权给指定的下级单位应用。

（5）业务表单和报表格式。由上级单位统一规划定义各类业务表单、凭证、报表的格式和数据来源，并可以按管理要求授权指定的下级单位使用。

（6）统一财政项目编码。财政项目编码按财政收支分类：类（3位）、款（2位）、项（2位）、年度（2位）和序号（3位）共12位码设置，基本支出也按此规则设置。

（7）统一组织机构编码。单位编码统一按财政预算码设置。

（8）统一部门编码。部门编码按照3位数编码，除机构设置中规定的单位外，需要设置"本单位"作为虚拟部门，以便核算不能细化到所属部门的经费。

5. 技术要求

（1）总体技术要求。水利财务业务管理信息系统应符合《水利电子政务建设基本技术要求》的总体要求和相关规定。

（2）数据接口要求。水利财务业务管理信息系统与其他应用系统的接口应符合 GB/T 24589.2—2010《财经信息技术会计核算软件数据接口》的规定。软件要具备与之前年度财务信息的兼容、升级和数据迁移等功能。

水利财务业务管理信息系统应确保和财政部、水利部等部委相关系统的数据接口，确保数据传递准确无误。数据接口的设计要具有灵活性和先进性，易于扩展，能够实现报表自动提取、自动生成和实时上报，并能适应相应的技术更新和发展。

另外，还应提供与银行系统在资金收支、账户查询、对账信息等方面的数据接口。

（3）应用集成要求。在进行会计核算时，水利财务业务管理信息系统的预算执行、财务结算和总账上能够自动生成凭证、支付单据等。以全面预算管理为核心，通过业务系统在网上报销、资产管理、国库支付、政府采购等方面的应用集成，实现业务数据的动态反映和监控，提供决策支持。针对业务系统生成的会计凭证,能追踪查询原始表单。

(4)信息代码要求。水利财务业务管理信息系统采用的信息代码应符合《水利部财务业务管理信息系统建设技术规范核算标准化科目》的要求,并提供对未来新的行业代码标准的支持。

(5)系统安全要求。水利财务业务管理信息系统安全应符合《水利网络与信息安全体系建设基本技术要求》等相关安全规定的要求。

(6)系统技术架构要求。水利财务业务管理信息系统应采用基于Web的B/S结构,在数据存储方面支持大集中和分布式集中两种模式。

五、水利财务业务信息化制度建设的要求

1. 财务业务信息化制度建设的要求

(1)合规性要求。

(2)体现会计准则要求。

(3)符合会计信息质量要求。

(4)符合成本效益原则。

(5)符合弹性原则和一致性原则。

(6)业务处理程序标准化要求。

2. 系统信息化制度建设的要求

信息化实施过程为:努力做好基础性工作;利用信息化管理软件,规范工程档案管理流程;解决网络通信及共享问题;解决全文数字化处理文件格式问题;确定安全问题实施方案。

(1)衡量企业信息化是否成功的指标。

①信息化能否做到日结。

②资料一次输入后是否需要重复输入。

③信息化是否全面连线。

④主管审核是否有效减少。

⑤软硬件由谁维护。

（2）达成信息化成功指标的做法。

①简化和改善流程。

②由使用单位主办。

③提出明确的要求及达成的程度。

④选择适用的软件包。

第三节　水利财务核算的内部管理

一、会计核算操作管理制度

会计核算操作管理制度是为规范会计核算操作，提高财务部门的工作效率，减少会计信息化带来的风险的制度。计算机会计核算，是指利用计算机信息技术代替人工记账、算账、报账以及替代部分由人工完成的对会计信息的分析和判断的过程。单位会计核算操作管理的各项工作均应依本制度规定。

（一）操作管理人员权限

（1）财务部门负责人。财务部门负责人应进行以下工作：

①严格限定会计核算系统操作管理人员的使用范围和权限。

②组织核算人员进行会计核算，并做好指导和监督工作。

③规范会计核算系统的操作管理人员行为。

（2）核算人员。依法进行会计核算操作工作，确保会计核算的真实性、合法性、规范性；管理好会计凭证、账簿、报表、磁盘和有关文件制度等会计资料，定期分类装订立卷，妥善保管，并按规定移交给档案管理员。

（3）审计人员。依据规章制度，定期进入会计核算系统，对核算项目内容的合法性、真实性进行审计。

（4）系统管理员。负责会计核算系统日常维护，定期检查、升级等工作，并做好会计核算数据的备份工作。

单位会计核算系统的操作管理人员中，核算人员不得兼任审计人员。也不得兼任系统管理员。

（二）会计核算系统操作规程

（1）会计年度开始时，进入会计核算系统的操作管理人员应得到财务部门负责人的授权，未经授权不得进行上机操作。

（2）会计核算系统的操作管理人员必须以个人账号和密码登录，并严格按照所分配的权限进行操作，任何操作管理人员不得越权或利用他人账号和密码进行操作。

（3）会计核算系统的操作管理人员对系统登录账号和密码进行妥善保存，严格保密。密码每月（或泄露时）变更一次，会计核算系统的操作管理人员必须严格按规定步骤开、关计算机，进、出会计核算系统。

（4）会计核算系统的操作管理人员离机时，应按程序要求安全退出会计核算系统，以防他人越权操作。

（5）核算人员或审计人员在核算或审计过程中，如发生故障，应及时通知系统管理员进行处理。

二、会计核算数据管理制度

会计核算数据备份由系统管理员负责。其中，每天上午、下午下班前五分钟进行两次数据备份，每月最后一个工作日下班前完成对当月每天数据的月度备份，次年规定日期前完成对上年数据的整年备份。

对于采用光盘等磁性介质存放的会计核算数据备份盘，应标识清楚，详细注明账套、时间、备份人等内容。年度备份属档案资料，归档后应定期复制。

系统管理员应妥善保管备份数据，防止非授权人员对数据的非法查看、修改、删除备份数据；若发生会计核算数据泄漏、丢失情况，将对系统管理员予以行政处分，情节严重的，将移交司法机关处理。

用磁性介质存放的会计核算数据的保管时间，原则上应当与纸质数据资料的保管时间一致，另有规定的除外。对磁性介质存放的月度和年度备份数据应当进行双备份，备份要存放于两个不同的地点，并定期复制，重要的会计核算数据必须复制双份。对于采用磁性介质保存的会计核算数据，要定期进行检查，定期进行复制，防止由于磁性介质损坏，而导致数据丢失。

三、会计核算档案管理制度

会计核算档案，是指利用会计核算系统打印出来的纸质会计档案，包括打印输出的记账凭证、会计账簿、会计报表等。

（一）会计核算档案管理规定

单位财务部门是会计核算档案的具体管理机构，审计部门是会计核算档案管理的监督机构。

1. 会计核算档案的借阅

单位会计核算档案资料不得借出，若有特殊需要，需经单位负责人批准，档案保管人员现场监督才可查阅或复制，并办理必要的登记手续。查阅和复制会计核算档案的人员，严禁在档案上涂画、抽换。

2.会计核算档案的保管

（1）核算档案资料由操作人员定期打印输出，形成书面文件资料加以装订保存，期满后，移交档案管理员统一进行保管。

（2）档案管理员对会计核算档案的管理期限根据《会计档案管理办法》规定执行，档案的具体名称不相符的，可参照类似档案的保管期限办理。

（3）已经归档的会计核算档案，任何人不得私自拆封或抽换；尚未移交给档案员的会计核算档案，确需拆封重新整理的，应报经财务部门批准后，由财务部门派人监督办理。

（4）会计核算档案的存放应做好防火、防潮、防盗、防尘、防高温、防虫害工作，以保证会计核算档案资料的安全。

3.会计核算档案的移交

（1）编制档案移交清册，列明应当移交的会计档案名称、卷号、册数、起止年度、档案编号、应保管期限、已保管期限等内容。

（2）交接双方按照移交清册所列内容进行逐项交接。

（3）交接双方在交接完毕后在档案移交清册上进行签名或盖章。

4.保管期满的会计核算档案的销毁

（1）由档案管理员会同财务部门相关人员提出销毁意见，编制会计核算档案销毁清册，列明销毁档案的名称、册数、起止年度和档案编号、应保管期限、已保管期限、销毁时间等内容。

（2）单位负责人在会计核算档案销毁清册上签署意见。

（3）销毁档案时，应有审计部门、财务部门相关人员共同组成监销小组进行监销。

（4）绩效小组在监销档案前，按会计核算档案销毁清册所列内容清点核对应销毁的资料；销毁后在销毁清册上签名盖章，并提交监销情况报告。

（二）会计核算档案管理责任

（1）会计核算档案保管人员要对会计档案的完整性、准确性负责；因保管不当造成会计档案毁损的，要追究保管人员的责任。

（2）各会计核算档案使用人和查阅人应遵守档案查阅登记规定；损坏、丢失会计核算档案的，要追究相关人员的责任。

（3）擅自涂改、拆封、抽换会计核算档案的单位和个人，要追究其相应责任，构成犯罪的，移交司法机关处理。

（4）对故意销毁会计核算档案的单位和相关责任人，提交纪检监察部门处理，构成犯罪的，移交司法机关处理。

四、信息系统访问管理制度

行政事业单位为了进一步加强财务信息系统管理，提高财务信息系统的可靠性、稳定性、安全性，依据国家相关法律法规，结合本单位实际情况，建立信息系统访问管理制度。单位内部访问财务信息系统的相关人员均应依照本制度执行。

（一）财务信息系统访问账号管理

（1）财务部门根据操作人员的职责权限编发账号，操作人员只允许使用自己的账号，不得将账号借与他人使用，不得利用他人的账号进入信息系统，否则造成的后果由使用者和账号泄露者共同承担。

（2）操作人员越级使用财务信息系统，必须经财务部门及单位主管领导授权，否则视为非法使用，依据单位相关制度进行处理。

（3）财务信息系统相关工作人员离职或岗位发生变化时，计划财务应及时对其访问账号进行撤销或调整。

（二）财务信息系统操作人员规范

（1）未经培训的操作人员，禁止使用财务信息系统。

（2）操作人员严格依照规范进行系统访问、操作；在操作过程中发现异常应及时上报财务部门进行处理。

（3）操作人员不得擅自进行系统软件的删除、拷贝、修改等操作；不得擅自升级、改变系统软件版本或更换系统软件，不得擅自改变软件系统环境配置。

（4）操作人员不得私自安装非法软件和卸载单位要求安装的防毒软件；软件的安装、升级等工作由系统管理员统一操作。

（5）操作人员如果离开工作现场，应锁定或退出已经运行的程序，防止其他人员越权操作或散发不当信息。

（6）操作人员未经单位授权，不得将单位财务信息系统中的信息、数据使用存储介质进行存储。

（7）更换操作人员或操作人员将密码泄漏后，单位应及时更换密码。

（三）其他部门或人员确保安全规范

（1）财务部门应定期对系统中的账号进行审阅，避免有授权不当或冗余账号存在。

（2）财务部门应编制完整、具体的灾难恢复计划，以备意外事件发生后恢复系统之需；并定期检测，及时修正该计划。

（3）复核人员应做好系统内相关信息数据的综合审核和分析工作，避免操作人员对数据进行非法修改和删除。

（4）系统管理员应加强对防火墙、路由器等网络安全方面的管理，防范外网对财务信息系统造成的损害。

五、硬件设备管理制度

硬件设备管理制度是为了确保财务信息系统专用硬件设备（以下简

称硬件设备）的正常使用，并加强财务信息系统的管理。同时财务信息系统中，各项硬件设备的管理均依照其相关规定。

（一）硬件设备的采购

（1）硬件设备的采购由使用部门提出申请，并填写请购单；经资产管理部门确认和论证后签字，报单位主管领导和同级财政部门审批，审批通过后按职权范围标准，由资产管理部门采购或纳入政府采购。

（2）硬件设备采购达到公开招标数额标准的，应采用公开招标方式进行；拟采用非公开招标方式进行采购的，应向主管单位提出申请，并说明理由，经审查批准后实施。

（3）购回的硬件设备必须经系统管理员检测，以确认其是否符合产品标准，若不符合，则应按合同规定条款及时向供应商退货或索赔。

（4）购回的硬件需注意保存好其使用说明书、驱动程序及保修书。

（5）经检测完好的硬件设备应由信息管理处工作人员统一贴上标签。标签应至少包含硬件名称、编号、购买日期、使用部门及人员、保管人等内容。

（二）硬件设备的使用与管理

（1）硬件设备实行统一管理和使用，其他任何部门或人员未经主管部门同意，不得接触和使用硬件设备。

（2）硬件设备用于运行财务信息系统软件，任何人员不得将其用于游戏、个人文字处理，不得用于对外服务。

（3）使用硬件设备时，禁止在硬件周围抽烟、吃零食、嗑瓜子等，以防对硬件造成污染或损害。

（4）未经允许禁止移动硬件的位置，移动硬件时需得到财务部门批准，并在信息管理员的技术指导下移动，否则造成的后果由当事人承担。

（5）硬件设备的更新、扩充、修复等工作应当由操作人员提出申请，经单位主管负责人审批后方可进行；未经允许，不得擅自拆装硬件设备。

（6）硬件设备严禁以任何方式接入因特网，如确需进行网络线路安装，需经同级财政部门同意后方能接入，网络线路的变更、取消均需书面申请并报同级财政部门同意；网络线路报修由单位自行向线路运营商投报或由同级财政部门代为申报。

（三）硬件设备的保管与维护

（1）财务部门指定专人对硬件进行保管，当硬件保管人员因离职、调动等发生变化时，应及时指派其他人员接管。

（2）硬件设备的检测工作由系统管理员负责进行，一般在规定数天内要进行一次全面检查，并做好检查记录，发现问题及时处理，以保证系统正常运行。

（3）硬件设备因老化、损耗及其他原因报废时，由财务部门提出申请，经专业人员检测后，报单位主管负责人及统计财政部门审批，审批通过后方能办理报废手续，当硬件设备出现问题时，应及时上报，严禁未经批准私自修理、拆卸硬件。

（4）修理或维护过的硬件由维修人员与资料保管员共同填写《硬件维护记录表》，经财务部门负责人审核后，交资料保管员保管。

六、财务业务一体化信息处理系统管理制度

（一）财务业务一体化和财务业务一体化信息处理系统

财务业务一体化，就是把采购、仓库和销售环节的数据，及时准确地与财务系统共享。财务业务一体化信息处理系统，也称为财务管理信息系统或者管理型财务软件，它系统集成了固定资产管理、采购管理、销售管理、存货管理等财务管理功能，并包含了对成本控制和人力资源

管理的部分内容。随着企业需求的不断发展而逐步完善，财务业务一体化信息处理系统可以跨部门使用，实现购销存业务与财务的一体化管理，使企业的各种经济活动信息充分共享，消除信息"孤岛"现象。因此，系统对企业加强采购环节的资金控制、减少库存，加强对企业应收账款的管理、减少坏账损失，强化预算控制以及加强企业资产管理等，都可发挥重要的作用。

优秀的企业管理信息系统解决方案，是一个物流、资金流、信息流密切联系、高度统一的整体，能够采用先进的信息技术手段实现产品研发、生产，企业购、销、存和财务的统一管理，从而规范和优化企业业务流程，根据客户的需求和内部资源的平衡来合理制订企业生产、采购和销售计划，达到降低库存、控制成本和提高交货准时率的目的，并通过实时的查询和报告功能来支持企业管理和战略决策。

（二）财务业务一体化信息处理系统的功能结构

财务业务一体化信息处理系统的功能结构可以分成三个基本部分，它们分别是：财务、购销存和管理分析，每部分由若干子系统所组成。一个好的会计信息系统应该可以根据需要灵活地选择需要的子系统，并方便地、分期分批组建和扩展自己的会计信息系统。

1.财务部分

财务部分主要由总账（账务处理）、工资管理、固定资产管理、应付管理、应收管理、成本核算、会计报表、资金管理等子系统组成。这些子系统以总账子系统为核心，为企业的会计核算和财务管理提供全面、详细的解决方案。其中工资子系统可以完成工资的核算和发放以及银行代发、代扣税等功能。固定资产子系统可以进行固定资产增减变动、计提折旧、固定资产盘盈、盘亏等处理，以帮助企业有效地管理各类固定资产。

需要说明的是，在各种会计信息系统中一般都有成本核算子系统，成本核算系统是以生产统计数据及有关工资、折旧和存货消耗数据为基础数据，按一定的对象分配、归集各项费用，以正确计算产品的成本数据，并以自动转账凭证的形式向账务及销售系统传送数据。但是，由于不同企业的生产性质、流程和工艺有很大的区别，单纯为成本核算而设计的系统应用非常有限。

2. 购销存部分

购销存部分以库存核算和管理为核心，包括库存管理、采购计划、采购管理和销售管理等子系统。购销存部分可以处理企业采购、销售与仓库管理等部门各环节的业务事项，有效地改善库存的占用情况，有效控制采购环节资金的占用，并对应收账款进行严格的管理，尽可能避免坏账的产生。

3. 管理分析部分

管理分析部分一般包括财务分析、利润分析、流动资金管理、销售预测、财务计划、领导查询和决策支持等子系统。目前在我国大多数会计信息系统软件中有关管理分析的部分还显得不够完善，多数子系统还处于准备开发和正在开发的阶段。目前比较成熟的主要是财务分析、领导查询等子系统。有关销售预测和一些简单的决策支持等工作主要依靠诸如报表系统或 EXCEL 等通用表处理系统提供的分析统计以及图表功能来完成。

（三）财务业务一体化信息系统的实际应用

由于我国企业财务管理信息化建设工作的条件和技术水平还比较落后，处在起步阶段，所以加强财务管理信息化建设，必须统筹规划、分步实施，切不可急于求成。财务管理信息系统是整个企业管理信息系统的核心子系统，加快财务管理信息化建设，不仅要对建立财务管理信息系统实行规划，而且必须对整个管理信息系统进行整体规划。因此，财务业务一体化信息系统在实际中的应用首先从财务应用方案开始，条件成熟时可以实施整体应用方案。

1. 财务应用方案

适用于希望解决企业会计核算与资金管理的企业。具体方案是：在总账及工资管理、固定资产管理子系统中完成日常财务核算；在报表系统编制有关的财务报表；在固定资产管理子系统中进行固定资产的日常管理及折旧的计提；在资金管理子系统中进行企业资金运作管理；在财务分析系统中制订各项成本、费用支出计划并进行相应的考核。

2. 整体应用方案

可以全面解决企业会计核算、资金管理和购销存管理的问题。系统的标准构成包括财务应用方案中的各子系统及库存核算、库存管理、采购管理、销售管理、成本核算子系统。其扩展系统为采购计划子系统。具体方案是：在财务应用方案的基础上，针对企业的特点增加处理购销存业务和成本核算相关的子系统，从而使财务系统与购销存业务处理系统集成运行，实现财务、业务相关信息的一次处理和实时共享，提高财务管理效率。

参 考 文 献

[1] 刘辉.水利工程项目成本控制及其管理技术分析[J].山东工业技术,2018(09).

[2] 连野.水利工程水库的防渗技术[J].科技创新与应用,2018(12).

[3] 郭凤兰.浅析当前水利基本建设财务管理存在的问题[J].中国国际财经(中英文),2017(22).

[4] 王宪国.水利工程财务管理中存在的问题与对策[J].财会学习,2017(21).

[5] 程莉娜.水利工程财务管理的思考[J].时代金融,2016(5).

[6] 宋萍.新形势下水利工程财务管理工作的突出问题及对策[J].财经界(学术版),2016(05).

[7] 郑玥.当议水利工程财务管理的风险及其预防策略[J].甘肃科技,2016(08).

[8] 张萍萍.水利工程财务管理工作的突出问题与解决措施研究[J].现代经济信息,2016(12).

[9] 王忠海.新形势下水利工程财务管理工作的突出问题及对策[J].中外企业家,2015(09).

[10] 蒲定莉.新时期水利工程财务管理工作的突出问题及对策[J].

行政事业资产与财务，2014（06）．

[11] 何俊，张海娥．水利工程造价 [M]．郑州：黄河水利出版社，2016．

[12] 陈金良．水利工程造价 [M]．北京：中国水利水电出版社，2014．

[13] 陈进，王永祥．建设项目经济分析 [M]．上海：同济大学出版社，2009．

[14] 王海周．水利工程建设项目招标与投标 [M]．郑州：黄河水利出版社，2008．

[15] 祈慧增．工程量清单计价招投标案例 [M]．郑州：黄河水利出版社，2007．

[16] 冷爱国，何俊．城市水利工程施工组织与造价 [M]．郑州：黄河水利出版社，2007．

[17] 张诗云．水利水电工程投标报价编制指南 [M]．北京：中国水利水电出版社，2007．

[18] 郑通汉，任宪韶．水利工程供水两部制水价制度研究 [M]．北京：中国水利水电出版社，2006．

[19] 曹玉贵．投资项目经济评价理论与方法 [M]．郑州：黄河水利出版社，2006．

[20] 陆参．工程建设项目可行性研究实务手册 [M]．北京：中国电力出版社，2006．

[21] 李相然．工程经济学 [M]．北京：中国建筑工业出版社，2005．

[22] 中华人民共和国水利部．水利工程概预算补充定额 [M]．郑州：

黄河水利出版社，2005

[23] 陆宁，王成玉，蔡爱云.外部收益率替代内部收益率的适性分析[J].长安大学学报：社会科学版，2005.

[24] 韦景春，杨晨，黄华爱，等.水利水电工程合同条件应用与合同实务管理[M].北京：中国水利水电出版社，2005.

[25] 赵小平.价格管理实务[M].北京：中国市场出版社，2005.

[26] 戚安邦.项目论证与评估[M].北京：机械工业出版社，2004.

[27] 刘亚铮，李昊.对折现率的再探讨[J].技术经济与管理研究，2004.

[28] 黄文馨.净现值率是最好的评价指标[J].技术经济，2004.

[29] 韩慧芳，郑通汉.水利工程供水价格管理办法讲义[M].北京：中国水利水电出版社，2004.

[30] 邱忠恩，沈佩君.中国水利百科全书水利经济分册[M].北京：中国水利水电出版社，2004.

[31] 杨春鹏.实物期权及其应用[M].上海：复旦大学出版社，2003.

[32] 姜文来.水资源价值论[M].北京：科学出版社，2003.

[33] 王浩，阮本清，沈大军.面向可持续发展的水价理论与实践[M].北京：科学出版社，2003.

[34] 中华人民共和国水利部.水利工程概算定额[M].郑州：黄河水利出版社，2002.

[35] 中华人民共和国水利部.水利设备安装工程概算定额[M].郑州：黄河水利出版社，2002.

[36] 卢谦. 招投标与合同管理 [M]. 北京：中国水利水电出版社，2001.

[37] 阿兰·兰德尔. 资源经济学 [M]. 北京：商务印书馆，2001.

[38] 陈宪. 投资项目经济评价理论方法与实践 [M]. 北京：企业管理出版社，2001.

[39] 宋维佳，屈哲. 工程经济学 [M]. 大连：东北财经大学出版社，2001.

[40] 陈梦玉，徐明. 水价格学 [M]. 北京：中国水利水电出版社，2000.